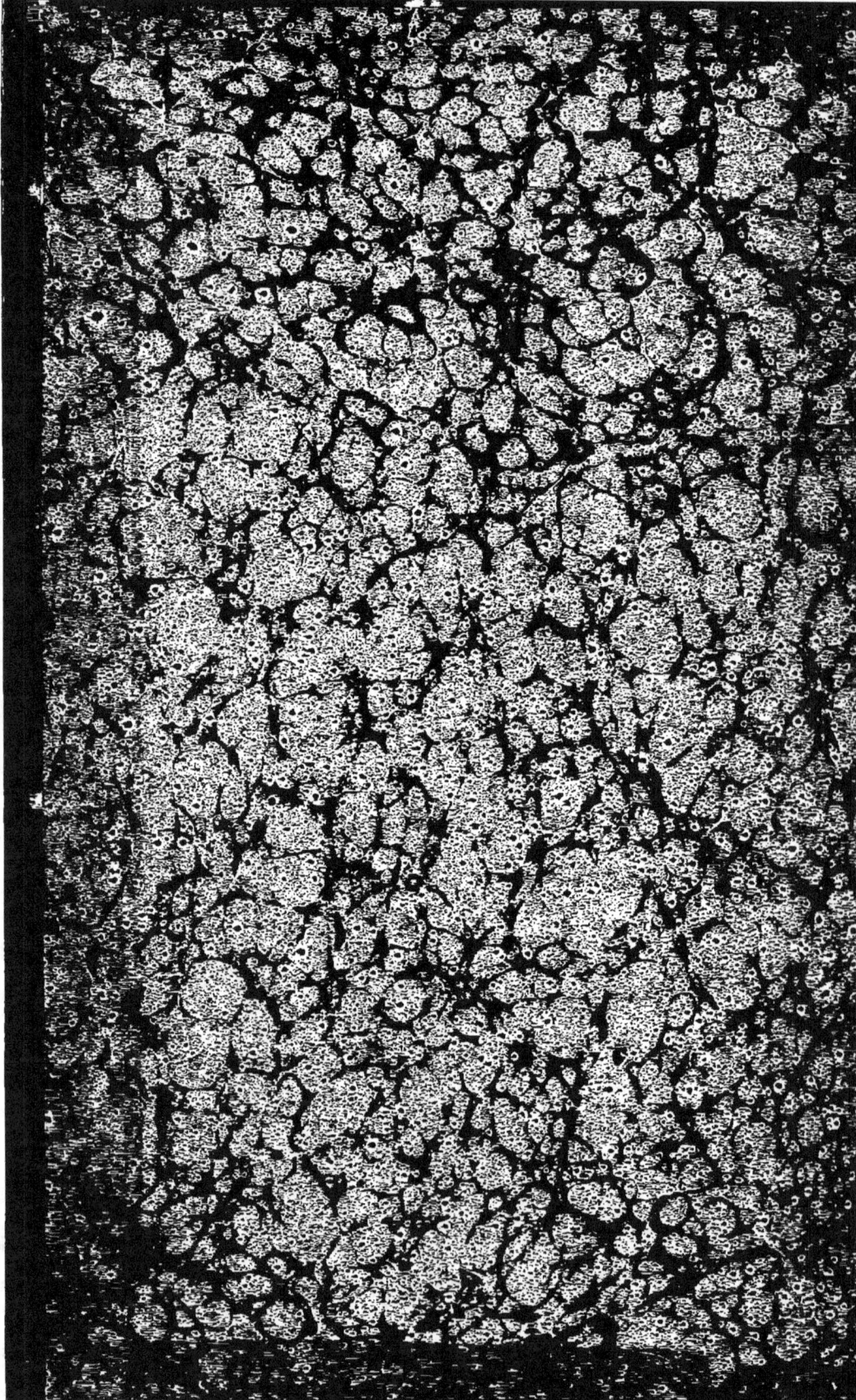

LES MONUMENTS

DE

L'HISTOIRE DE FRANCE

PARIS. — IMPRIMERIE DE CH. LAHURE
Rue de Fleurus, 9

LES MONUMENTS

DE

L'HISTOIRE DE FRANCE

CATALOGUE

DES PRODUCTIONS DE LA SCULPTURE, DE LA PEINTURE
ET DE LA GRAVURE

RELATIVES A L'HISTOIRE DE LA FRANCE ET DES FRANÇAIS

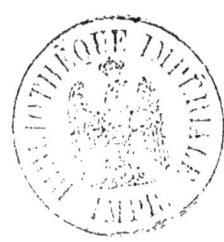

PAR M. HENNIN

TOME NEUVIÈME

1559---1589

PARIS

J. F. DELION, LIBRAIRE, SUCCESSEUR DE R. MERLIN

QUAI DES AUGUSTINS, 47

1863

TROISIÈME RACE.

FRANÇOIS II.

1559.

Portrait de Robert Estienne, en buste, tourné à gauche. 1559.
Médaillon ovale dans une bordure d'ornements. En Septembre 7.
haut : Robertus Stephanus. Estampe in–12 en haut.,
grav. sur bois.

Portrait de Robert Estienne, en buste, tourné à droite.
En bas : Robertus Stephanus, etc. *Ex collectione
Friderici Roth. — Scholtzii Novimberg. J. I. F. S.
fecit.* Estampe in–12 en haut.

Tombeau de René le Rouillié, évêque de Senlis, en Septemb. 14.
pierre, contre le mur, à gauche, dans le sanctuaire
de l'église de l'abbaye d'Herivaulx, et tombe, non figurée, de son cœur, dans l'aile gauche, vis-à-vis de
la chapelle Saint-Jean, dans la même église. Trois
dessins in–4, in–8 et oblong. Recueil Gaignières à
Oxford, t. III, f. 43, 44, 47.

Deux médailles de François II, pour son sacre. Partie Septemb. 17.
d'une pl. in-fol. en haut. Trésor de numismatique et

de glyptique. Médailles françaises, 1re partie, pl. 17,
n°s 1, 2.

Décemb. 21. Anne du Bourg, conseiller du parlement de Paris, brûlé
à Saint-Jean en Grève, le 21 décembre 1559. La
composition décrite à la pièce suivante, grav. sur
cuivre. Pl. in-fol. en larg.

> Cette pièce, si elle existe, est le n° 5 du Recueil de Jean
> Tortorel et Jacques Perrissin. — Voir à 1559, juin, 10.
>
> M. Robert Dumesnil pense que cette planche a été gravée;
> mais il ne l'avait pas vue. Je ne l'ai pas non plus trouvée.

« Anne du Bourg, Conseiller du Parlement de Paris,
bruslé à Sainct Iean en Greue, le 21 . Decembre .
1559. » La place de Grève avec l'hôtel de ville à
gauche. Au milieu, on voit la potence à laquelle est
pendu Anne du Bourg. Le bourreau tire la corde et
le bûcher s'enflamme sous les pieds du supplicié.
On lit sur un tourbillon de fumée : ANNE DV BOVRG.
Il n'y a point de nom ni de marque d'artiste, ni de
lettres capitales de renvoi sur la planche. La légende,
au-dessous, consiste en une explication du sujet en
quatre petites lignes. Le titre et cette explication sont
imprimés en caractères typographiques. Grav. sur
bois. Pl. in-fol. en larg. *Rare.* Cette pièce est, comme
la précédente, le n° 5 du Recueil de Jean Tortorel et
Jacques Perrissin.

> Voir à 1559, juin, 10.
>
> J'ai trouvé quatre variantes du texte imprimé, trois en
> français, dont l'une porte le n° 5, et une en allemand.

Anne du Bourg, conseiller du parlement de Paris, brûlé
à Saint-Jean en Grève, avec légende allemande. Pl.

grav. sur cuivre, in-4 en larg. Courte notice, etc.,   1559.
n° 3. Copie de la pl. du Recueil de Tortorel et Per- Décemb. 21.
rissin, n° 5. Voir à 1559, juin, 10.

Vitre divisée en deux compartiments, représentant, l'un   1559.
le baptesme de Notre Seigneur, l'autre un cardinal à
genoux et saint Odet. Au coin, à gauche, on lit :
« Odet, cardinal de Chastillon, archevesque de Tho-
lose et evesque et conte de Beauvais, per de France,
1559. » dans l'église cathédrale de Beauvais (?).
Dessin in-fol. Recueil Gaignières à Oxford, t. XIV,
f. 13.

> Odet de Châtillon, cardinal de Coligny, fut archevêque de
> Toulouse, du . . . . 1533 au 23 octobre 1553, et
> *de nouveau*, du . . . . janvier 1560 au . . . . 1562.
> Il fut évêque de Beauvais (iv) du 20 octobre 1535 au
> 31 mars 1563.

Portrait de François Duaren, jurisconsulte français,
professeur de droit à Bourges, en buste, tourné à
droite. Cadre d'ornement. En bas : FRANCISCUS DVA-
RENVS IVRECONS M. D. L. V. I., la croix de Lorraine et
P. WF (Pierre Wœiriot). Estampe in-12 en haut.

> Cette estampe est placée dans l'ouvrage de cet auteur, inti-
> tulé : Franc. Duareni jureconsulti opera omnia, etc. Lugduni,
> Guiliel. Rovillium, 1558. In-4, concurremment avec le portrait
> du même, gravé par George Ghisi, Mantouan, ci-après.

Portrait du même, à mi-corps, vu de face et tourné
vers la droite ; dans une bordure au bas de laquelle
on lit dans un cartouche : FRANCESCUS DUARENUS
JURECONSULTUS M. D. L. V. I., et en bas, au milieu, le

1559.   chiffre du graveur, George Ghisi, Mantouan. Pl. in-8
en haut.

> Les devises et emblèmes héroïques et morales, inventées
> par le sieur Gabriel Symeon. Lyon, Guillaume Roville,
> 1559, en françois et en italien, 2 parties, un vol. petit
> in-4, fig. Ce volume contient :

Figure représentant la devise de l'auteur. Pl. in-12
ronde, grav. sur bois, au feuillet du titre, verso.

Figures représentant des devises et emblèmes. Pl. grand
in-12 en larg., grav. sur bois, dans le texte.

> Dialogo dell'imprese militari et amorose di M. Giovio, con
> un Ragionamento di Messer Lodovico Domenichi. Lione,
> Guglielmo Roviglio, 1559. In-4, fig. Ce volume con-
> tient :

Figures représentant des emblèmes. Pl. in-8 en larg.,
grav. sur bois, dans le texte.

Figure représentant le portrait de Paul Jove, en buste.
Pl. ovale in-12 en haut., grav. sur bois, au feuillet
du titre, verso.

> La Vita et Metamorphoseo d'Ovidio, figurato et abbreviato
> in forma d'epigrammi, da Gab. Symeoni. Lione, Giov.
> di Tornes, 1559. In-8, fig. Ce volume contient :

Figure représentant un portrait d'homme en buste. On
lit autour : PAR ANIMUS FORMÆ, DISPAR FORTUNA
DUOBUS. En bas : SPIRITUS ASTRA SUPER. Médaillon
ovale en haut., in-16, grav. sur bois, sur le titre.

Figure représentant Diane de Poitiers couchée, ayant 1559.
près d'elle un cerf. En bas : DIANÆ VALERINA s. Petite pl. ronde, grav. sur bois, au feuillet du titre,
verso, avant la dédicace à Diane de Poitiers.

Figures représentant des sujets relatifs à ces poésies.
Pl. in-16 en larg., grav. sur bois, dans le texte.

—

Poids commun aux villes de Montpellier et Pézénas.
Partie d'une pl. in-4 en haut. Revue archéologique.
A. Leleux, 1854, pl. 234, n° 1. A. Chabouillet, à la
p. 115.

Mereau de la confrérie de Notre-Dame de Saint-Estienne
de Greqz, de Paris. Partie d'une pl. lith. in-8 en haut.
De Fontenay ; Fragments d'histoire métallique, pl. 15
(texte 6), n° 2, p. 188. = Petite pl. grav. sur bois.
De Fontenay ; Nouvelle étude de jetons, p. 151,
dans le texte. = Petite pl. grav. sur bois. De Fontenay ; Manuel de l'amateur de jetons, p. 92, dans le
texte.

Mereau de la cathédrale de Limoges, frappé pendant
une vacance du siége épiscopal, avec les armes de
Jean II de Montbas (Monte-Basso), évêque de cette
ville, mort 49 ans avant, par reconnaissance pour
les bienfaits des deux évêques de ce nom. Partie
d'une pl. in-8 en haut. Revue numismatique, 1851 ;
M. Ardant, pl. 11, n° 6, p. 222.

Ces indications ne sont pas exactes.

Mereau du chapitre de l'église de Limoges. Petite pl.

grav. sur bois. De Fontenay ; Manuel de l'amateur
de jetons, p. 210, dans le texte.

Mereau de la confrairie de Nostre-Dame de Vienne.
Partie d'une pl. lith. in-8 en haut. Revue numismatique, 1842. E. Cartier, pl. 14, n° 4, p. 294 (pour
304), sans détails.

Mereau des chanoines de Vienne. Partie d'une pl. lith.
in-8 en haut. De Fontenay ; Fragments d'histoire
métallique, pl. 15 (texte 6), n° 14, p. 190.

Quatre mereaux de Saint-Maurice de Vienne, en Dauphiné, dont deux portent cette date. Petites pl. grav.
sur bois. De Fontenay ; Nouvelle étude de jetons,
p. 168-169, dans le texte.

Trois mereaux de Saint-Maurice de Vienne, en Dauphiné. Petites pl. grav. sur bois. De Fontenay ; Manuel de l'amateur de jetons, p. 77 et 78, dans le
texte.

Jeton représentant des fleurs de lis soutenues par des
croissants : *Vive France et son allience.* Petite pl.
grav. sur bois. De Fontenay ; Nouvelle étude de jetons, p. 51, dans le texte.

Jetoir d'une chambre des comptes. Partie d'une pl.
lith. in-8 en haut. De Fontenay ; Fragments d'histoire
métallique, pl. 20 (texte 11), n° 13, p. 227.

Heaume, hausse-col, brassards, en fer repoussé et doré,
et bas-reliefs représentant des sujets de guerre du

temps de Henri II, ayant appartenu à Henri IV. Au   1559?
Louvre, musée des Souverains.

> Henri IV fit cadeau de ces armures à Fouquet de la Varenne,
> dans le château duquel ils ont été trouvés. Ils proviennent du
> Musée d'artillerie, n° 112 (1839).
> L'indication du renvoi au n° du Musée d'artillerie de Paris
> n'est pas suffisante.

Etalon du pot d'Arques, avec l'inscription : LARDENIÈRE
GAUGE ET MESURE D'ARQUES. Pl. in-8 en haut. Séances
publiques de la Société libre d'émulation de Rouen,
1836, à la p. 195.

1560.

Tombe de Claude de Vergy, seigneur de Champlite,   1560.
Fouventz, et chevalier au Toison-d'Or, commis au   Janvier 9.
gouvernement du conté de Bourgogne, en pierre,
devant la chapelle du Rosaire, dans l'église collégiale
et paroissiale de Saint-Christophe de Champlite.
Dessin in-fol. en haut. Bibliothèque impériale, manuscrits, boetes de l'ordre du Saint-Esprit, Vergy.

Portrait de Jean du Bellay, évêque de Paris, cardinal,   Février 16.
en buste. *Desrochers ex.* Pl. petit in-4 en haut.,
dans une bordure d'ornements, pl. séparée (Charpentier). Description — de l'église métropolitaine de
Paris, p. 157.

> Il fut évêque de Paris du 20 septembre 1532 au 15 mars
> 1550, et mourut à Rome, le 16 février 1560.

Portrait du même. Tableau du xvie siècle. Musée de
Versailles, n° 3058.

Tombeau de Jaques de Brancion, seigneur de Saint-André, et de Anne Bouton, sa femme, dont il était le second mari, morte le 30 novembre 1560, dans l'église de Poligny. Pl. in-fol. en haut., grav. sur bois. Palliot : Histoire généalogique des comtes de Chamilly de la maison de Bouton, à la p. 165, dans le texte.

L'année commençait encore alors à Pâques. Le mari mourut avant la femme. Voir page 13.

« L'entreprise d'Amboise, descouuerte les 13 . 14 . et 15 . de Mars : 1560. » Sur le devant, à gauche, on voit le baron de la Renaudie à pied, perçant de son épée le baron de Pardaillan. Dans ce groupe est le cheval de la Renaudie, s'éloignant au galop et vu par derrière ; près de ce cheval est la lettre capitale de renvoi M. Au fond, à gauche, est la ville d'Amboise ; à droite, vers le fond, est le château de Noisé, rendez-vous de l'entreprise. La marque   (Tortorel-Perrissin) est dans l'angle du bas, à gauche. Le groupe principal, à gauche, a été fini au burin d'un travail sec. Les lettres capitales A à M indiquent les renvois aux légendes qui sont au-dessous de la planche en trois colonnes. Le titre et les légendes sont imprimés en caractères typographiques. Gravé sur cuivre. Pl. in-fol. en larg. *Rare*. Cette pièce est le n° 6 du Recueil de Jean Tortorel et Jacques Perrissin.

Voir à 1559, juin, 10.

J'ai trouvé trois variantes du texte imprimé, une en français, une en latin et une en allemand.

« **Lentreprinse d'Amboise descouuerte les 13 . 14 . et**

15 . de Mars. 1560. » Sur le devant, à gauche, on voit
le baron de la Renaudie à pied perçant de son épée le
baron de Pardaillan. Dans ce groupe est le cheval de
la Renaudie s'éloignant au galop et tourné à gauche.
Il n'est marqué d'aucune lettre capitale de renvoi.
Au fond, à gauche, est la ville d'Amboise ; à droite,
vers le fond, est le château de Noisé, rendez-vous de
l'entreprise. En bas, au milieu : I. TOR TOREL.
FECIT. Les lettres capitales A à L indiquent les renvois aux légendes qui sont au-dessous de la planche
en une seule colonne. Le titre et les légendes sont
imprimés en caractères typographiques. Gravé sur
bois. Pl. in-fol. en larg. *Rare*. Cette pièce est, comme
la précédente, le n° 6 du Recueil de Jean Tortorel et
Jacques Perrissin.

> Voir à 1559, juin, 10.
>
> J'ai trouvé cinq variantes du texte imprimé, trois en fran-
> çais, dont l'une porte le n° 6, et deux en allemand.

L'entreprise d'Amboise découverte, avec légende allemande. Pl. grav. sur cuivre in-4 en larg. Courte
notice, etc., n° 4. Copie de la pl. du Recueil de Tortorel et Perrissin, n° 6. Voir à 1559, juin, 10.

« La conjuration d'Amboise. » Copie de l'estampe n° 6
du Recueil de Jean Tortorel et Jacques Perrissin. Pl.
in-fol. en larg. Montfaucon, t. V, pl. 13.

L'exécution d'Amboise, faite le 15 mars 1560. La composition décrite à la pièce suivante, grav. sur cuivre.
Pl. in-fol. en larg.

> Cette pièce, si elle existe, est le n° 7 du Recueil de Jean
> Tortorel et Jacques Perrissin. Voir à 1559, juin, 10.

M. Robert Dumesnil pense que cette planche a été gravée ;
mais il ne l'avait pas vue. Je ne l'ai pas non plus trouvée.

« L'exécution d'Amboise, faite le 15 . mars . 1560. »
Le fond représente la vue extérieure du château
d'Amboise, aux créneaux duquel sont pendus sept
des conjurés avec de longues cordes. La Renaudie
pend, étranglé à une potence, au milieu de l'estampe.
A droite est un échafaud où le bourreau s'apprête à
trancher le tête de Villemongis, qui a les mains ruis-
selantes du sang du baron de Castelnau et de ses
compagnons. Les têtes de ceux-ci sont sur l'échafaud,
et leurs cadavres sont au-dessous. Le marque
(Perrissin) est en bas, à gauche. Les lettres capitales
A à H indiquent les renvois aux légendes qui sont
au-dessous de la planche en deux colonnes. Le titre
et les légendes sont imprimés en caractères typographiques. Grav. sur bois. Pl. in-fol. en larg. *Rare.*
Cette pièce est, comme la précédente, le n° 7 du
Recueil de Jean Tortorel et Jacques Perrissin.

> Voir à 1559, juin, 10.
> J'ai trouvé six variantes du texte imprimé, trois en fran-
> çais, dont l'une porte le n° 7, une en latin, et deux en
> allemand.
> Le catalogue de la vente de la bibliothèque du duc de la
> Vallière indique, à la fin de l'exemplaire du Recueil de Torto-
> rel et Perrissin, une épreuve de cette planche, portant pour
> titre : *L'Escalade* (t. 3, n° 5117, p. 111). C'était évidemment
> une épreuve à laquelle ce mot avait été ajouté par substitution
> au titre ordinaire.

L'exécution d'Amboise, avec légende allemande. Pl.
grav. sur cuivre in-4 en larg. Courte notice, etc.,

n° 5. Copie de la pl. du Recueil de Tortorel et Pèr- 1560.
rissin, n° 7. Voir à 1559, juin, 10. Mars 15.

L'exécution d'Amboise du 15 mars 1560. — Copie de
la pl. du Recueil de Tortorel et Perrissin (n° 7). Estampe in-12 en larg., grav. sur bois. Histoire de
l'état de la France — sous le règne de François II,
par Regnier, sieur de la Planche, publiée par Ed.
Mennechet. Paris, Techener, 1836, 2 vol. in-8,
t. Ier, en face du titre.

Portrait de Charles de Cossé, sieur de Brissac, maréchal Mars 31.
de France, à mi-corps, tourné à droite, cuirassé,
tenant un bâton de la main droite, et appuyé de la
gauche sur son casque. Pl. petit in-4 en haut. Thevet; Pourtraicts, etc., 1584, à la p. 423, dans le
texte.

Le cardinal de Lorraine et le duc de Guise en confé- Mars.
rence avec Catherine de Médicis. Dans l'éloignement
se voit le mouvement de la conspiration d'Amboise.
En haut, on lit : *Mémoires de Condé. Richardon inv.
C. L. Duflos sculp.* Pl. in-4 en haut. Mémoires de
Condé, t. Ier, avant le titre.

> Cette planche a été reproduite dans Velly Villaret et Gar-
> nier; Portraits : l'inscription *Mémoires de Condé* effacée.
> Voir l'article suivant.

Conférence du cardinal de Lorraine et du duc de Guise
avec Catherine de Médicis, sans indication d'où ce
monument est tiré. *Richardon inv. C. L. Duflos*

1560.   *sculp.* Pl. in-4 en haut. Velly Villaret et Garnier ;
            Portraits, t. III, p. 12.

> L'indication *invenit* paraît indiquer positivement que c'est
> une composition. Cependant, je crois devoir indiquer cette
> planche à cause du rapport qu'elle a avec les autres du même
> Recueil, qui sont gravées d'après des miniatures du temps.
>
> Cette planche avait déjà été employée comme frontispice pour
> les *Mémoires de Condé*, publiés en 1743. Elle portait alors en
> haut : *Mémoires de Condé.*

Juin 11.   Figure de Jean Grauchet, escuyer, valet de chambre
            ordinaire du roi, et seigneur de Dampmartin, sur sa
            tombe, au milieu de la nef de la paroisse de Damp-
            martin. Dessin in-fol. en haut. Gaignières, t. IX, 5.
            = Partie d'une pl. in-fol. en haut. Montfaucon, t. V,
            pl. 15, n° 1.

Juin 13.   Tombe de Crespin de Brichanteau, évêque de Senlis,
            confesseur et conseiller du roi François II, en pierre
            plate, dans l'église paroissiale de Saint-Martin de
            Nangis, au milieu de la chapelle des seigneurs qui
            est à droite du chœur. Dessin in-fol. Bibliothèque
            impériale, manuscrits, boetes de l'ordre du Saint-
            Esprit. Brichanteau.

Août 2.   Tombe de Loys du Plessis Chastillon de Couravere,
            Chuvigné les aubiers et desvaulx, en cuivre, proche
            la sacristie, dans le chœur de l'église des Cordeliers
            d'Angers. Dessin in-fol. en haut. Bibliothèque impé-
            riale, manuscrits, boetes de l'ordre du Saint-Esprit.
            Du Plessis.

Nov. 2.   Tombe d'Arnout Monnart, à droite, proche la chapelle
            Saint-Fiacre et la porte du chœur de l'église de Saint-

Yves de Paris. Dessin in-8. Recueil Gaignières à   1560.
Oxford, t. X, f. 67.

Tombeau d'Anne Bouton et de Jacques de Brancion,   Nov. 30.
seigneur de Saint-André, son second mari, mort le
12 mars 1560, — dans l'église de Poligny. Pl. in-fol.
en haut., grav. sur bois. Palliot ; Histoire généalogique des comtes de Chamilly de la maison de Bouton,
à la p. 165, dans le texte.

> L'année commençant encore à Pâques. Le mari mourut
> avant la femme. Voir page 8.

Colonne en marbre blanc supportant une urne de Décembre 5.
bronze doré, surmontée d'une couronne portée par
un ange, attribuée à Ponce, laquelle urne renfer-
mait le cœur de François II, aux Célestins de Paris.
Pl. in-12 en haut. Piganiol de la Force ; Description de Paris, t. IV, à la p. 156. = Pl. in-12 en
haut. Idem, édition de 1765, t. IV, à la p. 198.
= Partie d'une pl. in-4 en haut. Millin ; Antiquités nationales, t. I, n° III, pl. 13. = Pl. in-8
en haut. Al. Lenoir ; Musée des monuments français, t. III, pl. 114, n° 104. = Pl. in-8 en haut.
A. Lenoir ; Histoire des arts en France, pl. 98. =
Partie d'une pl. in-fol. m° en haut. Albert Lenoir ;
Statistique monumentale de Paris, liv. VII, pl. 7.

Portrait en pied de François II, tableau du temps. Miniature in-fol. en haut. Gaignières, t. IX, 1. = Partie
d'une pl. in-fol. en haut. Montfaucon, t. V, pl. 14,
n° 1.

Portrait en pied du même, sans indication de ce qu'é-

1560.
Déc. 5.

tait ce monument. Dessin colorié in-fol. en haut.
Gaignières, t. IX, 2. = Partie d'une pl. in-fol. en
haut. Montfaucon, t. V, pl. 14, n° 2.

Portrait en pied du même, sans indication de ce qu'é-
tait ce monument. Dessin in-fol. en haut. Gaignè-
res, t. IX, 3.

Portrait du même, enfant, à mi-corps, d'après un dessin aux crayons du temps, de la bibliothèque nationale. Pl. in-fol. en haut, coloriée. Niel; Portraits des
personnages français, etc., 1re partie.

Portrait du même, à seize ans environ, à mi-corps,
d'après un dessin aux crayons du temps, de la bibliothèque Sainte-Geneviève. Pl. in-fol. en haut.,
coloriée. Niel; Portraits des personnages français, etc.,
1re partie.

Portrait du même, en buste, peint par Janet, de la collection de M. le marquis de Biancourt. Partie d'une
pl. lithogr. et coloriée in-fol. m° en larg. Du Sommerard; Les arts au moyen âge. Album, 6e série,
pl. 10.

Portrait du même, Tableau de l'école française du
xvie siècle. Musée de Versailles, n° 3116.

Portrait du même. Médaillon de forme ovale, en émaux
de couleurs, détails dorés. Peint par Léonard Limosin. Musée du Louvre, émaux, n° 244. Comte de Laborde, p. 189.

Portrait du même, à mi-corps, cuirassé, tenant le bâton

de commandement, tête nue, tourné à droite. Médaillon ovale. Autour : *Franciscus II, Dei gratia*, etc.,
1559. Estampe in-4 en haut.

Portrait du même, d'après les monuments du temps.
Ovale in-12 en haut., grav. sur bois. Du Tillet ; Recueil des roys de France, p. 247, dans le texte.

Portrait du même. Médaillon sur un soubassement orné
de deux dauphins. *De son portrait à Fontainebleau.*
Estampe petit in-fol. en haut. Au-dessous, en caractères imprimés, un quatrain : JOINDRE *au sceptre
françois*, etc. Mézerai ; Histoire de France, t. II, à la
p. 696, dans le texte.

Portrait du même. Médaillon sur un soubassement re-
présentant un vase. Estampe petit in-fol. en haut.
Au-dessous, en caractères imprimés, un quatrain .
DEUX *contraires Partys*, etc. Mézerai ; Histoire de
France, t. II, p. 738, dans le texte.

Portrait du même, en pied, la main gauche sur la garde
de son épée. Estampe in-4 en haut. Mémoires de
Condé, t. I, p. 320. = Estampe in-4 en haut. Velly,
Villaret et Garnier ; Portraits, t. III, p. 10.

Portrait du même. *A. Boizot del. Filloeul sculp.* Estampe in-8 en haut. Velly, Villaret et Garnier ; Portraits, t. III, p. 9.

Portrait du même, en buste, tourné à droite. Médaillon
ovale, autour le nom. En bas, quatre vers : *Lorsque
cest arbresseau*, etc. Estampe in-12 en haut.

Portrait du même, en buste, tourné à gauche. Médaillon ovale. Autour, le nom écrit à rebours. En bas, quatre vers : *Lorsque cest arbrisseau*, etc. *Paul˟ de la Houue ex.* Estampe in-12 en haut.

Portrait du même. *Harrewyn sculp. Brux.* Estampe in-12 en haut. Mémoires pour servir à l'histoire de France, par P. de l'Estoile, édition de 1719, t. I, à la p. 6.

Portrait du même, en buste, tourné à droite. Médaillon ovale avec ornements. En bas, le nom : *Mariette excu.* Estampe in-12 en haut.

Portrait du même, en buste, tourné à gauche. Médaillon ovale. En bas, le nom : *Moncornet excudit.* Estampe in-8 en haut.

Cronique abregee des faits, gestes et vies illustres des Roys de France, depuis Pharamond jusques à Charles neufiesme, à present régnant. Paris, Guillaume Lenoir, 1566. In-8, fig. Ce volume contient :

Figures représentant les portraits des rois de France, depuis Pharamond jusques à François II, en buste. Médaillons ovales en haut. ou ronds in-12, grav. sur bois, dans le texte.

Armure de François II, en fer damasquiné d'or, avec ornements. Au Louvre, Musée des souverains, provenant de l'ancien garde-meuble de la couronne et depuis du Musée d'artillerie.

Sceau de François II et de Marie Stuart. Partie d'une

pl. in-fol. en haut. Trésor de numismatique et de
glyptique. Sceaux des rois et reines de France, pl. 16,
n° 3.

Deux médailles du même. Partie d'une pl. in-8 en
haut. Luckins; Silloge numismatum, etc., dans le
texte, p. 196.

Neuf médailles du même. Pl. et partie d'une autre pet.
in-fol. en haut. Mézerai; Histoire de France, t. II,
p. 804-806, dans le texte.

Deux médailles ou jetons du même. Partie d'une pl.
in-4 en haut. Le Blanc, pl. 332 *b*, à la p. 332.

Médaille de François II, Rev. Catherine de Médicis.
Partie d'une pl. in-fol. en haut. Trésor de numismatique et de glyptique. Médailles françaises, 1re partie,
pl. 15, n° 3.

Médaille de François II, relative à la paix avec les Anglais. Partie d'une pl. in-fol. en haut. Idem, pl. 15,
n° 5.

Médaille avec les têtes de François Ier, Henri II et François II. Rev. Charles-Emmanuel, Philibert et Marguerite de France, ducs et duchesse de Savoie. Partie
d'une pl. in-fol. en haut. Idem, pl. 15, n° 7.

Monnaie de François II. Dessin, feuille in-fol. Supplément à Le Blanc, manuscrit de la bibliothèque de
l'Arsenal, f. 31.

Neuf monnaies d'argent de Marie Stuart, reine d'Écosse, et de François de Valois, dauphin, depuis François II, son mari, de 1558 à 1560. Parties de deux pl. in-fol. en haut. Anderson ; Selectus diplomatum et numismatum Scotiæ thesaurus. Pl. 163-164.

Monnaie de François II et de Marie Stuart, roi et reine de France et d'Écosse. Partie d'une pl. in-4 en haut. Thom. Pembrock, p. 4, pl. 27.

Deux monnaies de François II, duc de Milan, frappées à Milan. Petite pl. grav. sur bois. Argelati, t. V, feuillet 21, verso, dans le texte, numérotées XIII-XIV, 'exte, feuillet 21, recto, nᵒˢ XIII, XIV.

Monnaie de François II et de Marie Stuart. Partie d'une pl. in-4 en haut. Conbrouse, t. III, pl. 72, nᵒ 2.

Monnaie des mêmes, de l'année 1560. Partie d'une pl. in-8 en haut. Berry ; Études, etc., pl. 56, nᵒ 4, t. II, p. 425.

Jeton e Fra nçois II. Rev. la lettre F couronnée et palmée. Petite pl. grav. sur bois. De Fontenay ; Nouvelle étude de jetons, p. 52, dans le texte.

Jeton du même. Rev. FELICITAS PUBLICA. Petite pl. grav. sur bois. Idem, p. 53, dans le texte.

Jeton, F couronné entre deux cornes d'abondance, d'où sortent les bustes de François II et de Marie Stuart. Petite pl. grav. sur bois. Idem, p. 53, dans le texte.

Trois jetons du règne de François II, sur l'un desquels   1560.
   il est représenté avec sa femme, Marie Stuart. Petites Décembre 5.
   pl. grav. sur bois. De Fontenay; Manuel de l'ama-
   teur de jetons, p. 150-151, dans le texte.

CHARLES IX.

1560.

60. **Monument** élevé à André Blondel, seigneur de Roc-
quancourt, intendant des finances, par sa veuve, en
1560. Bas-relief en bronze représentant le dieu du
sommeil, par Paul Pouce, à Saint-Magloire de Paris.
Partie d'une pl. in-8 en haut. Al. Lenoir ; Musée des
monuments français, t. III, pl. 105, n° 101.

> Ce monument n'était pas de Paul Pouce, mais de Pouce
> *Jacquio.* Idem, t. V, p. 233.

Tombe de sainte Telchide, première abbesse de Jouarre,
dans la crypte de Jouarre. Pl. lith. in-fol. en haut.
Taylor, etc. ; Voyages pittoresques et romantiques
dans l'ancienne France. Champagne, n° 22.

> Le pegme de Pierre Coustau avec les narrations philoso-
> phiques, mis de latin en francois par Lanteaume de Ro-
> mieu, gentilhomme d'Arles. Lyon, Barthelemy Molin,
> 1560. In-8, lettres italiques, fig. Ce volume contient :

Figures représentant des emblèmes. Petites pl. en larg.,
grav. sur bois dans le texte. Les pages entourées de
bordures d'ornements.

> Le compendion et brief enseignement de phisiognomie et
> chiromancie de Berthelemy Cocles, de Bouloigne, etc.

Paris, Pierre Drouart, 1560. In-8, lettres rondes, fig. Ce volume contient :

Quinze figures représentant chacune une ou deux têtes d'hommes et de femmes, destinées à l'explication du rapport des traits de la face avec les passions ou inclinations. Petites pl. grav. sur bois, dans le commencement du texte.

Un grand nombre de représentations de la main de l'homme, avec les signes qui indiquent les qualités et défauts, et des pronostics de la destinée. Petites pl. grav. sur bois, dans le texte.

Histoires prodigieuses extraictes de plusieurs fameux autheurs, grecs et latins, sacrez et prophanes, mises en nostre langue par P. Boaistuau, surnommé Launay, natif de Bretaigne. Paris, Est. Groulleau, 1560. In-4, fig. Ce volume contient :

Quelques figures représentant des faits singuliers rapportés dans l'ouvrage. Petites pl. en larg., grav. sur bois, dans le texte.

Les batailles et victoires du chevalier céleste, contre le chevalier terrestre, l'un tirant à la maison de Dieu, l'autre à la maison du prince du monde, par Artus Désiré. Paris, J. Ruelle, 1560. In-16, fig. Ce volume contient :

Quelques petites planches représentant des compositions relatives au sujet de l'ouvrage, de diverses formes, grav. sur bois, dans le texte.

Il y a une édition semblable de 1562.

Trois hommes debout, sans indications d'où ces monu-

1560.   ments existaient. Trois dessins in-12 en haut. Gaignières, t. VIII, 89.

Les armes de la ville de Strasbourg. Dans une banderole qui flotte vers le haut, on lit : *Insignia civitatis
Argentoratensis*, 1560. Le chiffre de l'artiste, qui est
inconnu, est au milieu d'en haut : F. B. (attribué
faussement à Frédéric Brentel). Pl. in-12 carrée,
haut. 3 p. 8 l., larg, 3 p. 7 l.

Médaille de Charles IX, Rev. Henri II et Catherine de
Médicis. Partie d'une pl. in-fol. en haut. Trésor de
numismatique et de glyptique. Médailles fraçaises,
1re partie, pl. 17, n° 3.

Médaille de Charles IX, Rev. Henri II. Partie d'une pl.
in-fol. en haut. Idem, pl. 17, n° 4.

Monnaie du chapitre de Cambrai. Partie d'une pl. in-4
en haut. Tobiesen Duby ; Monnaies des barons,
pl. 15, n° 5. = Petite pl., grav. sur bois. De Fontenay ; Manuel de l'amateur de jetons, p. 197, dans le
texte.

1560?   Prédication sur ces mots du Pater : *Donne-nous aujour-
d'hui notre pain quotidien.* Plaque en grisaille sur
fond noir, quelques détails dorés. On a cru voir
dans cette composition Pierre Viret prêchant devant
Calvin et Théodore de Bèze ; mais les ressemblances
ne justifient pas entièrement cette attribution. Musée
du Louvre, n° 373. Comte de Laborde, p. 242.

Douze scènes de la Passion, d'après Albert Durer, et

les quatre évangélistes. Douze plaques rectangulaires
et quatre circulaires en émaux de couleurs, rehaussés
d'or, détails dorés, réunis dans un même cadre que
décorent les chiffres, armes et insignes du connétable
Anne de Montmorency. Les émaux sont attribués à
Pierre Raymond. Provenant de la chapelle du château d'Écouen. Musée du Louvre, émaux, n° 332 à
347. Comte de Laborde, p. 222.

Figure de Louise Briçonnet, femme de Louis Allegrin,
conseiller au parlement de Paris, mort le 26 juillet
1554, auprès de son mari, sur leur tombe, dans la
nef de l'ancienne église des Blancs-Manteaux à Paris.
Dessin in-fol. en haut. Gaignières, t. VIII, 110. =
Partie d'une pl. in-4 en haut. Millin ; Antiquités nationales, t. IV, n° XLVII, pl. 6, n° 3.

Statue de Marguerite de Broyes, dame de Nanteuil,
femme de Henri de Lenoncourt, capitaine de cinquante hommes d'armes du roi François Ier, dans
l'église de Notre-Dame de Nanteuil. Partie d'une pl.
in-4 en larg., tirée avec la précédente sur une feuille
in-fol. en haut. Description générale et particulière
de la France (De la Borde, etc.), t. VI. Valois et
comté de Senlis, pl. 34 *bis*, n° 10.

> La terre de Nanteuil fut érigée en comté en faveur de Mar-
> guerite de Broyes en 1543.

Tombeau de Bonne de Baudoche, femme de Pierre, dit
Perrin du Châtelet, mort le 23 août 1556, avec son
mari, dans l'église de Saint-Jean-Baptiste de Gerbe-
villers. *Ravenet sculp., pag. 75.* Pl. in-fol. en haut.

1860?   Calmet; Histoire généalogique de la maison du Châtelet, à la p. 75.

Portrait de Jacques Bertaut, contrôleur de la maison du roi, en buste, tête de trois quarts, tournée à droite. Sur la toile, le nom. Tableau de l'école des Clouet. Musée du Louvre, tableaux, école française, n° 117.

Mausolée du dernier rejeton de la maison de La Bonne-Montrevel, en marbre blanc et bronze, du sculpteur Luc Breton, dans la chapelle de Pesmes à Dôle. Pl. lith. in-fol. en haut. Taylor, etc. ; Voyages pittoresques et romantiques dans l'ancienne France. Franche-Comté, n° 8.

Médaille de Marc-Jean Morelet du Museau, général des finances de France, premier maître d'hôtel du roi, etc. Il fut reçu conseiller au parlement de Paris, le 26 octobre 1544 ; mais on ignore la date de sa mort. Partie d'une pl. in-fol. en haut. Trésor de numismatique et de glyptique. Médailles françaises, 1re partie, pl. 51, n° 4.

Un massier. Plaque en émaux de couleurs sur fond noir, détails dorés ; attribué au peintre émailleur Pierre Raymond. Musée du Louvre, émaux, n° 348. Comte de Laborde, p. 225.

Le mois de Février, scène d'intérieur, assiette en émaux en grisaille sur fond noir, rehaussée d'or, les chairs légèrement colorées. Peint par Pierre Courtois, d'après Étienne de Laune. Musée du Louvre, émaux, n° 383. Comte de Laborde, p. 250.

Le mois de Juillet, scène champêtre, assiette en émaux,   1560?
en grisaille, rehaussée d'or, sur fond noir, les chairs
légèrement colorées. Peint par Pierre Courtois. Musée
du Louvre, émaux, n° 384. Comte de Laborde,
p. 250.

Le mois d'Octobre, scènes champêtres. Plaque de forme
ovale, en émaux de couleurs, avec emploi de paillons et rehauts d'or, détails dorés. Peint par Pierre
Courtois, d'après Étienne de Laune. Musée du Louvre, émaux, n° 378. Comte de Laborde, p. 246.

Joyau d'or émaillé et de cristal de roche. Buste de
femme en cristal de roche, enchâssé dans un enca-
drement d'or émaillé. La tête est surmontée d'une
couronne royale, et la coiffure rappelle celles des
règnes de Henri II et de François II. Inscription relative à Diane d'Éphèse. Travail du xvie siècle. Collection des camées et pierres gravées de la Bibliothèque impériale. Voir : Chabouillet ; Catalogue — des
camées et pierres gravées de la Bibliothèque impériale, n° 2722, p. 405.

Sceau de Philippe de Bourgogne, bâtard d'Adolphe de
Bevere, seigneur de Fontaine. Partie d'une pl. in-fol.
en haut. Wree ; La généalogie des comtes de Flandre, p. 127, a. Preuves 2, p. 399.

1561.

« L'assemblee des trois estats tenus à Orleans au mois   1561.
de Ianvier . 1561. » Le trône est au milieu de l'es-   Janvier.
tampe vers le fond. Le roi Charles IX y est assis,

ayant à sa gauche la reine mère, également assise. Ils sont environnés de princes, princesses et grands seigneurs assis ou debout. Sur le premier plan, des deux côtés, les députés des trois ordres sont assis sur des bancs. Au milieu et devant la table des quatre secrétaires d'état, M. Quintin, debout, parle pour le clergé. On lit vers le milieu, en bas : *I . tortorel . fecit .* 1570 (le 5 à rebours). Les lettres capitales A à X indiquent les renvois aux légendes qui sont au-dessous de la planche en quatre colonnes. Le titre et les légendes sont imprimés en caractères typographiques. Grav. sur cuivre. Pl. in-fol. en larg. *Rare.* Cette pièce est le n° 8 du Recueil de Jean Tortorel et Jacques Perrissin.

> Voir à 1559, juin, 10.
> J'ai trouvé sept variantes du texte imprimé, cinq en français, dont une porte le n° 9, et deux en allemand.
> C'est par erreur que cette planche numérotée porte le n° 9. La pièce est le n° 8 du Recueil.
> Ces erreurs de numéros placés sur les épreuves s'expliquent par la raison que ces numéros ayant été mis à la main sur chaque épreuve séparément, ils peuvent avoir été mal placés.
> Les états devaient être assemblés prochainement à Orléans, lorsque François II mourut le 5 décembre 1560. Ils furent ouverts par son successeur, Charles IX, le 13 du même mois.

L'assemblée des trois estats tenus à Orléans, avec légende allemande. Pl. grav. sur cuivre, in-4 en larg. Courte notice, etc., n° 6. Copie de la pl. du Recueil de Tortorel et Perrissin, n° 8. Voir à 1559, juin, 10.

Les états d'Orléans. Vue de cette assemblée. En haut : « Pourtraict de l'assemblée des Estats tenuz en la ville d'Orléans, au mois de janvier, mil cinq cens soixante. » Dans la marge à droite sont les noms des assistants avec les lettres de renvoi placés dans le champ. Copie de la planche du Recueil de Tortorel et Perrissin, n° 8. Estampe in-fol. en larg. grav. sur bois.

> Comme on vient de le voir, les états d'Orléans furent ouverts, par François II, le 13 décembre 1561. L'indication placée sur cette estampe de janvier 1560 est donc une erreur ; il eût fallu y porter la date de janvier 1561.

Les états d'Orléans. Vue de cette assemblée. Sans aucune légende ni lettre de renvoi. Copie de la pl. du Recueil de Tortorel et Perrissin, n° 8. Estampe in-4 en larg., grav. au simple trait.

> Cette estampe se trouve placée dans l'ouvrage suivant : « Recueil concernant les Estats tenus sous plusieurs roys de France, avec figure, etc. Paris, Martin Gobert, 1614, in-12. »

Histoire de l'origine et des progrez de la monarchie francoise, suivant l'ordre des temps, par Guillaume Marcel. Paris, Denys Thierry, 1686. In-12, 4 vol., fig. Cet ouvrage contient :

Vue de l'assemblée des états d'Orléans, le roi Charles IX et la reine sa mère y étant. Des lettres sur la planche indiquent des renvois au texte. En haut : *à la page 466, tome IV*. Copie de la planche du Recueil de Perrissin et Tortorel, n° 8. Pl. petit in-4 en larg.

Portrait de Robert de Lenoncourt, cardinal. Tableau de l'école française du xvie siècle. Musée de Versailles, n° 3111.

1561.
Mai 15.

Médaille de Charles IX, pour son sacre. Petite pl. en larg. Köhler, t. V, p. 65, dans le texte. = Partie d'une pl. in-fol. Trésor de numismatique et de glyptique. Médailles françaises, 1ʳᵉ partie, pl. 17, n° 5.

Traité sur le couronnement des rois de France, en latin. — Le sacre et couronnement du roy Henri II, — du roy Francois II, — du roy Charles neuviesme. Manuscrit sur vélin du xviᵉ siècle. In-8, maroquin vert. Bibliothèque impériale, manuscrits, fonds de Saint-Germain des Prés. Harlay, n° 508. Ce volume contient :

Miniature représentant l'écusson de France entouré du cordon de Saint-Michel, et soutenu par deux génies. Au-dessous, deux écussons d'armoiries, sous lesquels on lit : BEAVVAYS, dans une bordure d'ornements. Pièce in-8 en haut., feuillet 1, verso; bordures, lettres initiales.

> Cette miniature, d'un travail fin, n'offre qu'un médiocre intérêt. La conservation est belle.

Mai.

Ordonnance du Roy sur le cryement des Escuz sol de Frāce, Escuz dictz Pistoletz, etc. Lyon, Anthoine du Rosne, 1561. In-12, lettres rondes, fig., 4 feuillets. Cet opuscule contient :

Huit monnaies du temps, françaises et étrangères. Petites pl. grav. sur bois, aux feuillets 3 et 4.

Août 9.

Portrait de Claude de Longwy, cardinal de Givry, évêque et duc de Langres, sur une vitre d'une chapelle. Dessin in-fol. en haut. Bibliothèque impériale, manuscrits, boetes de l'ordre du Saint-Esprit. Givry. =

Partie d'une pl. lith. in-fol. en larg., coloriée. De   1561.
Lasteyrie ; Histoire de la peinture sur verre, pl. 84.

Tombeau de Jacques Bouton, seigneur de Chamilly, etc.,   Août 14.
et de Claude de Moroges, sa femme, morte le 8 novembre 1584, dans l'église paroissiale de Saint-Pierre
et Saint-Paul de Chamilly. Pl. in-4 en haut., grav. sur
bois. Palliot ; Histoire généalogique des comtes de
Chamilly de la maison de Bouton, à la p. 199, dans
le texte.

> Je crois devoir citer ce tombeau comme tous les autres
> gravés dans cet ouvrage, quoiqu'il n'offre que l'inscription et
> deux écussons.

Tombe de Estienne de Breze, abbé, en cuivre, armes   Août 16.
et épitaphe, au milieu de la chapelle de la Vierge,
derrière le chœur de l'église de l'abbaye de Coulombs.
Dessin grand in-8. Recueil Gaignières à Oxford,
t. XIV, f. 82.

Portrait de Jaqueline de Longwy, femme de Louis de   Avril 28.
Bourbon Ier du nom, duc de Montpensier, tableau
de Corneille. Miniature in-fol. en haut. Gaignières,
t. IX, 21. = Partie d'une pl. in-fol. en haut. Montfaucon, t. V, pl. 28, n° 1.

Figure d'Anne L'Orfevre, dame d'Armenonville, femme   Septemb. 3.
de François des Ursins, baron de Trainel, etc., mort
le 20 avril 1547, auprès de son mari, sur leur tombe,
dans la chapelle de Saint-Remy de l'église Notre-Dame
de Paris. Dessin in-fol. en haut. Gaignières, t. VIII,
107. = Partie d'une pl. in-fol. en haut. Montfaucon,
t. IV, pl. 53, n° 3.

1561.
Septemb. 9.

« Le Colloque tenu à Poissy le 9 . Septembre, 1561. »
Le roi Charles IX, la reine régente, les prince et princesses du sang et les seigneurs de la cour sont assis au milieu, vers le fond. Des deux côtés sont assis les cardinaux, évêques et docteurs. Au milieu, vers le bas, à la barre, sont les ministres protestants, dont l'un d'eux, Théodore de Bèze, parle en élevant la main droite. La draperie en pente décorant le milieu du fond, au haut de la planche, est ornée de rinceaux. Au milieu, en bas :   (Tortorel Perrissin). Les lettres capitales A à Z indiquent les renvois aux légendes qui sont au-dessous de la planche en cinq colonnes. Ces lettres de renvoi ne sont pas gravées sur la planche, mais frappées à la main en caractères d'imprimerie sur les épreuves. Le titre et les légendes sont imprimés en caractères typographiques. Grav. sur cuivre. Pl. in-fol. en larg. *Très-Rare*. Cette pièce est le n° 9 du Recueil de Jean Tortorel et Jacques Perrissin.

Voir à 1559, juin, 10.

J'ai trouvé quatre variantes du texte imprimé, trois en français et une en latin.

Le colloque de Poissy commença le 9 septembre 1561, ainsi que le portent presque toutes les variantes du texte de cette pièce; mais quelques variantes indiquent le 9 décembre 1561.

M. Robert Dumesnil a classé cette pièce comme étant le n° 10 du Recueil de Tortorel et Perrissin, parce qu'il n'a tenu compte que des variantes portant l'indication du 9 décembre. Il a conséquemment placé au n° 9 le massacre fait à Cahors, qui est réellement le n° 10.

Cette planche est la seule du Recueil de Tortorel et Perrissin qui ait été gravée sur cuivre deux fois. Voir ci-après.

« Le Colloque tenu à Poissy, le 9 . Décembre 1561. »

La même composition que la planche précédente.
La draperie en pente décorant le milieu du fond au
haut de la planche est ornée d'un semis de fleurs
de lis. En bas au milieu : *I. Tortorel fecit.* Les lettres
capitales A à Z indiquent les renvois aux légendes
qui sont au-dessous de la planche en cinq colonnes ;
ces lettres sont gravées sur la planche, comme à
toutes les autres pièces du Recueil. Le titre et les légendes sont imprimés en caractères typographiques,
grav. sur cuivre. Pl. in-fol. en larg. *Rare.* Cette
pièce est, comme la précédente, le n° 9 du Recueil
de Jean Tortorel et Jacques Perrissin.

> Voir à 1559, juin, 10.
>
> Comme il a été dit à l'article précédent, cette pièce est la
> seule du Recueil de Tortorel et Perrissin qui ait été gravée sur
> cuivre deux fois.
>
> J'ai trouvé six variantes du texte imprimé, quatre en fran-
> çais, dont l'une porte le n° 8, et deux en allemand.
>
> C'est par erreur que cette planche numérotée porte le n° 8.
> La pièce est le n° 9 du Recueil.
>
> Ces erreurs des numéros placés sur les épreuves s'expli-
> quent par la raison que ces numéros ayant été mis à la main
> sur chaque épreuve, séparément, ils peuvent avoir été mal
> placés.

Le colloque tenu à Poissy, avec légende allemande. Pl.
grav. sur cuivre in-4 en larg. Courte notice, etc., n° 7.
Copie de la pl. du Recueil de Tortorel et Perrissin,
n° 9. Voir à 1559, juin, 10.

> C'est une des deux planches de cette suite qui sont gravées
> du même sens que l'original.

« Le colloque de Poissi l'an 1561. » Copie de l'estampe

n° 9 du Recueil de Jean Tortorel et Jacques Perrissin. Pl. in-fol. en larg. Montfaucon, t. V, pl. 16.

Le colloque de Poissy. Vue de cette assemblée, sans aucunes légendes ni lettres de renvoi. Copie de la planche du Recueil de Tortorel et Perrissin, n° 9; un texte allemand au revers de la feuille. Estampe in-8 en larg., grav. sur bois.

Povrtraict de l'assemblee dv colloqve tenv en la ville de poissy. 1561. Représentation de cette assemblée, conforme, à quelques détails près, à la planche de la suite de Tortorel et Perrissin; les noms et indications des personnages et autres sont gravés dans l'estampe même. En bas : « A Paris, pour Mathurin Breuille, demourant en la rue Sainct Jaques, à l'image Sainct Sauueur, pres les Mathurins, » grav. sur bois, in-fol. en larg. *Extrémement rare.*

Le colloque de Poissy. Vue de cette assemblée, sans aucunes légendes ni lettres de renvoi. Médaillon ovale en larg. Estampe in-fol. en larg., grav. sur bois.

Nov. 13. Tombe de Nicole de Boubers, femme de Claude de Meaux, dans la nef à costé gauche pres la muraille dans l'église de Montevrain en Brie. Dessin in-8. Recueil Gaignières à Oxford, t. XV, f. 80.

Nov. 19. « Le Massacre fait à Cahors en Querci, le xix . Nouemb. 1561. » Vue de la maison de M. de Calveyret, où les protestants s'étaient assemblés pour entendre le prêche. Il en sort des tourbillons de flammes et de

fumée. Elle est précédée d'une cour avec une porte 1561.
cochère sur la rue, qui est au bas de l'estampe. Dans Novemb. 19.
cette cour, sous la porte et dans la rue, a lieu le
massacre. En bas, à droite :   (Perrissin). Les lettres capitales A à F indiquent les renvois aux légendes
qui sont au-dessous de la planche en deux colonnes.
Le titre et les légendes sont imprimés en caractères
typographiques. Grav. sur cuivre. Pl. in-fol. en larg.
Rare. Cette pièce est le n° 10 du Recueil de Jean
Tortorel et Jacques Perrissin.

> Voir à 1559, juin, 10.
> J'ai trouvé trois variantes du texte imprimé, deux en fran-
> çais et une en latin.
> M. Robert Dumesnil a classé cette pièce comme étant le
> n° 9, parce qu'il avait placé le Colloque de Poissy au n° 10.
> Voir 1561, septembre, 9.

« Le massacre faict à Cahors en Querci le xix . Nouemb.
1561. » La même composition que la planche précédente. En bas, à gauche :   (Perrissin), et à
droite : I . TORTOREL . FECIT , grav. sur bois. Pl.
in-fol. en larg. *Rare.* Cette pièce est, comme la précédente, le n° 10 du Recueil de Jean Tortorel et
Jacques Perrissin.

> Voir à 1559, juin, 10.
> J'ai trouvé quatre variantes du texte imprimé, deux en fran-
> çais, dont une porte le n° 10, et deux en allemand.

Le massacre fait à Cahors, avec légende allemande. Pl.
grav. sur cuivre in-4 en larg. Courte notice, etc.,
n° 8. Copie de la pl. du Recueil de Tortorel et Perrissin, n° 10. Voir à 1559, juin, 10.

Emblèmes d'Alciat, en latin et françois, vers pour vers, etc. Paris, Hierosme de Marnef, 1561. In-12, lettres rondes, fig. Ce volume contient :

Figures représentant des emblèmes. Petites pl. en larg., grav. sur bois, dans le texte.

Dialogo de las empresas militares y amorosas, compuesto en lengua italiana por Paulo Jovio, traduzido en romance castellano por Alonzo de Ulloa. Leon de Francia, G. Roville, 1561. Petit in-4, fig. Ce volume contient :

Figure représentant le portrait de Paul Jove, en buste. Pl. ovale in-12 en haut., grav. sur bois, au feuillet du titre, verso.

Figures représentant des emblèmes. Pl. in-8 en larg., grav. sur bois, dans le texte.

Dialogue des Devises d'armes et d'amours du S. Paulo Jovio, avec un discours de M. Loys Dominique sur le mesme subjet, traduit de l'italien par le sieur Vasquin Philieul, auquel avons adjousté les Devises héroïques et morales du seigneur Gabriel Symeon. Lyon, Guillaume Roville, 1561. Petit in-4, fig. Ce volume contient ;

Figure représentant le portrait de Paul Jove, en buste. Pl. ovale in-12 en haut., grav. sur bois, au feuillet du titre, verso.

Figures représentant des emblèmes. Pl. in-8 en larg., grav. sur bois, dans le texte.

Les devises, ou Emblèmes héroïques et morales inventées

par le Sr Gab. Symeon. Lyon, Guill. Roville, 1561. In-4,
fig. Ce volume contient :

Quelques planches représentant des emblèmes, grav.
sur bois, dans le texte.

Les images de la mort auxquelles sont adjoustées dix-sept
figures. . . . Lyon, J. Frellon (par Symph. Barbier),
1561. Petit in-8, fig. Ce volume contient :

Figures représentant des sujets relatifs à l'ouvrage. Pl.
in-16 en haut., grav. sur bois, dans le texte.

La venerie de Jaques du Fouilloux. — Plus l'adolescence
de l'Autheur. Poitiers, Les de Marnefz, et Rouchetz
freres. Privilege du 23 décembre 1560. In-fol., fig.
Rare. Ce volume contient :

L'auteur à genoux, offrant son livre à Charles IX, qui
est debout; divers personnages sont au fond. Pl. in-4
en haut., grav. sur bois, au feuillet 2, en tête de la
dédicace à Charles IX.

Des figures représentant des sujets relatifs à la chasse.
Pl. de différentes grandeurs, grav. sur bois, dans le
texte.

C'est la première édition de cet ouvrage. Ces planches ont
servi aux éditions subséquentes.

Alliances généalogiques des rois et princes de Gaule, par
Cl. Paradin. Lion, Jan de Tournes, 1561. In-fol., fig.
Ce volume contient :

Frontispice gravé avec figures et ornements; le titre

est au milieu. Pl. in-fol., grav. sur bois, en tête du
volume.

Un grand nombre d'armoiries. Petites pl., grav. sur
bois, dans le texte.

<small>Cet ouvrage a eu plusieurs éditions postérieures.</small>

—

Médaille de Charles IX, roi de France, de 1561. Partie
d'une pl. in-4 en haut. Tab. V, fig. 1. Acta eruditorum. Nova acta, 1743, p. 559.

Monnaie de Charles IX. Petite pl. grav. sur bois. Ordonnance, etc. Anvers, 1633, feuillet K, 1.

Trois monnaies de Charles IX, de l'année 1561. Partie
d'une pl. in-8 en haut. Berry; Études, etc., pl. 57,
n°s 3, 4, 6, t. II, p. 440, 441.

Monnaie frappée sous François II, avec les coins
d'Henri II. Partie d'une pl. in-4 en haut. Du Cange;
Glossarium, 1840, t. IV, pl. 16, n° 1.

Monnaie de Marie Stuart, reine d'Écosse, frappée après
son retour en Écosse. Partie d'une pl. in-4 en haut.
Conbrouse, t. III, pl. 71, n° 4.

Jeton de François II, de Cleves, duc de Nivernois.
Petite pl. grav. sur bois. De Soultrait; Essai sur la
numismatique nivernaise, p. 131, dans le texte. =
Petite pl. grav sur bois. De Fontenay; Manuel de
l'amateur de jetons, p. 397, dans le texte.

<small>François II ne devint duc de Nevers que le 13 février 1562.
La date de 1561 portée sur cette pièce vient de la manière de</small>

compter alors le commencement de l'année à Pâques. Ce jeton   1561.
a donc dû être frappé du 14 février au 28 mars 1561, ancien
style.

François II de Clèves, duc de Nevers, fut tué à la bataille
de Dreux, le 19 décembre 1562.

L'apocalypse figurée par maistre Jehan Duvet, iadis orfe-   1561?
vre des Rois Francois premier de ce nom, et Henry
deuxieme. Lyon, 1561. In-fol., 23 feuillets de texte.
Très-rare. Ce volume contient :

Vingt-trois planches relatives à l'apocalypse, grav. par
Jehan Duvet, parmi lesquelles est la suivante.

Portrait de Jean Duvet, graveur, assis à une table, avec
diverses inscriptions. Estampe grav. par cet artiste,
cintrée par le haut, in-4 en haut.

1562.

Figure de Madeleine de Corbie, femme de Jean Grauchet,   1562.
escuyer, valet de chambre ordinaire du roi, mort le   Janvier 11.
11 juin 1560, auprès de son mari, sur leur tombe,
au milieu de la nef de la paroisse de Dampmartin.
Dessin in-fol. en haut. Gaignières, t. IX, 6. = Partie
d'une pl. in-fol. en haut. Montfaucon, t. V, pl. 15,
n° 2.

Deux Jetons de François I de Clèves, duc de Nevers.   Février 13.
Petites pl. grav. sur bois. De Fontenay ; Manuel de
l'amateur de jetons, p. 397, dans le texte. — Petites
pl. grav. sur bois. De Soultrait ; Essai sur la numismatique nivernaise, p. 125-127, dans le texte.

Le massacre fait à Vassy le premier jour de mars 1562.   Mars 1.

La composition décrite à la pièce suivante, grav. sur cuivre. Pl. in-fol. en larg.

> Cette pièce, si elle existe, est le n° 11 du Recueil de Jean Tortorel et Jacques Perrissin. Voir à 1559, juin, 10. M. Robert Dumesnil pense que cette planche a été gravée, mais il ne l'avait pas vue. Il le dit ainsi dans la notice sur les deux artistes ; cependant il n'a pas marqué la description de cette planche de la lettre B, pour indiquer qu'il ne l'a vue qu'en bois, comme pour les quatre autres pièces de la même catégorie. Je n'ai pas non plus trouvé cette pièce, gravée sur cuivre.

« Le Massacre fait à Vassy, le premier iour de Mars, 1562. » Vue de l'intérieur de la grange où les protestants étaient réunis pour prier Dieu. Le duc de Guise y pénètre, l'épée à la main, avec son escorte ; on le voit à la gauche, en bas, au-dessus de quelques cadavres. Dans l'éloignement du même côté, le cardinal de Guise, appuyé sur le mur du cimetière de la paroisse, regarde attentivement cette scène de carnage. A droite, en bas :   (Perrissin). Les lettres capitales A à K indiquent les renvois aux légendes qui sont au-dessous de la pl. en trois colonnes. Le titre et les légendes sont imprimés en caractères typographiques. Grav. sur bois. Pl. in-fol. en larg. *Rare*. Cette pièce est, comme la précédente, le n° 11 du Recueil de Jean Tortorel et Jacques Perrissin.

> Voir à 1559, juin, 10.
> J'ai trouvé sept variantes du texte, quatre en français, dont l'une porte le n° 11, une en latin et deux en allemand.

Le massacre fait à Vassy, avec légende allemande. Pl. grav. sur cuivre in-4 en larg. Courte notice, etc.,

n° 9. Copie de la pl. du Recueil de Tortorel et Perrissin, n° 11. Voir à 1559, juin, 10.

« Massacre de Vassi fait le 1 mars 1562. » Copie de
l'estampe n° 11 du Recueil de Jean Tortorel et Jacques Perrissin. Pl. in-fol. en larg. Montfaucon, t. V,
pl. 17.

Massacre fait à Vassy le premier iour de mars 1562.
Copie exacte de la pl. du Recueil de Tortorel et Perrissin. Pl. lith. in-fol, en larg.

> Cette planche est placée dans l'ouvrage intitulé : Le Mas-
> sacre de Vassy, d'après un manuscrit tiré du couvent de Vassy,
> par Horace Gourjon, 2ᵉ édition. Paris, Delay, 1844. In-8,
> fig., à la fin.
> Cet opuscule contient une autre planche représentant une
> vue de la grange dans laquelle eut lieu le massacre de Vassy,
> de 1562. Pl. lithogr. in-8 en larg., en tête de l'ouvrage.

« Le Massacre fait a Sens en Bourgongne par la popu-
lace au mois d'Auril, 1562, auant qu'õ prinst les armes. » La rivière d'Yonne est au bas de l'estampe et
charrie des corps humains, dont plusieurs sont liés
à des madriers servant de radeaux. Au delà, on voit
la ville de Sens, où l'on remarque vers la gauche la
femme du médecin Jacques Ithier, qui, voulant
échapper aux assassins, est prise et va être tuée, en
présence de ses deux filles, que d'autres assassins
entourent. Partout on tue les protestants. Au fond,
à gauche, est la maison d'un conseiller au présidial,
pillée et saccagée. A droite, on voit la destruction
de la grange située hors de la ville, où l'on prêchait

en vertu de l'édit de janvier précédent. A gauche,
en bas :   ERRISSIN . FECIT . 1570. Les lettres capitales A à K indiquent les renvois aux légendes qui
sont au-dessous de la planche en une seule colonne.
Le titre et les légendes sont imprimés en caractères
typographiques. Grav. sur cuivre. Pl. in-fol. en larg.
Rare. Cette pièce est le n° 12 du Recueil de Jean
Tortorel et Jacques Perrissin.

> Voir à 1559, juin 10.
>
> J'ai trouvé quatre variantes du texte imprimé, trois en fran-
> çais, dont l'une porte le n° 12, et une en allemand.
>
> La date du jour du mois d'avril, auquel eut lieu le massacre,
> n'est pas indiquée.

Le massacre fait à Sens en Bourgogne, avec légende
allemande. Pl. grav. sur cuivre in-4 en larg. Courte
notice, etc., n° 11. Copie de la pl. du Recueil de
Tortorel et Perrissin, n° 12. Voir à 1559, juin, 10.

> Cette planche aurait dû être numérotée 10.

Avril 22.   Portrait de François, cardinal de Tournon, en buste.
Dessin aux deux crayons, in-4 en haut. Bibliothèque
impériale, manuscrits, boetes de l'ordre du Saint-
Esprit, Tournon.

Avril 25.   « La prinse de Vallence en Dauphiné ou fut tue le
S. de la Motte Gondrin le 25 . Auril . 1562. » La
grande rue des Chapeliers, qui est sur le devant, est
parcourue par des hommes en armes et courant.
Elle est bordée au fond par la maison de M. de la
Motte-Gondrin et par une autre maison contiguë,
dans laquelle ce personnage avait été tué. On le voit

vers la droite pendu au poteau qui sépare deux fenêtres ; un soldat coupe la corde, afin qu'il tombe
et soit reconnu par le peuple. A gauche, en bas :
(Tortorel et Perrissin). Les lettres capitales A à H
indiquent les renvois aux légendes qui sont au-dessous de la planche en deux colonnes. Le titre et les
légendes sont imprimés en caractères typographiques. Grav. sur cuivre. Pl. in-fol. en larg. *Rare*. Cette
pièce est le n° 13 du Recueil de Jean Tortorel et
Jacques Perrissin.

> Voir à 1559, juin, 10.
>
> Il y a deux états de cette planche. Dans le premier, les let-
> tres de renvoi A à E sur la planche sont tracées seulement par
> deux traits parallèles (lettres grises). Dans le deuxième, ces
> cinq lettres sont pleines. Il est possible cependant que les
> lettres pleines aient été remplies à la main.
>
> J'ai trouvé sept variantes du texte imprimé, quatre en fran-
> çais, dont l'une porte le n° 13, une en latin et deux en alle-
> mand.

La prise de Valence en Dauphiné, avec légende allemande. Pl. grav. sur cuivre in-4 en larg. Courte
notice, etc., n° 10. Copie de la planche du Recueil
de Tortorel et Perrissin, n° 13. Voir à 1559, juin, 10.

> Cette planche aurait dû être numérotée 11.

Portrait de Paul de La Barthe, seigneur de Termes, en
buste ; tableau copié par A. Brune. Musée de Versailles, n° 992.

> L'original est dans la famille de La Barthe.

Tombeau de Jehanne d'Estissac, femme de François de
Vendosme, chevalier de l'ordre du Roy, vidame de

1562.
Avril 25.

Mai 6.

Juin 5.

Chartres, dans la chapelle d'Estissac. Dessin in-fol. en haut. Bibliothèque impériale, manuscrits, boetes de l'ordre du Saint-Esprit, Vendosme. = Autre dessin esquissé in-4 en haut. Idem.

Juin.
Monnaie, sans le nom du roi, frappée à Rouen pendant le temps que le parti protestant fut le maître de la ville, du 16 avril au 26 octobre 1562. Petite pl. grav. sur bois. Lecointre-Dupont ; Lettres sur l'histoire monétaire de la Normandie, p. 87, dans le texte. = Petite pl. grav. sur bois. Revue numismatique, 1846. E. Cartier, p. 411, dans le texte. = Petite pl. grav. sur bois. Fillon ; Considérations — sur les monnaies de France, p. 184, dans le texte.

Juillet 24.
Tombe de Guillaume Rousse, chanoine, à la deuxiesme arcade à l'entrée de l'aisle, à gauche du choeur de l'église de Notre-Dame de Paris. Dessin in-8. Recueil Gaignières à Oxford, t. IX, f. 119.

Juillet.
« Le Massacre fait à Tours au mois de Iuillet . 1562. » On voit à gauche une partie de la ville et du pont qui y conduit, par-dessus lequel des hommes sont jetés dans la Loire, qui traverse le bas de l'estampe et charrie beaucoup de cadavres. Des assassins, dans deux barques, achèvent les victimes qui respirent encore. A la droite, au fond, on voit le président Bourgeau pendu à un arbre et auquel les assassins arrachent le cœur. Sur un rocher à gauche, en bas :

(Perrissin). Il n'y a point de lettres capitales de renvoi sur la planche. La légende au-dessous consiste en une explication du sujet en sept petites lignes. Le

titre et cette explication sont imprimés en caractères
typographiques. L'eau-forte a peu mordu. Grav. sur
cuivre. Pl. in-fol. en larg. *Très-rare.* Cette pièce est
le n° 14 du Recueil de Jean Tortorel et Jacques Perrissin.

Voir à 1559, juin, 10.

J'ai trouvé trois variantes du texte imprimé, toutes les trois
en français.

« Le Massacre fait à Tours au mois de Iuillet, 1562. »
La même composition que la planche précédente.
Les lettres capitales A à L indiquent les renvois aux
légendes au-dessous de la planche; mais ces légendes
n'existent pas, et il n'y a qu'une explication de huit
lignes en deux colonnes. En bas, à gauche : P. (Perrissin). Grav. sur bois. Pl. in-fol. en larg. *Rare.* Cette
pièce est, comme la précédente, le n° 14 du Recueil
de Jean Tortorel et Jacques Perrissin.

Voir à 1559, juin, 10.

J'ai trouvé cinq variantes du texte imprimé, trois en français, dont l'une porte le n° 14, une en latin et une en allemand.

Le massacre fait à Tours, avec légende allemande. Pl.
grav. sur cuivre in-4 en larg. Courte notice, etc.,
n° 13. Copie de la pl. du Recueil de Tortorel et Perrissin, n° 14. Voir à 1559, juin, 10.

Cette planche aurait dû être numérotée 12.

« Le massacre fait à Tours au mois de juillet 1562. »
Copie de l'estampe n° 14 du Recueil de Jean Tortorel et Jacques Perrissin. Pl. in-fol. en larg. Montfaucon, t. V, pl. 18.

« La prinse de la ville de Montbrison au pays de Forest,
au mois de Iuillet . 1562. » Cette ville se voit en
partie à droite, vers le fond. Trois pièces de canon
ont fait brèche à la muraille, et des soldats y pénè-
trent. Du haut de son donjon, le baron des Adrets
fait précipiter des prisonniers. A gauche, deux autres
pièces de canon et des troupes qui s'avancent. Vers
le milieu, à gauche :   (Perrissin). Il n'y a point de
lettres de renvoi sur la planche. La légende au-dessous consiste en une explication du sujet en quatre
petites lignes. Le titre et cette explication sont imprimés en caractères typographiques. L'eau-forte a
peu mordu. Grav. sur cuivre. Pl. in-fol. en larg.
Très-rare. Cette pièce est le n° 15 du Recueil de Jean
Tortorel et Jacques Perrissin.

> Voir à 1559, juin, 10.
> J'ai trouvé quatre variantes du texte imprimé, trois en fran-
> çais et une en latin.

« La prinse de la ville de Montbrison au pays de Forest,
au mois de Iuillet . 1562. » La même composition
que la planche précédente. A gauche, vers le milieu :
« I. Tortorel fecit. » Les lettres capitales A à H indiquent les renvois aux légendes qui sont au-dessous
de la planche en deux colonnes. Le titre et les légendes sont imprimés en caractères typographiques.
Grav. sur bois. Pl. in-fol. en larg. *Rare.* Cette pièce
est, comme la précédente, le n° 15 du Recueil de
Jean Tortorel et Jacques Perrissin.

> Voir à 1559, juin, 10.
> J'ai trouvé cinq variantes du texte imprimé, quatre en fran-
> çais, dont l'une porte le n° 15, et une en allemand.

La prise de Montbrison, avec légende allemande. Pl.
grav. sur cuivre in-4 en larg. Courte notice, etc.,
n° 12. Copie de la pl. du Recueil de Tortorel et Perrissin, n° 15. Voir à 1559, juin, 10.

Cette planche aurait dû être numérotée 13.

Tableau représentant Pierre de Lasne, escuyer d'escurie
ordinaire du roy, tué devant Poitiers, et épitaphe,
contre un pilier, à gauche, au-dessus des chaires,
dans le chœur de l'église de Notre-Dame la Grande,
de Poitiers. Deux dessins in-8. Recueil Gaignières
à Oxford, t. XVI, f. 80, 81.

« La desfaite de S. Gilles en Languedoc, au mois de
Septembre . 1562. » Sur le premier plan, à gauche,
on voit trois tentes du camp de MM. de Somma-
riva et de Suze, dont l'armée bat en retraite. Une
partie de la ville de Saint-Gilles est à gauche, à mi-
hauteur. Un corps d'armée fuit sur un pont de ba-
teaux établi sur le Rhône, vers le bas, à droite. Au
bas, à gauche :   (Perrissin). Les lettres capitales
A à L indiquent les renvois aux légendes qui sont
au-dessous de la planche en trois colonnes. Le titre
et les légendes sont imprimés en caractères typogra-
fiques. Grav. sur cuivre. Pl. in-fol. en larg. *Rare.*
Cette pièce est le n° 16 du Recueil de Jean Tortorel
et Jacques Perrissin.

Voir à 1559, juin, 10.
J'ai trouvé sept variantes du texte imprimé, quatre en français, dont l'une porte le n° 16, une en latin et deux en allemand.

La défaite de Saint-Gilles en Languedoc, avec légende

allemande. Pl. grav. sur cuivre, in-4 en larg. Courte
notice, etc., n° 14. Copie de la pl. du Recueil de
Tortorel et Perrissin, n° 16. Voir à 1559, juin, 10.

Cette planche porte, par erreur, octobre 1562.

Nov. 4　Portrait du comte Charles de la Rochefoucaud, comte
de Randan, en buste. Dessin aux deux crayons in-
fol. en haut. Bibliothèque impériale, manuscrits,
boetes de l'ordre du Saint-Esprit. Rochefoucaud.

Portrait du même. Tableau de l'école française du
XVIᵉ siècle. Musée de Versailles, n° 3132.

Portrait du même. Idem, n° 3976.

Nov. 17.　Portrait d'Antoine de Bourbon, roy de Navarre, à mi-
corps, tourné à gauche, cuirassé, tenant de la main
gauche un médaillon attaché à son cou. Pl. petit
in-4 en haut. Thevet; Pourtraits, etc., 1584, à la
p. 417, dans le texte.

Portrait du même, en buste, tourné à gauche, bordure ovale, autour le nom, fonds marbré. Estampe
grav. par Jean Rabel, in-16 en haut.

Portrait du même, tableau du temps. Miniature in-fol.
en haut. Gaignières, t. IX, 15. = Pl. in-fol. en
haut. Montfaucon, t. V, pl. 25 (avec un portrait en
pied, idem).

Portrait en pied du même, tableau du temps. Miniature in-fol. en haut. Gaignières, t. IX, 16. = Pl.

in-fol. en haut. Montfaucon, t. V, pl. 25 (avec un
portrait en buste, idem).

Portrait du même. Tableau de l'école française du
xvıᵉ siècle. Musée de Versailles, n° 3089.

Portrait du même. Dessin aux crayons noir, rouge et
jaune. Musée du Louvre, dessins, école française,
n° 33513.

Portrait du même, d'après un dessin aux crayons du
temps. Pl. in-fol. en haut, coloriée. Niel; Portraits
des personnages français, etc., 2ᵉ partie.

Portrait du même, en pied, la main gauche sur la
garde de son épée. Pl. in-4 en haut. Mémoires de
Condé, t. II, p. 320. = Pl. in-4 en haut. Velly,
Villaret et Garnier, Portraits, etc., t. III, p. 7.

Portrait du même, en buste, de face. Médaillon ovale.
Au-dessous, le nom. *B. Monçornet excudit.* Estampe
in-8 en haut.

Portrait du même, à mi-corps, tourné à gauche. En
haut, le nom en français et en allemand. Estampe
in-8 en haut., grav. sur bois.

Médaille du même. Rev. Rᴇx ᴄᴏɴsᴇʀᴠᴀᴛᴏʀ. Petite pl.
en haut. Mercure de France, 1728, décembre, à la
p. 2654.

Médaille du même. Partie d'une pl. in-fol. en haut.
Trésor de numismatique et de glyptique. Médailles
françaises, 1ʳᵉ partie, pl. 25, n° 4.

1562. Trois médailles du même. Partie d'une pl. in-fol. en
Nov. 17. haut. Idem, pl. 25, n°ˢ 5, 8, 9.

Médaille du même. Partie d'une pl. in-fol. en haut.
Idem, pl. 25, n° 6.

Médaille du même. Partie d'une pl. in-fol. en haut.
Idem, pl. 25, n° 7.

Trois monnaies de Antoine de Bourbon et Jeanne d'Albret, roi et reine de Navarre. Partie d'une pl. in-4
en haut. Tobiesen Duby; Monnoies des barons, pl. 20,
n°ˢ 4, 7, 9.

Deux monnaies des mêmes. Partie d'une pl. in-4 en
haut. Idem, pl. 20, n°ˢ 5, 8.

Monnaie des mêmes. Partie d'une pl. in-4 en haut.
Idem, pl. 20, n° 6.

Monnaie des mêmes. Partie d'une pl. in-4 en haut.
Idem, Monnaies des barons, Supplément, pl. 3,
n° 12.

Monnaie des mêmes. Partie d'une pl. in-fol. en haut.
Trésor de numismatique et de glyptique. Histoire par
les monuments de l'art monétaire chez les modernes, pl. 41, n° 15 (texte n° 14).

Déc. 4. Buste de Guillaume Froelich, colonel général des Suisses, en marbre, provenant de l'église des Cordeliers
de Paris. Musée de Versailles, n° 2706.

<small>Ce buste a fait partie du musée des Monuments français.</small>

Tombeau de Gilles le Maistre, premier président du parlement de Paris, mort le 5 décembre 1562, de Marie Sapin, sa femme, morte le 22 janvier 1568, et de Nicolas le Maistre, conseiller au parlement, leur fils, mort le 23 mai 1577, dans le mur du côté de l'évangile, dans la deuxième chapelle dédiée à Saint-Louis, qui est au colatéral gauche du chœur des Cordeliers de Paris, en entrant par le jubé. Trois épitaphes diverses. Quatre dessins in-fol. en haut. Bibliothèque impériale, manuscrits, boetes de l'ordre du Saint-Esprit, Lemaître. = Quatre dessins grand et petit in-4 en haut. Recueil Gaignières, à la bibliothèque Mazarine, n°ˢ 10 à 13.

1562.
Décemb. 5.

Portrait de Jacques d'Albon, seigneur de Saint-André, en buste, tableau copié par Delorme. Musée de Versailles, n° 990.

Déc. 15.

Portrait du même. Tableau du xviᵉ siècle. Musée de Versailles, n° 3109.

« L'ordonnance des deux Armees de la Bataille de Dreux, donnée le 19 . Decemb. 1562. » On voit à gauche, en haut, partie du village de Lespine ; à droite, vers le haut, est l'église de Bleinville. Les deux armées sont en présence. Au bas, à droite, un moulin à vent. Sur son pied est la marque   (Tortorel-Perrissin). Plus à droite, le nombre 1 (indiquant l'ordre des six planches relatives à cette bataille). Les lettres capitales A à AA indiquent les renvois aux légendes qui sont au-dessous de la planche en quatre colonnes. Le titre et les légendes sont imprimés en caractères typographiques. Grav. sur cuivre. Pl. in-

Déc. 19.

1562.
Déc. 19.

fol. en larg. *Rare*. Cette pièce est le n° 17 du Recueil de Jean Tortorel et Jacques Perrissin.

Voir à 1559, juin, 10.

J'ai trouvé sept variantes du texte imprimé, cinq en français, dont l'une porte n° 17, une en latin et une en allemand.

« La premiere charge de la bataille de Dreux, là où M. le Connestable fut prins, le 19 . decembre 1562. » Le connétable de Montmorency est fait prisonnier en avant du village de Bleinville, que l'on voit à la droite, vers le haut. Vers le bas, du même côté, sont deux arbres, dont l'un est coupé par le bord de la planche. Au bas, au milieu, un peu vers la droite, un moulin à vent. Sur son pied, la marque P (Perrissin). Plus à droite, le nombre II (indiquant l'ordre des six planches relatives à cette bataille). Les lettres capitales A à Z indiquent les renvois aux légendes qui sont au-dessous de la planche en quatre colonnes. Le corps de cavalerie qui est à gauche, au bas, est marqué : E. Le corps de cavalerie au milieu, un peu vers la gauche, est marqué : K G. Le titre et les légendes sont imprimés en caractères typographiques. Grav. sur cuivre. Pl. in-fol. en larg. *Rare*. Cette pièce est le n° 18 du Recueil de Jean Tortorel et Jacques Perrissin.

Voir à 1559, juin, 10.

J'ai trouvé trois variantes du texte imprimé, deux en français et une en latin.

« La premiere charge de la bataille de Dreux, là où M. le Connestable fut prins, le 19 Decembre 1562. » La même composition que la planche précédente. Les deux arbres à droite, vers le bas, sont entière-

ment dégagés du bord de la planche. En bas, à droite
du nombre II, on lit : I . TORTOREL . FECIT. Le
corps de cavalerie qui est à gauche, en bas, est marqué K. Le corps de cavalerie au milieu, un peu vers
la gauche, est marqué G. Sur l'une des enseignes de
ce corps, on voit le monogramme   , qui est attribué à un graveur nommé Jean de Gourmont. Grav.
sur bois. Pl. in-fol. en larg. *Rare.* Cette pièce est,
comme la précédente, le n° 18 du Recueil de Jean
Tortorel et Jacques Perrissin.

> Voir à 1559, juin, 10.
>
> J'ai trouvé quatre variantes du texte imprimé, trois en fran-
> çais, dont l'une porte le n° 18, et une en allemand.

La première charge de la bataille de Dreux, avec légende allemande. Pl. grav. sur cuivre in-4 en larg.
Courte notice, etc., n° 15. Copie de la pl. du Recueil
de Tortorel et Perrissin, n° 18. Voir à 1559, juin, 10.

« La deuxieme charge de la Bataille de Dreux, où M. le
P. de Condé poursuit la victoire, le 19 Deceb. 1562. »
On voit au milieu, vers la droite, le village de Bleinville. Au delà, au haut de la planche, à droite, les
troupes du prince de Condé poursuivent celles du
connétable, mises en déroute. Au milieu, en bas, un
moulin à vent. Sur son pied, la marque   (Tortorel-Perrissin. Sous la maison qui est à gauche du
moulin, il n'y a aucun nom d'artiste. A droite du
moulin, le nombre : III (indiquant l'ordre des six
planches relatives à cette bataille). Les lettres capitales A à S indiquent les renvois aux légendes qui
sont au-dessous de la planche en deux colonnes. Le

titre et les légendes sont imprimés en caractères typographiques. Grav. sur cuivre. Pl. in-fol. en larg. *Rare*. Cette pièce est le n° 19 du Recueil de Jean Tortorel et Jacques Perrissin.

> Voir à 1559, juin, 10.
>
> Il y a deux états de cette planche. Le premier est celui décrit ; il est à l'eau forte pure. Dans le deuxième, la planche est retouchée au burin. Au-dessous de la maison, à la gauche du moulin, on lit : « I. Tortorel fecit. »
>
> J'ai trouvé huit variantes du texte imprimé, six en français, dont l'une porte le n° 19, une en latin et une en allemand.

La seconde charge de la bataille de Dreux, avec légende allemande. Pl. grav. sur cuivre in-4 en larg. Courte notice, etc., n° 16. Copie de la pl. du Recueil de Tortorel et Perrissin, n° 20, qui représente la troisième charge de cette bataille. Voir à 1559, juin, 10.

« Seconde charge de la bataille de Dreux, où le Prince de Condé rompt les Roiaux. » Copie de l'estampe n° 19 du Recueil de Jean Tortorel et Jacques Perrissin, n° 19. Pl. in-fol. en larg. Montfaucon, t. V, pl. 19.

« La troisieme charge de la bataille de Dreux, où M. le Prince de Condé fut prins, le 19 . Decembre . 1562 » On voit en haut, à droite, le village de Bleinville, où s'étaient retirés les lansquenets du prince de Condé. Au bas, à droite, dans un bois, le prince est fait prisonnier par M. Danville. A gauche, en bas, un moulin à vent. Sur son pied; le monogramme : (Perrissin). Dans l'angle du bas, à gauche, terrain blanc sans aucun nom d'artiste. Au-dessus du moulin, le nombre IIII (indiquant l'ordre des six plan-

ches relatives à cette bataille). Les lettres capitales
A à H indiquent les renvois aux légendes qui sont
au-dessous de la planche en deux colonnes. Le titre
et les légendes sont imprimés en caractères typographiques. Grav. sur cuivre. Pl. in-fol. en larg.
Rare. Cette pièce est le n° 20 du Recueil de Jean
Tortorel et Jacques Perrissin.

> Voir à 1559, juin, 10.
> Il y a deux états de cette planche. Le premier est celui dé-
> crit. Dans le second, à l'angle du bas, à gauche, le terrain est
> plus chargé de tailles et on y lit : « I. Perrissin fecit. »
> J'ai trouvé cinq variantes du texte imprimé, trois en français,
> une en latin et une en allemand.

« La III. charge de la bataille de Dreux, où M. le
Prince de Condé fut prins, le 19 de Décembre 1562. »
La même composition que la planche précédente.
Dans l'angle du bas, à gauche, on voit le mono-
gramme   , qui est attribué à un graveur nommé
Jean de Gourmont. Pl. grav. sur bois, in-fol. en larg.
Rare. Cette pl. est, comme la précédente, le n° 20
du Recueil de Jean Tortorel et Jacques Perrissin.

> Voir à 1559, juin, 10.
> J'ai trouvé quatre variantes du texte imprimé, toutes quatre
> en français, dont deux portent le n° 20.

La troisième charge de la bataille de Dreux, avec légende
allemande. Pl. grav. sur cuivre, in-4 en larg. Courte
notice, etc., n° 17. Copie de la pl. du Recueil de
Tortorel et Perrissin, n° 21, qui représente la quatrième charge de cette bataille. Voir à 1559, juin, 10.

« Autre charge (de la bataille de Dreux) où le prince

de Condé est pris et son armée détruite. » Copie de l'estampe n° 20 du Recueil de Jean Tortorel et Jacques Perrissin, qui représente la troisième charge de cette bataille. Pl. in-fol. en larg. Montfaucon, t. V, pl. 20.

« La quatrième charge de la bataille de Dreux, où M. le Mareschal S. André fut tue, le 19 . Decemb. 1562. » Au milieu, en bas, et près le village de Maumucet, qui est un peu à gauche, on voit le maréchal de Saint-André tué d'un coup de feu par un cavalier, au moment où un autre cavalier, qui l'avait fait prisonnier, l'aidait à monter en trousse. La bataille continue près de Bleinville, dont on voit le bas de deux maisons en haut. Vers le milieu, à gauche, un moulin à vent. Sur son pied, le monogramme　(Perrissin). En bas, vers la droite, le nombre IIIII (indiquant l'ordre des six planches relatives à cette bataille). Les lettres capitales A à N indiquent les renvois aux légendes qui sont au-dessous de la planche en trois colonnes. Le titre et les légendes sont imprimés en caractères typographiques. Grav. sur cuivre. Pl. in-fol. en larg. *Rare*. Cette pièce est le n° 21 du Recueil de Jean Tortorel et Jacques Perrissin.

Voir à 1559, juin, 10.

J'ai trouvé six variantes du texte imprimé, quatre en français, dont l'une porte le n° 21, une en latin et une en allemand.

« La Retraite de la Bataille de Dreux, le 19 . Decemb. 1562. » Un vallon étroit est en diagonale du haut à gauche, à la droite en bas. Les armées en retraite en occupent les deux côtés. En haut est le champ de

bataille couvert de morts. A droite, Bleinville, et plus
bas Maumucet. Un moulin à vent au milieu, vers le
haut. Sur son pied, le monogramme   (Tortorel-
Perrissin). En bas, vers la droite, le nombre VI
(indiquant l'ordre des six planches relatives à cette
bataille). Les lettres capitales A à E indiquent les renvois aux légendes qui sont au-dessous de la planche
en une colonne. Le titre et les légendes sont imprimés en caractères typographiques. Grav. sur cuivre.
Pl. in-fol. en larg. *Rare.* Cette pièce est le n° 22 du
Recueil de Jean Tortorel et Jacques Perrissin.

Voir à 1659, juin, 10.
J'ai trouvé sept variantes du texte imprimé, cinq en français, dont l'une porte le n° 22, une en latin et une en allemand.

Le vray pourtraict de la bataille donnee par M. de
Guyse devant Dreux. Pl. in-fol. m° en haut. Mémoires de Condé, t. IV, p. 178. = Pl. in-fol. m° en
haut. Velly, Villaret et Garnier; Portraits, t. III, p. 19.

Il n'est pas indiqué d'où ce plan figuré a été tiré; mais il est
probable qu'il a la même authenticité que le suivant.

Le vray pourtraict et plante de la bataille donnée par
monsieur de Guyse contre les huguenotz, envoye au
Roy par ledict seigneur. Pl. in-fol. en haut. Mémoires de Condé, t. IV, p. 687. = Pl. in-fol. en haut.
Velly, Villaret et Garnier; Portraits, t. III, p. 20.

Casque que portait à la bataille de Dreux le connétable
Anne de Montmorency, qui fut atteint d'une balle
qui lui fracassa la mâchoire. Musée de l'artillerie,
De Saulcy, n° 321.

1562.
Déc. 19. Tombe de Nicolas du Châtelet, gentilhomme de la chambre du roi, lieutenant de cent hommes d'armes, dans l'église de Vauvillars. *A Humblot del. A Aveline sculp. Page* 203. Pl. in-fol. en larg. Calmet; Histoire généalogique de la maison du Châtelet, à la p. 203.

1562. Statue de Jean d'Escoubeau, sire de Jouy, maître de la garde-robe du roi François Ier, à genoux, en marbre, placée dans la chapelle seigneuriale de Jouy. Musée de Versailles, n° 321.

Médaille d'Antoine d'Albon, archevêque d'Aix, jusqu'en 1562, époque où il devint archevêque de Lyon. Il mourut le 24 septembre 1574. Partie d'une pl. in-fol. en haut. Trésor de numismatique et de glyptique. Médailles françaises, 1re partie, pl. 47, n° 2.

Genealogie et la fin des huguenaux et descouuerte du caluiñisme, par Gabriel de Saconay. Lyon, Benoist Rigaud, 1572. In-8, fig. *Rare.* Ce volume contient :

Scène de singeries. Deux singes sont à cheval sur un lion; un autre prêche en chaire; et un autre vise, avec un fusil, un crucifix. Pl. in-12 en haut., grav. sur bois. Au-dessous, en caractères imprimés : Ezechiel, xxix. Je t'ay liuré aux bestes de la terre pour estre deuoré. Au feuillet du titre, verso.

Autre scène de singeries, dans un paysage. Un lion dévore un singe. Pl. in-12 en haut. grav. sur bois. Au-dessous, en caractères imprimés : Saint Ambroise, etc. Les bestes sauent leurs remèdes, etc., à la fin de la dédicace au roi, verso.

Le diable sur un trône dans un paysage, entouré de 1562. singes, livrés à diverses occupations. En bas : MAL-HEUR SUR LA TERRE ET LA MER : CAR LE DIABLE EST DESCENDU VERS VOUS AYANT GRAND COURROUX (*Apoca-lypse*, 12). FF. (H. F.) Pl. in-12 en haut., au feuillet du privilége, verso.

> La première de ces planches se trouve aussi dans l'ouvrage du même auteur, intitulé : *Discours des premiers troubles advenus à Lyon*, 1569.
>
> Ces planches et l'ouvrage sont relatifs aux troubles de 1562.

Tableau représentant Anthoine de Saint-Jehan, sieur d'Aunoux, maistre de camp des bandes de Piémont, contre un pilier proche de la sacristie, à droite, dans le chœur de l'église de Notre-Dame la Grande, de Poitiers. Dessin grand in-8. Recueil Gaignières à Oxford, t. XVI, f. 79.

La venerie de Jaques du Fouilloux, gentilhomme, seigneur dudit lieu, etc. Poitiers, les de Marnefz et Bouchetz, 1562. In-4, fig. *Très-rare*. Ce volume contient :

Figure représentant le roi Charles IX debout, entouré de divers personnages, auquel l'auteur, à genoux, offre son livre. Pl. in-4 en haut., grav. sur bois, au feuillet du titre, verso.

Figures représentant des sujets relatifs à la chasse, Pl., dont une in-4 en haut., les autres in-8 en larg., grav. sur bois, dans le texte.

> Cette édition est identique à celle de 1561.

Les Images de la mort, auxquelles sont adjoutées dix-sept

figures. Lyon, J. Frellon (par Symph. Barbier), 1562. Petit in-8, fig. Ce volume contient :

Figures représentant des sujets de la danse des morts. Pl. in-16 en haut., grav. sur bois, dans le texte.

> Le recueil de tout soulas et Plaisir, et Parangon de Poesie, comme Epistres, Rondeaux, Balades, Epigrames, dizains et huictains. Paris, Jean Bonfons, 1562. In-16, fig. Ce volume contient :

Quelques figures représentant des sujets relatifs à l'ouvrage. Petites pl. en larg., grav. sur bois, dans le texte.

—

Médaille de Charles IX, Rev. NULLIS FRAUS TUTA LATEBRIS, Petite pl. Lukius. Silloge numismatum, etc., dans le texte, p. 202.

Médaille du même, Rev. MAJOR ERIT HERCULE. Partie d'une petite pl. Idem, p. 203.

Monnaie de Charles IX. Partie d'une pl. in-fol. en haut. Trésor de numismatique et de glyptique. Histoire par les monuments de l'art monétaire chez les modernes, pl. 9, n° 13.

Deux monnaies du même, de l'année 1562. Partie d'une pl. in-8 en haut. Berry ; Études, etc., pl. 57, n°s 5, 7, t. II, p. 440, 441.

> Dans le texte la monnaie pl. 57, n° 5, est indiquée comme de 1561.

Monnaie d'argent de Marie Stuart, reine d'Écosse, reine

douairière de France. Partie d'une pl. in-fol. en haut. 1562.
Anderson; Selectus diplomatum et numismatum Scotiæ selectus, pl. 164.

Monnaie de la même. Partie d'une pl. in-4 en haut.
Annales archéologiques; Didron aîné, t. II, à la
p. 109.

Trois monnaies de Philippe II, roi d'Espagne, — comte
de Flandre. Petites pl. grav. sur bois. Ordonnance, etc. Anvers, 1633, feuillet, M, 5.

Monnaie de Nicolas du Châtelet IIe du nom, souverain
de Vauvillars et de Mangeville. Partie d'une pl. in-4
en haut. Tobiesen Duby; Monnoies des barons,
pl. 68, n° 1.

Monnaie du même. Partie d'une pl. in-4 en haut. Idem,
Supplément, pl. 9, n° 8.

Monnaie du chapitre de Cambrai. Partie d'une pl. in-4
en haut. Tobiesen Duby; Monnoies des barons,
pl. 15, n° 6. = Petite pl. grav. sur bois. De Fontenay; Manuel de l'amateur de jetons, p. 197, dans le
texte.

Deux monnaies du chapitre noble de Sainte-Aldegonde
de Maubeuge, dont l'une porte la date de 1562. Partie
d'une pl. in-8 en haut. Revue de la numismatique
belge. A. Lacroix, t. III, pl. 18, p. 384.

Deux mereaux du chapitre de Maubeuge. Partie d'une
pl. in-4 en haut. Chalon; Recherches sur les mon-

1562. naies des comtes de Hainaut, pl. 26, n°s 192, 193, p. 151.

1562? Statue d'Antoinette de Brives, femme de Jean d'Escoubeau, sire de Jouy, à genoux, en marbre, placée dans la chapelle seigneuriale de Jouy. Musée de Versailles, n° 322.

> Jean d'Escoubeau, sire de Jouy, mourut en 1562.

1563.

1563.
Janvier.
« Orleans assiegé au mois Ianuier 1563. » La ville est au fond, à droite, séparée par la Loire des assiégeants qui occupent le bas et la gauche. Les deux rives du fleuve sont garnies de canons. A droite, en bas, les Suisses entre deux églises. Au-dessous, sur une pierre (Tortorel-Perrissin). Les lettres capitales A à K indiquent les renvois aux légendes qui sont au-descous de la planche en deux colonnes (Les lettres I et K ne s'aperçoivent pas sur la planche). L'eau forte a trop mordu, ce qui rend cette planche confuse et nuit à l'harmonie de la composition. Le titre et les légendes sont imprimés en caractères typographiques. Grav. sur cuivre. Pl. in-fol. en larg. *Rare.* Cette pièce est le 23 du Recueil de Jean Tortorel et Jacques Perrissin.

> Voir à 1559, juin, 10.
>
> J'ai trouvé cinq variantes du texte imprimé, trois en français, dont l'une porte le n° 23, une en latin et une en allemand.

« Siége d'Orléans. » Copie de l'estampe n° 23 du Recueil de Jean Tortorel et Jacques Perrissin. Pl. in-fol. en larg. Montfaucon, t. V, pl. 21.

« Le Duc de Guise est blessé à mort le 18 Feurier .   1563.
1563. » Au milieu et sur le premier plan, on voit   Février 18.
le duc de Guise, accompagné du capitaine Rostain
et d'un autre cavalier, allant à gauche, où l'on voit
son logis, nommé les Valins. Poltrot le suit à cheval,
et lui tire un coup de pistolet. A droite, au fond,
est une partie de la ville d'Orléans assiégée. Au bas,
à droite   (Tortorel-Perrissin). Il n'y a point de
lettres capitales de renvoi sur la planche. La légende
au-dessous consiste en une explication du sujet en
deux colonnes. L'eau forte a peu mordu. Le titre et
les légendes sont imprimés en caractères typographiques. Grav. sur cuivre. Pl. in-fol. en larg. *Très-rare.*
Cette pièce est le n° 24 du Recueil de Jean Tortorel
et Jacques Perrissin.

Voir à 1559, juin, 10.
J'ai trouvé quatre variantes du texte imprimé, deux en français, une en latin et une en allemand.

« Le Duc de Guise est blessé à mort le 18 . de Feurier
1563. » La même composition que la planche précédente. En bas, à droite «   errissin fecit. » Les
lettres capitales A à G indiquent les renvois qui sont
au-dessous de la planche en trois colonnes. Le titre
et les légendes sont imprimés en caractères typographiques. Grav. sur bois. Pl in-fol. en larg. *Rare.*
Cette pièce est, comme la précédente, le n° 24 du
Recueil de Jean Tortorel et Jacques Perrissin.

Voir à 1559, juin, 10.
J'ai trouvé cinq variantes du texte imprimé, quatre en français, dont l'une porte le n° 24, et une en allemand.

1863.   Le duc de Guise est blessé à mort, avec légende alle-
Février 18.   mande. Pl. grav. sur cuivre, in-4 en larg. Courte
               notice, etc., n° 18. Copie de la pl. du Recueil de
               Tortorel et Perrissin, n° 24. Voir à 1559, juin, 10.

                    C'est une des deux planches de cette suite qui est gravée du
                  même sens que l'original.

Février 24.   Portrait en pied de François de Lorraine, duc de Guise,
               tableau par Janet. Miniature in-fol. en haut. Gai-
               gnières, t. IX, 24. = Pl. in-fol. en haut. Montfau-
               con, t. V, pl. 30.

               Portrait du même. Dessin colorié in-fol. en haut. Gai-
               gnières, t. IX, 25.

               Portrait du même. Dessin colorié in-12 en haut. Gai-
               gnières, t. IX, 26.

               Portrait du même, en pied, debout, la main droite te-
               nant ses gants et appuyée sur le piédestal d'une co-
               lonne, tenant son épée de la main gauche. Tableau
               de l'école des Clouet. Musée du Louvre, tableaux,
               école française, n° 113.

               Portrait du même, en buste, tête de trois quarts, tour-
               née à gauche; autour du cou, une ganse brune, à
               laquelle pend le médaillon de l'ordre de Saint-Michel,
               tableau de l'école des Clouet. Musée du Louvre, ta-
               bleaux, école française, n° 114.

               Portrait du même. Tableau de l'école française du
               XVIᵉ siècle. Musée de Versailles, n° 3119.

                    Portrait douteux.

Portrait du même, d'après une esquisse de grandeur 1563.
naturelle, peinte à l'huile, qui était dans le château Février 24.
de Joinville. Pl. lithographiée par M. Gabriel Rolin.
Voir : Précis des travaux de la Société royale des
sciences, lettres et arts de Nancy, de 1824 à 1828,
p. 169.

Portrait du même, en buste, à l'âge de 38 ans ; médaillon de forme ovale, en émaux de couleurs, détails
dorés. Peint par Léonard Limosin, avec la date de
1557. Musée du Louvre, émaux, n° 254. Comte de
Laborde, p. 190. = Pl. lith. et coloriée in-fol. m° en
haut. Du Sommerard ; les Arts au moyen âge, album,
7ᵉ série, pl. 31.

FRANCISCVS DVX A GVISA. Portrait de François de
Lorraine, duc de Guise, à mi-corps, de profil, tourné
à droite ; il est appuyé du bras droit sur son casque
et tient de la main gauche le bâton de commandement. Estampe in-4 en haut.

> Ce portrait est placé dans l'ouvrage suivant : « Caroli Lotha-
> ringi card. et Francisci Ducis Guysii, literæ et arma, in fune-
> bri oratione habita Nancij a N. Bocherio theologo, etc. » Lu-
> tetiæ, F. Horelli, 1577. In-4.
> Il se trouve aussi dans ce volume le portrait du cardinal
> Charles de Lorraine et son tombeau. Voyez à 1574, décem-
> bre, 26.

Portrait de François de Lorraine, duc de Guyse, à mi-
corps, tourné à gauche, cuirassé, appuyé de la main
droite sur son bâton, et tenant de la gauche le pom-
meau de son épée. Pl. petit in-4 en haut. Thevet ;
Pourtraits, etc., 1584, à la p. 427, dans le texte.

Portrait du même, debout, cuirassé. En haut, à gauche, ses armoiries. En bas : *Franciscus a Lotharingia Dux Guisius*. In-12 en haut. Vulson de la Colombière ; Les vies des hommes illustres, etc., à la
p. 189.

Portrait du même, debout, cuirassé, dans une bordure
à sujets et emblèmes. En haut : FRANCISCUS A LOTHA-
RINGIA DUX GUISIUS. In-fol. max° en haut. Vulson de
la Colombière; Les portraits des hommes illustres, etc., au feuillet P.

Portrait du même, à mi-corps, tourné à gauche, in-4
en haut. Mémoires de Condé, t. I, p. 342.

Portrait du même, blessé par Jean Poltrot et mort le
24 février, 1549 (par erreur). *pinx. Gaillard
sculp*. In-8 en haut. Velly, Villaret et Garnier ; Portraits, t. II, p. 88.

Portrait du même, en buste, cuirassé, de face. Médaillon ovale. Au-dessous, le nom. *Desrochers ex.* Estampe in-12 en haut.

Portrait du même, cuirassé, à mi-corps, tenant le bâton
de commandement, tourné à gauche. En haut : FEU
MONSIER DE GUYSE. En bas, quatre vers : *L'espaigne
est le tombeau, etc. Ricurdella excu. fecit* (G. L.).
Estampe in-8 en haut.

Sceau d'or et médaille du même. Partie d'une pl. in-
fol. en haut. Calmet; Histoire de Lorraine, t. II,
pl. 6, n°ˢ 112-113.

Autre médaille du même. Partie d'une pl. in-fol en
haut. Idem, t. V, pl. 5, n° 14.

Médaille du même. Pl. in-12 en larg. Luckius; Silloge
numismatum, etc., dans le texte, p. 206.

« La paix faite en l'Isle aux boeufz pres d'Orleans , Mars 13.
le 13 . Mars, 1563. » L'Isle est au milieu ; deux tentes y sont dressées. A droite est celle de la reine-
mère, qui est debout, avec un fauteuil derrière elle,
et ayant à son côté le prince de Condé. L'autre tente
est à gauche ; devant, sont le connétable et M. d'Andelot. Au bas, en deçà de la rivière, sont les soldats
de l'escorte de la reine. De l'autre côté de la rivière,
sont des troupes sorties d'Orléans ; cette ville se voit
en partie en haut, à gauche. Au milieu, en bas :
(Tortorel-Perrissin). Les lettres capitales A à I indiquent les renvois qui sont au-dessous de la planche
en deux colonnes. Le titre et les légendes sont imprimés en caractères typographiques. Grav. sur cuivre. Pl. in-fol. en larg. *Rare.* Cette pièce est le n° 25
du Recueil de Jean Tortorel et Jacques Perrissin.

> Voir à 1559, juin, 10.
> J'ai trouvé neuf variantes du texte imprimé, cinq en fran-
> çais, dont l'une porte le n° 25, deux en latin et deux en alle-
> mand.

La paix faite en l'Isle aux boeufs près d'Orléans, avec
légende allemande. Pl. grav. sur cuivre, in-4 en
larg. Courte notice, etc., n° 20 Copie de la pl. du
Recueil de Tortorel et Perrissin, n° 25. Voir à 1559,
juin, 10.

> Cette planche aurait dû être numérotée 19.

1863.   « Paix faite à l'Isle aux boeufs pres Orléans. » Copie de
Mars 13.   l'estampe n° 25 du Recueil de Jean Tortorel et Jacques Perrissin. Pl. in-fol. en larg. Montfaucon, t. V,
pl. 22.

Mars 18.   « L'execution du S. Iean Poltrot dict du Meray, à Paris
le 18 . de Mars . 1563. » Le fond représente la façade
de l'hôtel de ville de Paris ; les fenêtres, ainsi que la
place de Grève sont occupées par beaucoup de personnages. Sur le premier plan, au milieu, on voit
Poltrot, tiré à quatre chevaux, et le bourreau s'ap-
prêtant à le frapper. En bas, à gauche   (Perrissin).
Il n'y a point de lettres capitales de renvoi sur la
planche. La légende au-dessous consiste en une
explication du sujet en deux lignes. Le titre et l'explication sont imprimés en caractères typographiques. Grav. sur cuivre. Pl. in-fol. en larg. *Rare.*
Cette pièce est le n° 26 du Recueil de Jean Tortorel
et Jacques Perrissin.

> Voir à 1889, juin, 10.
> J'ai trouvé cinq variantes du texte imprimé, trois en fran-
> çais, une en latin et une en allemand.

« L'execution du Sieur Iean Poltrot dit du Meray, à
Paris, le 18 . de Mars, 1563. » La même composition que la planche précédente. En bas, à gauche
     (Perrissin). L'explication du sujet au-dessous de
la planche est en trois lignes. Le titre et cette explication sont imprimés en caractères typographiques.
Grav. sur bois. Pl. in-fol. en larg. *Rare.* Cette pièce
est, comme la précédente, le n° 26 du Recueil de
Jean Tortorel et Jacques Perrissin.

Voir à 1559, juin, 10.

J'ai trouvé trois variantes du texte imprimé, deux en français, dont l'une porte le n° 25 (par erreur pour 26) et une en
allemand.

L'exécution du sieur Jean Poltrot, avec légende allemande. pl. grav. sur cuivre, in-4 en larg. Courte
notice, etc., n° 19. Copie de la pl. du Recueil de
Tortorel et Perrissin, n° 26. Voir à 1559, juin, 10.

Cette planche aurait dû être numérotée 20.

Marchand mercier vendant les papiers contenant la
nouvelle de l'assassinat du duc de Guise. En haut,
titre en allemand. En bas, trente vers allemands.
Gedrücke bey Jacob Kempner, attribuée à Jort Ammon. Estampe in-fol. en haut.

Épitaphe d'Ysabeau le Conte, veuve de Jacques Sur-
guyn, en cuivre. Au-dessus, la sainte Vierge tenant
le Christ mort, Ysabeau le Conte et sainte Isabelle,
contre le mur à gauche, près le jubé, dans la nef de
la paroisse de Saint-Vincent de Brissac, en Anjou.
Dessin petit in-4. Recueil Gaignières à Oxford, t. VIII,
f. 160.

Portrait de Charles de Cossé, Ier du nom, comte de
Brissac, maréchal de France, en buste, tête de trois
quarts, tournée à gauche. En haut, à droite, le nom.
Tableau de l'école des Clouet. Musée du Louvre,
tableaux, école française, n° 116.

Portrait du même, en pied, dans une niche placée au
milieu d'un portail décoré de deux colonnes et d'ornements. Estampe in-fol. m° en haut. Schrenck;

Augustissimorum imperatorum etc., verissimæ imagines, etc.

Portrait du même, debout, cuirassé. En haut, à droite,
ses armoiries. En bas : CAROLUS DE COSSE POLEMAR-
CHUS. Pl. In-12 en haut. Vulson de la Colombière;
Les vies des hommes illustres, etc., à la p. 157.

Portrait du même, debout, cuirassé, dans une bordure
à sujets et emblèmes. En haut : CAROLUS DE COSSE
POLEMARCHUS. Pl. In-fol. m° en haut. Vulson de la
Colombière; Les portraits des hommes illustres, etc.,
au feuillet N.

Portrait du même, à mi-corps. Estampe in-4 en haut.
Mémoires de Condé, t. III, p. 503. ═ Estampe in-4
en haut. Velly, Villaret et Garnier; Portraits, t. V,
p. 79.

La grasse cuisine, — la maigre cuisine. Compositions
grotesques de personnages bien et mal nourris, légendes en français et en hollandais. *Breugel inv.*
LL. F . H *excudit*. Deux estampes in-fol. en larg.

> Ces deux estampes ne semblent pas avoir de rapport précis
> avec la France. Elles ne sont mentionnées ici que parce que
> leurs légendes sont en français.

Calendrier historial. Lyon, Jean de Tournes, 1563. In-16,
fig. *Rare*. Ce volume contient :

Figures relatives aux mois de l'année. Petites pl. en
larg., grav. sur bois, dans le texte.

Ordonnance du Roy sur les monnoyes, etc. Lyon, Amb. 1563.
du Rosne, 1563. In-12, fig. Cet opuscule contient :

Quelques figures représentant des monnaies. Petites pl.
grav. sur bois, dans le texte.

Six monnaies de Charles IX. Partie de deux pl. in-fol.
en haut. Trésor de numismatique et de glyptique.
Histoire par les monuments de l'art monétaire chez les
modernes, pl. 9, n°s 9, 14, 15, 16; pl. 10, n°s 1, 2.

Quatre monnaies de Charles IX, de l'année 1563. Partie de deux pl. in-8 en haut. Berry; Études, etc.,
pl. 56, n° 8; pl. 57, n°s 1, 8, 9, t. II, p. 436, 441,
442.

> Dans le texte, la monnaie pl. 57, n° 1, est indiquée comme
> de 1565.

Jetoir portant : PIETATE ET JUSTITIA. Partie d'une pl.
lithogr. in-8 en haut. De Fontenay; Fragments d'histoire métallique, pl. 21 (texte 12), n° 1, p. 227.

Mereau de Saint-Melon, de Pontoise. Partie d'une pl.
lithogr. in-8 en haut. De Fontenay; Fragments d'histoire métallique, pl. 15 (texte 6), n° 5, p. 188. =
Petite pl. grav. sur bois. Idem; Nouvelle étude de
jetons, p. 161, dans le texte. = Petite pl. grav. sur
bois. Idem; Manuel de l'amateur de jetons, p. 228,
dans le texte.

Monnaie ou jeton de Jeanne d'Albret, reine de Navarre.
Partie d'une pl. in-4 en haut. Tobiesen Duby; Monnoies des barons, Supplément, pl. 9, n° 1.

1563? Tombeau de Jean de Montmorency, seigneur de Courrières, etc., gouverneur de Lille, Douay, etc., dans
la chapelle de Courrières. *I. Picart incidit.* Pl. in-4
en larg. Du Chesne; Histoire généalogique de la
maison de Montmorency, p. 507, dans le texte.

1564.

1564. Tombe de Jean Pierre, chanoine, dans l'aisle droite,
Avril 20. proche la porte du chœur de l'église de Notre-Dame
de Paris. Dessin grand in-8. Recueil Gaignières à
Oxford, t. IX, f. 103.

Mai 27. Portrait de Jean Calvin, tableau de la galerie Giustiniani. Partie d'une pl. in-8 en haut. grav. par
Mme Soyer. London, galerie Giustiniani, n° 70.

Bibliomania or Book madness : a bibliographical Romance
in six parts, illustrated with cuts, by tho rev. Thomas
Frognall Dibdin. London, the author, etc., 1811. In-8,
fig. Parmi les figures que contient cet ouvrage, la suivante seule se rapporte à la France.

Portrait de Calvin, en pied, copié d'une miniature
d'un manuscrit de l'an 1569. Partie d'une pl. in-8
en larg., à la p. 158. A côté est le portrait de
Luther.

Portrait d'homme en buste attribué à Jean Calvin ;
plaque en émaux sur fond d'azur. Peint par Léonard
Limousin. Musée du Louvre, émaux, n° 256. Comte
de Laborde, p. 191.

Institution de la religion chrestienne par Jean Calvin. Ge-   1563.
nève, François Perrin, 1566. In-fol., lettres rondes. Cet   Mai 27.
ouvrage contient :

Portrait de Jean Calvin, tourné à gauche. Au-dessous :
PROMPTÉ ET SINCERÉ. Estampe ovale en haut., in-8,
au dos du titre.

Portrait du même, en buste, tourné à gauche, sur un
piédestal placé sur une console, où est écrit : 66.
Ludovico Mazurio. Sur la face de cette console, une
main tenant un cœur et la devise : *Prompté et sinceré,* et la marque de Pierre Woeiriot. Cadre d'ornement, autour le nom. Estampe in-12 en haut.

Portrait du même, à mi-corps, tourné à gauche. En
haut : PROMPTE ET SINCERE. Sur la face de la console, le nom. Le monogramme de René Boyvin. Estampe in-8 en haut.

Portrait du même, à mi-corps, vu de profil et tourné
vers la droite. On lit en haut : *Ware Bildnus Johan-
nis Calvini,* etc. A droite, en bas, le chiffre du graveur, qui est inconnu B. ou B. I. ou BI, et l'année
1574. Dans la marge est cette inscription : *Johan
Huss hat die Jehmen bkert — ist nie erhort.* Pl. in-12
en larg.

Portrait du même, en pied, dans son cabinet, lisant,
tourné à gauche. En bas, le nom et légendes en latin
et hollandais *Visscher Excudit.* Estampe in-fol. en
haut.

Portrait du même, à mi-corps, tourné à droite. En

1564.
Mai 27.

bas : Joannes Calvinus et six vers latins : De vitulo fingit, etc. Estampe in-8 en haut.

Portrait du même, à mi-corps, tourné à gauche. En bas : Joannes Calvinus. Strasbourg. *Zufingen bey Johan Tscherning.* Estampe in-12 en haut.

Portrait du même, à mi-corps, tourné à droite. Médaillon ovale. Autour, le nom, etc. En bas, une médaille et légendes latines : *J. J. Thourneyser excudit Basileæ.* Estampe petit in-4 en haut.

Portrait du même, en buste. Médaillon ovale. Autour, le nom. En bas, légende latine. *C. Dankertz exc. (C. Konnig fecit).* Estampe in-fol. en haut.

Portrait du même, à mi-corps, tourné à gauche. En haut : Doctor Joannes Calvinis. En bas, huit vers allemands. Estampe in-12 en haut.

Portrait du même, en buste, tourné à droite. Médaillon rond. Autour, le nom. En bas : *Il naquit à Noyon,* etc. *Paris, chez Masson,* etc. Estampe in-4 en haut.

Médaille du même. Petite pl. en larg. Köhler, t. XIII, p. 257, dans le texte.

Trois médailles et un médaillon sans revers du même. Partie d'une pl. in-fol. en haut. Trésor de numismatique et de glyptique. Médailles françaises, 1re partie, pl. 45, n°s 2 à 5.

Juillet 23. Portrait de Éléonore de Roye, princesse de Condé. Ta-

bleau du château de Chantilly, copié par Mlle Belloc.   1564.
Musée de Versailles, n° 3094.

Monnaie de Ferdinand, empereur, frappée à Cambrai.   Juillet 25.
Petite pl. grav. sur bois. Ordonnance, etc. Anvers,
1633, feuillet H, 7.

Portrait de Nicolas de Brichanteau, seigneur de Beau-   Septembre.
vais-Nangis, à mi-corps, tourné à droite, tenant de
la main droite la garde de son épée et appuyé de la
gauche sur son casque. Pl. petit in-4 en haut. Thevet;
Pourtraits, etc., 1584, à la p. 431, dans le texte.

Tombeau de . . . . . . de Brichanteau (marquis de Nangis) et de . . . . sa femme, dans la chapelle des seigneurs dans l'église de Nangis. Deux
dessins in-fol. en haut. Bibliothèque impériale, manuscrits, boetes de l'ordre du Saint-Esprit, Brichanteau.

Médaille frappée à l'occasion du passage de la reine
Catherine de Médicis à Avignon, en 1564. Partie
d'une pl. in-4 en haut. Saint-Vincens, Monnaies des
comtes de Provence, pl. sans n° (après pl. 11),
n° 1.

Médaille frappée à l'occasion du passage du roi Charles IX à Avignon, en 1564. Partie d'une pl. in-4 en
haut. Saint-Vincens; Monnaies des comtes de Provence, pl. sans n° (après pl. 11), n° 3.

Maistre Pierre Pathelin, de nouueau reueu et mis en son

1564.   naturel, etc. Paris, Estienne Groulleau, 1564. Petit in-12, fig. Ce volume contient :

Quelques figures représentant des sujets de cette farce. Petites pl. en larg.; grav. sur bois, dans le texte.

Delie obiect de plus haulte vertu (par Maurice Sceve). Paris, Nicolas du Chemin, 1564. In-16, lettres italiques, fig. *Rare*. Ce volume contient :

La marque de Nicolas du Chemin ; une chimère tenant un cartouche sur lequel est son chiffre. Petite pl. sans bord, grav. sur bois, vignette du titre.

Portrait d'homme, en buste, tourné à droite. Ovale en haut. au-dessus : **M. S.** (Maurice Sceve). Pl. in-16 en haut., grav. sur bois, au feuillet du titre, verso.

Cinquante figures représentant des emblèmes. Très-petites pl. en larg., grav. sur bois, dans le texte.

Recueil de la diuersité des habits, qui sont de present en vsage, tant es pays d'Europe, Asie, Affrique, Isles sauuages. Le tout fait apres le naturel, par Francoys deserpz. Paris, Richard Breton, 1564. In-8, fig. *Rare*. Ce volume contient :

Cent dix-neuf figures représentant chacune un costume de diverses nations. Les premiers sont des costumes français. Pl. in-8 en haut., grav. sur bois.

Le texte, de quatre feuillets, ne contient que le titre, un avis au lecteur, en vers, et la dédicace à Henri de Navarre, par François Deserpz.

Le Manuel du libraire de M. Brunet cite une édition de 1562.

Médaille de Charles IX. Rev., sa devise : PIETAS, JUS- 1564.
TITIA. Partie d'une pl. in-fol. en haut. Trésor de numismatique et de glyptique. Médailles françaises,
1ʳᵉ partie, pl. 17, n° 7.

> Ordonnance du Roy sur les monnoies, du 13 janvier
> 1564, etc. Lyon, Amb. du Rosne et Benoist Rigaud,
> 1565. In-12, fig. Cet opuscule contient :

Figures représentant des monnaies. Petites pl. grav.
sur bois, dans le texte.

Trois monnaies du même. Partie de deux pl. in-fol. en
haut. Trésor de numismatique et de glyptique. Histoire par les monuments de l'art monétaire chez les
modernes, pl. 9, nᵒˢ 11, 12; pl. 10, n° 3.

Monnaie du même. Pl. in-4 en haut. Conbrouse, t. III,
pl. 73.

Monnaie du même, de l'année 1564. Partie d'une pl.
in-8 en haut. Berry; Études, etc., pl. 58, n° 1, t. II,
p. 444.

Monnaie de Jeanne d'Albret, reine de Navarre. Partie
d'une pl. in-4 en haut. Tobiesen Duby; Monnoies
des barons, Supplément, pl. 10, n° 2.

Monnaie de la même. Partie d'une pl. in-fol. en haut.
Trésor de numismatique et de glyptique. Histoire par
les monuments de l'art monétaire chez les modernes,
pl. 41, n° 14 (texte n° 15).

Sceau de Jean du Tillet, évêque de Saint-Brieuc. Partie

1564.   d'une pl. in-8 en haut. Geslin de Bourgogne, etc.;
             Anciens évêchés de Bretagne, t. I, pl. 3, n° 14.

1564?   Vitrail représentant Jeanne d'Albret, prêchant, dans une
         chaire, la religion réformée. Au-dessous sont huit
         auditeurs assis; au fond, un arbre. On lit, en bas :

> Mal sont les gens endoctrines
> Quāt p. fēme sont sermones.

PI. in-4 en haut., lith. Tripon; Historique monumental de l'ancienne province du Limousin, t. I, à
la p. 39. = Pl. lith. petit in-fol. en haut. Texier;
Histoire de la peinture sur verre en Limousin, pl. 5,
p. 81. = Pl. lith., grav., in-4 en haut. Mémoires de
la Société des antiquaires de l'Ouest, 1850. Texier,
pl. 25, p. 298.

> M. Texier pense que ce vitrail est une satire populaire diri-
> gée contre la protectrice des huguenots. Il existait dans la cui-
> sine d'une maison de la rue Manique, à Limoges. Il ne peut
> pas avoir été exécuté par ordre des moines de Saint-Martial,
> puisque cette abbaye était sécularisée dès 1535.

Jeanne d'Albret prêchant les protestants, vitrail provenant de Limoges. Partie d'une pl. lith. in-fol. en
haut., coloriée. De Lasteyrie; Histoire de la peinture
sur verre, pl. 89. = Pl. in-fol. en haut. Mémoires
de la Société royale des antiquaires de France, t. II.
Nouvelle série, t. I, p. IX, à la p. 282.

> Ce vitrail paraît être positivement une caricature contre la
> reine Jeanne d'Albret; on croit qu'il avait été ordonné par les
> moines de l'abbaye de Saint-Martial de Limoges, pour se ven-
> ger de l'enlèvement de leur chaire que la reine avait fait em-
> porter pendant son séjour à Limoges, en 1564. Il fut découvert

par M. de l'Épine dans une cuisine de la rue Manique, à Limoges.

M. Texier fait observer que ce vitrail n'a pas pu être exécuté par ordre des moines de Saint-Martial, puisque cette
abbaye était sécularisée dès l'année 1533.

Brevis narratio eorum quæ in Florido amesicæ provincia
Gallis acciderunt, etc., etc. Auctore Jacobo le Moyne,
cui cognomen de Morgues Landōnierum in ea naviga-
tione segunto. Nunc primum Gallico sermone a Theo-
doro de Bry Leodiense in lucem edita. Latio vero do-
nata a C. C. A. Francoforti ad mœnum, typis Joãnis
Wecheli, sumptibus viri Theodori de Bry anno MDXCI.
in officina Sigismondi. Feirebĕdii. In-fol., fig. Ce volume
contient :

Frontispice, armoiries, la sortie de l'arche, carte de la
Floride, et quarante-deux autres planches représentant des sujets relatifs à la Floride, à l'époque de ce
voyage.

Une partie de ces planches offrent des sujets relatifs à l'arrivée et aux découvertes des Français ; d'autres des scènes
dans lesquelles ils sont mêlés aux indigènes, d'autres enfin se
rapportent aux usages de ces indigènes. La dernière représente
l'assassinat de Pierre Gambie. Pl. in-4 en larg. Au-dessous les
explications en latin, en caractères imprimés.

Il y a des exemplaires qui présentent des différences dans
les textes.

Ce volume fait partie de la collection des grands et petits
voyages de de Bry.

Sceau de Marie Stuart, reine d'Écosse, reine douairière
de France. Pl. in-fol. en larg. Anderson ; Selectus
diplomatum et numismatum Scotiæ thesaurus, pl. 90.

1565.

Tombeau de Anthonia, dame de Créhange et de Pit-
tenge, dans la chapelle de Hombourg, près Créhange,
canton de Fauquelmont (Moselle). Partie d'une pl.
in-4 en larg. Mémoires de l'Académie impériale de
Metz, 34ᵉ année, 1852-1853, 1ʳᵉ partie. G. Boulangé,
pl. 2, nᵒ 1, à la p. 320.

Tombeau de François de Livron, seigneur de Bourbonne,
décédé le 20 mai, 1565, et de Bonne du Châtelet,
sa femme, morte le 20 juillet, 1573, dans l'église de
Bourbonne, dans la chapelle des seigneurs, au côté
droit, contre la muraille. Dessin in-fol. en haut. Bibliothèque impériale, manuscrits, boetes de l'ordre du
Saint-Esprit, Livron.

Tombeau de Charles de Bourbon, prince de la Roche-
sur-Yon, duc de Beaupreau, et de Philippes de Montespedon, sa femme, et de deux de leurs enfants, en
marbre, à Beaupreau, dans le milieu du chœur de
l'église. Dessin grand in-4. Recueil Gaignières à
Oxford, t. I, f. 54. ═ Partie d'une pl. in-fol. en
haut. Montfaucon, t. V, pl. 29.

Philippes de Montespedon mourut le 12 avril, 1578.

Tombe de Loys Guillart, en pierre plate, derrière le
grand autel de l'église des Blancs-Manteaux de Paris.
Dessin grand in-8. Recueil Gaignières à Oxford,
t. XII, f. 55.

Portrait de Barthelemy Aneau, poëte latin et français,

1565.

à mi-corps, tourné à droite, tenant une couronne de laurier ; son bras droit sort de la bordure ovale du portrait, au haut duquel est l'écusson de ses armes. Ce portrait est environné de figures marquées de chiffres et de signes chimiques ou astrologiques. En bas, légende latine : FORTUNA ET LIVOR, etc., et le monogramme de Pierre Woeiriot. Estampe in-12 en haut.

Les songes drolatiques de Pentagruel, où sont contenues plusieurs figures de l'inuention de maistre François Rabelais : et derniere œuvre d'iceluy, pour la recreation des bons esprits. Paris, Richard Breton, 1565. Petit in-4, lettres rondes, de 64 feuillets, dont 3 de texte ; signatures par cahier de 8 feuillets, A à G, et une seconde fois G ; le dernier feuillet est blanc. Cet opuscule contient :

Cent vingt figures, une sur chaque page, 60 feuillets, représentant des personnages bizarres, fantastiques, singulièrement formés, et dont quelques-uns sont peu décents. Pl. in-8 en haut., sans bords, grav. sur bois.

OEuvres de Rabelais, édition variorum augmentées de pieces inédites, par Esmangart et Éloi Johanneau. Paris, Dalibon, 1823. In-8, 9 vol., fig. Cet ouvrage contient : Les songes drolatiques de Pantagruel, où sont contenues plusieurs figures de l'invention de maistre François Rabelais : et derniere œuvre d'iceluy, pour la recreation des bons esprits. Paris, Richard Breton, 1565. Ce volume contient :

Cent vingt planches représentant chacune un des personnages de Rabelais. In-8 en haut., grav. sur bois. Copies des figures de cette édition de 1565.

Ce recueil forme le tome IX de l'édition de 1823.

Plan figuré de Paris et de ses environs, avec les indications figurées des événements du temps. Légendes allemandes. *Zu Nürmberg bey Mathis Zündten*, 1665. Estampe in-fol. en larg.

Médaille de Charles IX. Rev. Catherine de Médicis. Partie d'une pl. in-fol. en haut. Trésor de numismatique et de glyptique. Médailles françaises, 1re partie, pl. 17, n° 6.

Monnaie de Charles IX. Partie d'une pl. in-fol. en haut. Du Cange; Glossarium, 1733, t. IV, p. 965, n° 11.

Deux monnaies du même. Partie d'une pl. in-4 en haut. Du Cange; Glossarium, 1840, t. IV, pl. 16, n°s 2, 5.

Monnaie du même. Partie d'une pl. in-fol. en haut. Trésor de numismatique et de glyptique. Histoire par les monuments de l'art monétaire chez les modernes, pl. 9, n° 10.

Monnaie du même, de l'année 1565. Partie d'une pl. in-8 en haut. Berry, Études, etc., pl. 57, n° 2, t. II, p. 439.

Jetoir portant : PIETATE ET JUSTITIA. Partie d'une pl. lith. in-8 en haut. De Fontenay; Fragments d'histoire métallique, pl. 21 (texte 12), n° 2, p. 228.

Jetoir portant : Subducendis rationibus. Partie d'une 1565.
pl. lith. in-8 en haut. Idem, n° 3, p. 228.

Mereau de la Conception, de l'église de Saint-Séverin,
à Paris. Petites pl. grav. sur bois. De Fontenay ;
Nouvelle étude de jetons, p. 158, dans le texte. =
Petite pl. grav. sur bois. Idem ; Manuel de l'amateur
de jetons, p. 93, dans le texte.

Monnaie de Jeanne d'Albret, reine de Navarre. Partie
d'une pl. in-4 en haut. Tobiesen Duby ; Monnoies
des barons, pl. 20, n° 2.

Monnaie de la même. Partie d'une pl. in-4 en haut.
Idem ; Monnoies de barons, Supplément, pl. 4,
n° 13.

Médaille de Henri et Marie Stuart, roi et reine d'Écosse,
avec la date de 1565. *Silvester sculp.* Petite pl.
ronde. Chalmers, t. II, sur le titre.

> Marie Stuart avait épousé Henri Stuart Darnlei, son cousin,
> le 29 juillet 1564.

Poignée d'une épée donnée par le roi Charles IX au 1565?
duc de Brissac, en fer ciselé et doré, avec ornements
et inscriptions. Au Louvre, Musée des souverains,
provenant de la Bibliothèque impériale.

Armure que l'on indique comme ayant appartenu à
Henri IV, enfant, mais dont l'attribution est plus que
douteuse. Elle est cependant de cette époque. Pl.
in-fol. en larg. Ach. Jubinal : *La armeria real* de
Madrid, t. II, pl. 27.

1566? Collection de portraits des souverains de la maison de Bourgogne, — Flandre et Bourgogne, — Autriche ; dont ceux de Philippe le Bon et de Charles le Téméraire. Manuscrit du xvie siècle, 2e tiers, in-.... Bibliothèque des ducs de Bourgogne, n° 14516. Marchal, t. III, p. 236. Ce volume contient :

Les portraits susdits.

Priviléges et octrois de la Toison-d'Or. Manuscrit du xvie siècle. 2e tiers, in-.... Bibliothèque des ducs de Bourgogne, n° 12648. Marchal, t. I, p. 53. Ce volume contient :

Des miniatures.

Crayons généalogiques d'anciennes familles des Pays-Bas. Manuscrit du xvie siècle, 2e tiers, in-fol. Bibliothèque des ducs de Bourgogne, n° 5673. Marchal, t. III, p. 329. Ce volume contient :

Des armoiries peintes.

Armoiries des principales maisons non souveraines. Manuscrit du xvie siècle, 2e tiers, in-fol. Bibliothèque des ducs de Bourgogne, n° 5750. Marchal, t. II, p. 99. Ce volume contient :

Des armoiries peintes.

1566.

1566.
Avril 26. Tombeau de Diane de Poitiers, duchesse de Valentinois, où elle est représentée à genoux devant un prie-Dieu, de marbre blanc et noir, dans le milieu du

chœur de la chapelle de Diane, joignant le château
d'Anet. Deux dessins in-4 en larg. Recueil Gaignières à Oxford, t. III, f. 85, 86.

Tombeau de Diane de Poitiers, par Germain Pilon
et Boudin, au château d'Anet, rétabli au Musée
des monuments français. Pl. in-8 en haut. Al. Lenoir; Musée des monuments français, t. IV, pl. 145,
n° 466. = Deux pl. in-fol. en haut. Idem, t. VIII,
pl. 278, 279. = Pl. in-8 en haut. Idem, t. V, pl. 172,
n° 158. Le texte est au t. IV, p. 81. = Deux pl. in-
fol. en haut. A. Lenoir; Histoire des arts en France,
pl. 112, 113.

Tombeau de Diane de Poitiers, dans une chapelle extérieure du château d'Anet, transporté au Musée des
monuments français et ensuite dans un pavillon du
parc de Neuilly. Musée de Versailles, n° 1375.

Les quatre vertus cardinales, statues en bois de Germain Pilon, destinées d'abord à supporter la chàsse
de sainte Geneviève, dans l'abbaye de Sainte-Geneviève du Mont, placée depuis au Musée des monuments français (n° 466) pour soutenir le soubassement d'un tombeau de Diane de Poitiers. Musée du
Louvre, sculptures modernes, n°s 118 à 121.

Fontaine avec une statue de Diane de Poitiers, avec
un cerf, par Jean Goujon, au château d'Anet, placée
au Musée des monuments français et au Musée du
Louvre. Pl. in-8 en haut. Al. Lenoir; Musée des
monuments français, t. IV, pl. 146, n° 467. = Pl.
in-4 carrée. Idem, t. VIII, pl. 281. = Pl. petit in-

fol. en haut. A. Lenoir ; Histoire des arts en France,
pl. 114. = Partie d'une pl. in-fol. en haut. Cicognara ; Storia della scultura, t. II, pl. 84. = Partie
d'une pl. lith. in-fol. m° en larg. Du Sommerard ;
Les arts au moyen âge, Album, 3ᵉ série, pl. 6. =
Partie d'une pl. grand in-4 en larg. De Clarac ; Musée
de sculpture, pl. 359. = Deux pl. lith. in-8 en larg.
Reveil ; OEuvre de Jean Goujon, pl. 16-17. = Pl.
in-8 en larg. Filhol ; Musée royal, n° 54.

Diane de Poitiers caressant un cerf, bas-relief en marbre grec, par Jean Goujon, du cabinet d'Al. Lenoir.
Pl. in-8 en larg. Al. Lenoir ; Musée des monuments
français, t. VIII, pl. 282. = Pl. in-8 en larg. A. Lenoir ;
Histoire des arts en France, pl. 115. = Partie d'une
pl. in-fol. en haut. Cicognara ; Storia della scultura,
t. II, pl. 82. = Pl. in-8 en larg., grav. par C. Normand. Landon, t. VIII, n° 64. = Pl. lith. in-8 en
larg. Reveil ; OEuvre de Jean Goujon. pl. 88. =
Pl. lith. et coloriée in-fol. m° en larg. Du Sommerard ; Les arts au moyen âge, Atlas, chap. v, pl. 7.
= Au Musée de l'hôtel de Cluny, n° 105.

Diane représentée nue, étendue sur le sol, tenant un
arc de la main gauche, et pressant de la droite le
cou d'un cerf ; deux chiens posés de l'un et l'autre
côté. Statue en marbre de Jean Goujon. Ce groupe
surmontait une fontaine placée dans une cour laté-
rale du château d'Anet. Musée du Louvre, sculptures
modernes, n° 100.

> Une tradition moderne, plus que douteuse, a prêté à cette
> figure une ressemblance avec Diane de Poitiers, duchesse de
> Valentinois.

Tête de Diane de Poitiers, par Jean Goujon. Pl. in-16   1566.
en haut. Dibdin ; A bibliographical — tour, t. II, à   Avril 26.
la p. 497, dans le texte.

> L'auteur dit que ce buste est au Louvre.

Statue de Diane de Poitiers, duchesse de Valentinois, à
genoux, par Michel Bourdin, placée dans une chapelle
d'Anet. Moulage en plâtre. Musée de Versailles, n° 327.

> L'original fut transporté au Musée des monuments français,
> puis dans un pavillon du parc de Neuilly. Cette figure a été
> mutilée en 1848.

Bas-relief en bronze représentant une femme couchée,
appuyée sur un cerf, que l'on croit représenter Diane
de Poitiers, par Benvenuto Cellini, à Fontainebleau,
et depuis à Paris à . . . . Partie d'une
pl. in-fol. en haut. Cicognara ; Storia della scultura,
t. II, pl. 67.

Nymphe de la fontaine, que l'on croit avoir dû représenter Diane de Poitiers, bas-relief en bronze de
Benvenuto Cellini, destiné pour Fontainebleau, et
qui fut placé au-dessus de la porte extérieure du
château d'Anet, maintenant au Louvre. Pl. lithogr.
in-8 en larg. Reveil ; OEuvre de Jean Goujon, pl. 18.

Ariane abandonnée. Figure en marbre ; allégorie représentant Diane de Poitiers. Au Musée de l'hôtel de
Cluny, n° 104. = Pl. lith. et coloriée in-fol. m° en
haut. Du Sommerard ; Les arts au moyen âge, Album,
5e série, pl. 19.

> Cette statue fut trouvée, il y a quelques années, dans les
> sables de la Loire, au pied du château de Chaumont, que Ca-

therine de Médicis força, à la mort d'Henri II, la duchesse de Valentinois à échanger contre sa résidence de Chenonceaux. On peut penser que cette figure avait été enfouie dans ces sables pour la soustraire à l'animosité de la reine.

Diane de Poitiers représentée en Vénus. Médaillon en marbre attribué à Germain Pilon, provenant du château d'Anet. Au Musée de l'hôtel de Cluny, n° 108.

Médaillon en marbre représentant Diane de Poitiers en Vénus, s'appuyant sur un dauphin et accompagnée de l'Amour, provenant d'Anet, de la collection Du Sommerard. Partie d'une pl. lith. et coloriée in-fol. m° en larg. Du Sommerard ; Les arts au moyen âge, Atlas, chap. v, pl. 13.

Figure de Diane de Poitiers sur le tombeau de Louis de Brézé, grand sénéchal de Normandie, son mari, mort le 23 juillet 1531, dans la cathédrale de Rouen. Pl. in-8 en haut. Achille Deville ; Tombeaux de la cathédrale de Rouen, pl. 8.

Buste de Diane de Poitiers, camée sardonyx à trois couches, orné de diamants. Au cabinet des médailles antiques et pierres grav., Du Mersan ; Histoire du cabinet des médailles antiques et pierres grav., n° 424, p. 121.

Portrait de femme, en Diane, buste de trois quarts en agate-onyx. La draperie, le carquois et le croissant sont en argent doré avec brillants. Le buste se détache sur un champ d'or placé sur une sardonyx à trois couches. Portrait qui a été attribué sans aucun fondement à Diane de Poitiers. Collection des camées et pierres gravées de la Bibliothèque impériale, n° 399, p. 75.

Diane de Poitiers sous la figure de Vénus et l'Amour ;
elle est presque nue, s'appuie d'une main sur l'é-
paule de l'Amour, et de l'autre tient une flèche. Dans
le fond, on voit l'incendie de Troie et l'épisode
d'Énée sauvant son père. Tableau peint sur bois par
le Primatice. Au Musée de l'hôtel de Cluny, n° 759.
= Pl. lith. et coloriée in-fol. m° en haut. Du Sommerard ; Les arts au moyen âge, Album, 6ᵉ série,
pl. 25.

Portrait de Diane de Poitiers, duchesse de Valentinois,
représentée nue, ayant une flèche dans la main
droite, et caressant un amour qui tient un arc. Tableau copié d'après Primaticcio par Lavinia Fontana.
Musée du Louvre, tableaux, écoles d'Italie et d'Espagne, n° 314.

Portrait de Diane de Poitiers, duchesse de Valentinois.
Copie du tableau original attribué au Primatice, qui
est au palais de Fontainebleau, par M. H. Flandrin.
Musée de Versailles, n° 3971.

Portrait de Diane de Poitiers, duchesse de Valentinois,
sur la couverture d'un volume. Petite pl. Dibdin ;
The bibliographical decameron, t. II, à la p. 490,
dans le texte.

Grand bassin de Limoges représentant les amours de
Cupido et de Psciché, mere de volupte, sur lequel
sont un portrait de Diane de Poitiers, en buste, et
sa figure sous la forme de Diane couchee, par Pierre
Rémond, du cabinet de M. Odiot. Deux pl. lith. et

coloriées in-fol. m° en haut. Du Sommerard ; Les
arts au moyen âge, Album, 7ᵉ série, pl. 24-25.

Diane de Poitiers dans le purgatoire ; vitrail à l'église
du château de Vincennes. Partie d'une pl. in-4 en
haut. Millin ; Antiquités nationales, t. II, n° x, pl. 9,
n° 1.

Vénus et l'Amour, plaque de forme ovale en émaux
de couleurs sur fond blanc, avec emploi de paillons
et rehauts d'or, peint par Léonard Limosin, avec la
date de 1555. Cette figure représente, selon toute
probabilité, Diane de Poitiers, duchesse de Valentinois, quoique la ressemblance de la figure ne soit
pas exacte. Musée du Louvre, émaux, n° 242. Comte
de Laborde, p. 188.

> L'opinion, bien admise d'ailleurs, que cet émail offre posi-
> tivement la figure de Diane de Poitiers, est appuyée par un
> autre émail du même peintre, portant la même date. C'est un
> plat exécuté pour le maréchal de Montmorency, représentant
> le repas des dieux, d'après la composition de Raphaël, gravée
> par Marc Antoine, avec la différence que les personnages por-
> tent le costume de la cour de cette époque. Henri II, rem-
> plaçant Jupiter, est placé entre Catherine de Médicis et une
> femme nue, qui est la même que celle de l'émail de cet article.
> Ce plat est dans la collection Andrew Fountaine, dans le Nor-
> folkschire.

Portrait de Diane de Poitiers, la grande sénéchale, en
buste, d'après un dessin aux crayons du temps, de la
bibliothèque Nationale. Pl. in-fol. en haut, coloriée.
Niel ; Portraits des personnages français, etc.,
1ʳᵉ partie.

Portrait de la même, vue de trois quarts, tournée à gauche. Dessin. Musée du Louvre, dessins, école française, n° 33483.

1566.

Avril 26.

Portrait de la même, vu de trois quarts, à gauche. Dessin. Musée du Louvre, dessins, école française, n° 33515.

Autre portrait de la même, en costume de veuve. Idem, idem, n° 33516.

Deux bracelets formés chacun de sept camées gravés sur coquilles, unis l'un à l'autre par des chaînons en or émaillé. On y voit les lettres C et S. Une tradition, dont l'origine est inconnue, indique Diane de Poitiers comme ayant possédé ces bracelets. Les camées sont attribués à Mathieu del Nassaro. Collection des camées et pierres gravées de la Bibliothèque impériale. Voir : Chabouillet; Catalogue — des camées et pierres gravées de la Bibliothèque impériale, n°ˢ 673-674, p. 104.

Couteau et son étui de Diane de Poitiers. Pl. in-4 en haut. Dibdin; A bibliographical — tour, t. II, à la p. 493.

Médaille de Diane de Poitiers, duchesse de Valentinois. Petite pl. Daniel, t. VIII, p. 257, dans le texte.

Médaille de la même. Rev. Omnium victorem vici. Pl. in-12 en larg. Köhler, t. VI, p. 209. = Pl. in-12 en haut. Mercure de France, 1732, octobre, à la p. 2139.

1847.   Médaille de la même. Partie d'une pl. in-4 en haut.
Avril 26.   Tab. I, fig. iv. Acta eruditorum. Nova acta, 1744,
          p. 179.

          Médaille de la même. Partie d'une pl. in-fol. en haut.
          Trésor de numismatique et de glyptique. Médailles
          françaises, 1re partie, pl. 46, n° 1.

          Médaille symbolique représentant Diane de Poitiers,
          avec les attributs de la déesse Diane, dans une
          grande bordure. Pl. in-fol. en haut., à la fin de
          l'ouvrage, v., p. 6. Lettres inédites de Henri II,
          Diane de Poitiers, Marie Stuart, François roi dau-
          phin, etc., par J. B. Gail. Paris, Ch. Gail, 1818.
          In-8, fig., à la fin de l'ouvrage.

Mai 3.   Tombe de Jacques Questrier, chanoine, dans l'aisle à
          droite du chœur, entre deux piliers, devant la cha-
          pelle Saint-Pierre et Saint-Estienne de l'église de
          Notre-Dame de Paris. Dessin in-8. Recueil Gaigniè-
          res à Oxford, t. IX, f. 114.

Juin 23.   Tombe de François de la Rivière, seigneur dudit lieu,
          baron de Saillenay, dans l'église de Sainte-Catherine
          du Val des Escoliers, à Paris. Dessin in-fol. en haut.
          Bibliothèque impériale, manuscrits, boetes de l'or-
          dre du Saint-Esprit. La Rivière.

Juillet 2. Portrait de Michel de Nostre-Dame dit Nostradamus,
          médecin et astrologue, à mi-corps, tourné à droite.
          Médaillon rond; le nom en latin, monogramme de
          Pierre de Woeriot, 1562. Estampe in-12.

Portrait du même, en buste, en face. En bas, le nom, etc.   1566.
G. *W. Knor sc. Nor.* Estampe in-8 en haut.   Juillet 2.

Portrait du même. *AL. pinx. Boulanger sculp.* Estampe
in-8 en haut. Velly, Villaret et Garnier; Portraits,
t. III, p. 25.

Portrait du même, tableau qui se trouve à la bibliothèque d'Aix. Copie, Musée de Versailles, n° 4000.

Portrait de Guillaume Rondelet, médecin, en buste,   Juillet 30.
tourné à gauche, dans un médaillon rond, entouré
d'ornements. Pl. in-4 carrée. Dessous, quatre vers
latins imprimés. Sambucus. Veterum aliquot ac re-
centiorum medicorum. — Icones, n° 42.

Tombe de Jehan de Poncher, du costé de l'epitre, au   Sept. 12.
pied des marches du grand autel, drns le chœur de
l'église des Célestins de Paris. Dessin in-4 carré. Recueil Gaignières à Oxford, t. XII, f. 86.

Portrait de Charles du Moulin, jurisconsulte, en buste,   Décembre.
de face. *Esme de Boulonois fecit.* Estampe in-4 en
haut. Bullart, t. I, p. 223, dans le texte.

Portrait du même. *AB. pinx. Ficquet seulp.* Estampe
in-8 en haut. Velly, Villaret et Garnier; Portraits,
t. III, p. 26.

Portrait de Louise Charly dite Labbé, surnommée la   1566.
belle Cordière, en buste, tournée à droite. En bas,
dans une tablette : Loise Labbe, lionnoise, la croix
de Lorraine, 1555, et P. W. (Pierre Woeiriot). Estampe in-12 en haut.

1566. Pyramide de jaspe qui couvre le tombeau de Henri Clutin, seigneur de Villeparisis, vice-roi d'Écosse pour le roi Henri II, élevé par Jeanne Castanier, sa femme, dans l'église de Notre-Dame de Nanteuil. Partie d'une pl. in-4 en larg., tirée avec la précédente sur une feuille in-fol. en haut. Description générale et particulière de la France (de la Borde, etc.) t. VI. Valois et comté de Senlis, pl. 34 *bis*, n° 10.

Épitaphe de Jacques de Mandon, en cuivre. Au-dessus, le crucifiement, avec la sainte Vierge et saint Jean, Jacques de Mandon à genoux et saint Jacques, contre le mur, à la deuxième chapelle à gauche, dans la nef de l'église de Saint-Maurice d'Angers. Dessin in-4. Recueil Gaignières à Oxford, t. VIII, f. 116.

Médaille de Philippe, baron de Montmorency, comte de Horn. Rev. la comtesse de Horn. Petit in-4 en haut. Bizot, supplément, 1690, à la p. (11).

> Philippe de Montmorency eut la tête tranchée à Bruxelles, le 5 juin 1568.

Médaillon sans revers de Simon Costière, âgé de 97 ans, personnage inconnu. Partie d'une pl. in-fol. en haut. Trésor de numismatique et de glyptique. Médailles françaises, 1re partie, pl. 46, n° 2.

Représentation d'un miracle qui eut lieu dans l'église de Laon, le . . . . 1566. Estampe in-fol. en haut., grav. sur bois, tirée sur une feuille in-fol. m° en haut., laquelle contient autour de la planche les explications des renvois et des sujets. Paris, Nicolas Clément, 1578.

Le tresor et entiere histoire de la triomphante victoire du
corps de Dieu sur l'esprit malin de Beelzebuth., obtenue
à Laon, l'an 1566. etc., par Jehan Boulaese. Paris,
Nic. Chesneau, 1578. Petit In-4. *Rare*. Cet opuscule
contient :

Une figure relative à cet événement cité comme mira-
culeux, grav. sur bois.

Histoires prodigieuses extraictes de plusieurs fameux autheurs. par P. Roaistuau. Paris, 1566. Petit in-8, fig.
Ce volume contient :

Plusieurs sujets singuliers, phénomènes, monstres,
événements extraordinaires, etc. Pl. in-12 en haut.,
grav. sur bois, dans le texte.

D. Ant. Alciati emblemata, etc. Lugduni apud Gulielmum
Rovill, 1566. In-8, lettres italiques, fig. Ce volume contient :

Figures représentant les emblèmes. Pl. in-16 carrées,
grav. sur bois, dans le texte. Les pages entourées de
bordures d'ornements.

———

Les mois de janvier, février, mars, avril, juillet, août,
septembre, novembre et décembre. Neuf assiettes
d'émaux en grisaille rehaussée d'or, sur fond noir,
les chairs colorées, peint par Pierre Raimond, d'a-
près Étienne de Laune. Musée du Louvre, émaux,
n°s 307 à 315. Comte de Laborde, p. 213 à 215.

Les mois de juillet et de décembre, assiettes en émaux
en grisaille sur fond noir, les chairs colorées, quel-

1566.

ques détails dorés. Elles portent les armoiries de la famille Séguier et la date de 1566, et ont été peintes pour le président Séguier (Pierre 1ᵉʳ) par Pierre Raymond. Le mois de décembre est d'après Étienne de Laune. Musée du Louvre, émaux, n°ˢ 316-317. Comte de Laborde, p. 215.

Histoire de Berry, contenant l'origine, antiquité, gestes, prouësses, privileges et liberté des Berruyers, par Jean Chaumeau. Lyon, Ant. Gryphius, 1566. Un vol. petit in-fol., fig. Ce volume contient :

Les armoiries des maires, échevins et officiers de la ville de Bourges, grav. sur bois.

———

Monnaie de Jeanne d'Albret, reine de Navarre. Partie d'nue pl. in-4 en haut. Tobiesen Duby; Monnoies des barons, pl. 20, n° 3.

1566?

Portrait de Catherine de Médicis, avec deux autres personnages et une inscription historique. Plaque en émaux de couleurs sur fond bleu, avec emploi de paillons et rehauts d'or, peint vers 1566. Musée du Louvre, émaux, n° 291. Comte de Laborde, p. 198.

1567.

1567.
Mars 24.

Siége et soumission de la ville de Valenciennes à la duchesse de Parme. . . . . En bas huit vers allemands, n° 6. Pl. in-4 en larg. Courte relation, etc. : Voyez à 1566, avril, 6.

Siége de la ville de Valenciennes en Hainaut par le duc

d'Arenchot et le comte d'Egmont, sous le gouver-   1567.
nement de Marguerite d'Autriche, princesse de Parme,   Mars 24.
gouvernante des Pays-Bas. Pl. petit in-4 en larg.
Baudart, p. 23, dans le texte.

Le siége de Valenciennes par Marguerite de Parme,
gouvernante des Pays-Bas. *F. Willielmus Baür fe.*
Pl. in-fol. en larg. Strada de bello belgico, 1632-47,
t. I, à la p. 188.

Vue du siége de Valenciennes, par Marguerite, duchesse de Parme. En bas, les explications en latin
des lettres de renvoi qui sont dans le champ. Estampe
in-fol. en larg.

Portrait de Charles Tiercelin, sieur de la Roche du   Juin 2.
Magne, à mi-corps, tenant de la main droite un bâton
avec une branche qui l'entoure, et de la gauche la
garde de son épée. Pl. petit in-4 en haut. Thevet;
Pourtraits, etc., 1584, à la p. 438, dans le texte.

Tombe de Jean de Lordeau, sieur de la Roche en Forez,   Août 15.
en pierre, pres le pulpitre, dans le milieu du chœur
de la paroisse de Lezigny, en Brie. Dessin grand
in-8. Recueil Gaignières à Oxford, t. XV, f. 58.

« Le Massacre fait à Nismes en Languedoc le i . d'Octo-   Octobre 1.
bre 1567 . en la nuict. » Vue de la place du Cloître
de Notre-Dame de Nîmes, éclairée par des torches
tenues par des hommes armés. A gauche, le puits où
furent jetées trente à quarante personnes, dont on
voit plusieurs frappées par des assassins dans les autres parties du cloître. En bas, vers la gauche,

1567.
Octobre 1.

(Tortorel-Perrissin). Les lettres capitales A à G indiquent les renvois aux légendes qui sont au–dessous
de la planche en deux colonnes. Le titre et les légendes sont imprimées en caractères typographiques.
Grav. sur cuivre. Pl. in-fol. en larg. *Rare.* Cette pièce
est le n° 27 du Recueil de Jean Tortorel et Jacques
Perrissin.

> Voir à 1559, juin, 10.
>
> J'ai trouvé sept variantes du texte imprimé, quatre en fran-
> çais, dont l'une porte le n° 28 (par erreur), deux en latin et
> une en allemand.

Le massacre fait à Nîmes, avec légende allemande. Pl.
grav. sur cuivre in-4 en larg. Courte notice, etc.,
n° 21. Copie de la pl. du Recueil de Tortorel et Perrissin, n° 27. Voir à 1559, juin, 10.

Novembre 5. Tombeau de Marguerite Rouhier, femme de Anthoine
Vandonesse, bourgeois de Dijon, en pierre, au cime-
tière de l'hôpital de Dijon, devant la chapelle de
Hierusalem. Dessin in-8 esquissé. Bibliothèque impé-
riale, manuscrits, boetes de l'odre du Saint-Esprit.
Rouhier.

Nov. 10. « La Bataille de sainct Denis, donnee la veille S. Martin . 1567. » Vue de la bataille. Au centre, un peu
vers la gauche, on voit le connétable de Montmorency renversé de cheval par Stuart. A gauche, au
milieu du bord, une partie de la ville de Saint-Denis; à droite, en bas, le clocher de Montmartre; à
gauche, en bas : « Perrissin fecit. » Les lettres capitales A à Z indiquent les renvois aux légendes qui
sont au-dessus de la planche en quatre colonnes.

Le titre et les légendes sont imprimés en caractères 1567.
typographiques. Grav. sur cuivre. Pl. in-fol. en larg. Nov. 10.
Rarissime. Cette pièce est le n° 28 du Recueil de
Jean Tortorel et Jacques Perrissin.

> Voir à 1559, juin, 10.
>
> L'indication de la planche avec légendes françaises est faite
> d'après la planche suivante, gravée sur bois, et pour l'unifor-
> mité des descriptions de ce recueil. Mais je n'ai jamais trouvé
> aucune épreuve de cette planche avec texte imprimé en fran-
> çais. La seule épreuve que j'aie vue est le texte latin suivant :
> « Prælium commissum apud Sandionisium, x Novembris
> 1569. »
>
> Cette épreuve rarissime, et l'on peut dire unique, est dans
> l'exemplaire du Recueil de Tortorel et Perrissin qui fait partie
> de la bibliothèque du Louvre.

« La bataille de sainct Denis, donnee la veille S. Martin . 1567. » La même composition que la planche
précédente. A gauche, en bas :   (Perrissin). Les
lettres capitales A à Z indiquent les renvois aux légendes qui sont au-dessous de la planche en quatre
colonnes. Le titre et les légendes sont imprimés en
caractères typographiques. Grav. sur bois. Pl. in-
fol. en larg. *Rare.* Cette pièce est, comme la précédente, le n° 28 du Recueil de Jean Tortorel et Jacques Perrissin.

> Voir à 1559, juin, 10.
>
> J'ai trouvé six variantes du texte imprimé, quatre en fran-
> çais, dont l'une porte le n° 27 (par erreur) et deux en allemand.
>
> Les erreurs de numéros placés sur les épreuves s'expliquent
> par la raison que ces numéros ont été mis à la main sur chaque
> épreuve séparément ; ils peuvent avoir été mal placés.

La bataille de Saint-Denis, avec légende allemande.

1567.
Nov. 10.

Pl. grav. sur cuivre in-4 eu larg. Courte notice, etc., n° 22. Copie de la pl. du Recueil de Tortorel et Perrissin, n° 28. Voir à 1559, juin, 10.

Nov. 11.

Figure d'Anne, duc de Montmorency, connétable de France, etc., etc., sur son tombeau, dans l'église de Saint-Martin de Montmorency, à côté de celle de Magdelene de Savoye, sa femme, morte le . . . . 1586, par Jean Bullant et Barthélemy Prieur. 1. *Picart delineauit et fe.* Pl. in-fol. en haut. Du Chesne ; Histoire généalogique de la maison de Montmorency, p. 412, dans le texte. = pl. in-8 en larg. Al. Lenoir ; Musée des monuments français, t. IV, pl. 147, n° 450. = Pl. in-8 en haut. Al. Lenoir ; Musée des monuments français, t. V, pl. 168, n° 449. = Pl. in-8 double en larg. Al. Lenoir ; Musée des monuments français, t. V, pl. 171, n° 451. Le texte relatif à ce monument se trouve t. IV, p. 86. = Pl. in-8 en haut. A. Lenoir ; Histoire des arts en France, pl. 119.

Tombeau du cœur du connétable de Montmorency, à la porte, dans la chapelle d'Orléans, aux Célestins de Paris. Deux dessins in-fol. en haut. Bibliothèque impériale, manuscrits, boetes de l'ordre du Saint-Esprit. Montmorency. = Pl. in-12 carrée. Piganiol de la Force ; Description de Paris, t. IV, à la p. 58. = Pl. petit in-4 carrée. Idem, édition de 1765, t. IV, à la p. 201. = Pl. in-4 en haut. Millin ; Antiquités nationales, t. I, n° III, pl. 14. = Pl. in-8 en haut. Al. Lenoir ; Musée des monuments français, t. V, pl. 169, n° 105. = Pl. in-8 en haut. A. Lenoir ;

1567.
Nov. 11.

Histoire des arts en France, pl. 118. = Partie d'une
pl. grand in-4 en haut. De Clarac ; Musée de sculpture, pl. 241. = Partie d'une pl. in-fol. m° en haut.
Albert Lenoir ; Statistique monumentale de Paris,
liv. VII, pl. 7. = Musée du Louvre, sculptures modernes, n°ˢ 138 à 142.

Monument élevé par ordre du connétable Anne de
Montmorency, par Bullant, dans le château d'Écouen.
Pl. in-4 en larg. A. Lenoir ; Histoire des arts en
France, pl. 120.

Statue d'Anne de Montmorency, connétable, couché,
en marbre, par Barthélemy Prieur, dans la chapelle
du château d'Écouen, et depuis au Musée des monuments français. Pl. in-8 en larg., grav. par Lebas
Landon, t. XIII, n° 63. = Pl. in-8 en larg. A. Lenoir ; Histoire des arts en France, pl. 17.

Statue d'Anne de Montmorency, grand maître et connétable de France, en marbre, par Barthélemy Prieur,
dans l'abbaye de Saint-Martin de Montmorency.
Musée du Louvre, sculptures modernes, n° 143.

Portrait en pied d'Anne de Montmorency, connétable
de France, d'après un tableau du temps. Pl. in-fol.
en haut. Montfaucon, t. V, pl. 33.

Portrait du même. Tableau de l'école française du
XVIᵉ siècle. Musée de Versailles, n° 3096.

Portrait d'Anne de Montmorency, connétable de France,
en buste, à l'âge de 63 ans ; médaillon de forme

ovale, en émaux de couleurs, détails dorés, et huit autres plaques d'émail représentant des figures et des ornements; l'une d'elles porte la date de 1556. Peint par Léonard Limosin. Musée du Louvre, émaux, n°s 245 à 253. Comte de Laborde, p. 190. = Pl. lith. et coloriée in-fol. m° en haut. Du Sommerard; Les arts au moyen âge, Album, 7e série, pl. 27.

Portrait d'Anne de Montmorency, connétable de France. vu de trois quarts, tourné à droite. Dessin. Musée du Louvre, dessins, école française, n° 33518.

Vitrail d'Écouen, grisaille représentant la devise du connétable Anne de Montmorency, entourée d'arabesques et de figures. Pl. lith. et coloriée in-fol. m° en haut. Du Sommerard; Les arts au moyen âge, Atlas, chap. VII, pl. 1. = Pl. in-8 en haut., grav. par Lingée. Landon, t. XVI, n° 45. = Au Musée de l'hôtel de Cluny, n° 852.

Portrait d'Anne de Montmorency, à genoux, vitrail de l'église du château de Vincennes. Partie d'une pl. in-4 en haut. Millin; Antiquités nationales, t. II, n° x, pl. 9, n° 5.

Portrait d'Anne de Montmorency, connestable de France, à mi-corps, tourné vers la droite, tenant de la main droite son épée sur l'épaule; à droite est son casque. Pl. petit in-4 en haut. Thevet; Pourtraits, etc., 1584, à la p. 449, dans le texte.

Portrait du même, en pied, dans une niche placée au milieu d'un portail décoré de deux colonnes et d'ornements. Estampe in-fol. m° en haut. Schrenck ; Augustissimorum imperatorum, etc., verissimæ imagines. Au verso, la vie de ce connétable dans un cadre d'ornements, grav. sur bois.

Portrait du même, debout, cuirassé, dans une bordure à sujets et emblèmes. En haut : ANNAS DE MONTMORENCY COMES STUBULI. Pl. in-fol. m° en haut. Vulson de la Colombière ; Les portraits des hommes illustres, etc., au feuillet O.

Portrait du même, debout, cuirassé. En haut, à droite, ses armoiries. En bas : ANNAS DE MONTMORENCY COMES STABVLI. Pl. in-12 en haut. Vulson de la Colombière ; Les vies des hommes illustres, etc., à la p. 173.

Portrait du même. *L. P. pinxit. Pinsio sculp.* Estampe in-8 en haut. Velly, Villaret et Garnier ; Portraits, t. II, p. 82.

Portrait du même, en pied, tenant son épée à la main. Estampe in-4 en haut. Velly, Villaret et Garnier ; Portraits, t. III, p. 1.

Portrait du même, à mi–corps, cuirassé, tenant son épée, tourné à gauche. En bas : MESSIRE ANNE DE MONTMORENCII CONNESTABLE DE. Pl. in-8 carrée.

Portrait du même, en buste, de face. Médaillon ovale. En bas, le nom. *L. P. pinx. Pinsio sculp. chez Odieuvre.* Estampe in-8 en haut.

Portrait du même, à mi-corps, tenant son épée, tourné à droite ; devant lui son casque. Au-dessus, le nom en caractères imprimés. *Chapitre* 75. Pl. in-4 en haut.

Figure du même, à genoux, tourné à droite, devant un prie-Dieu. *I. Picart incidit.* Pl. petit in-4 en haut.

Médaille du même. Petite pl. Luckius. Silloge numismatum, etc., dans le texte, p. 135.

Médaille du même. Pl. in-12 en larg. Köhler, t. III, p. 241, dans le texte.

Médaille du même. Partie d'une pl. in-fol. en haut. Trésor de numismatique et de glyptique. Médailles françaises, 1re partie, pl. 46, n° 3.

Armure attribuée à Anne de Montmorency, connétable de France. Sur la face intérieure du plastron, on lit : *M. S. Conestabil.* Musée de l'artillerie; de Saulcy, n° 165.

Nov. 15. Deux portraits de Claude de l'Aubespine, seigneur de Verderonne, secrétaire des finances du roi, etc., commandeur de l'ordre du Saint-Esprit le 31 décembre 1579. Deux dessins in-fol. en haut. Bibliothèque impériale, manuscrits, boetes de l'ordre du Saint-Esprit. L'Aubespine.

1567. Tombeau de René Bastarnay, seigneur du Bouchage, avec Isabeau de Villars, son épouse, et Claude, son fils, tué à la bataille de Saint-Denis, en 1567. Pl. in-8 en haut. Bourassé ; La Touraine, p. 439, dans le texte.

Tombeau de Geneviève Le Maire, femme de Antoine Barreau, procureur en la cour du parlement, dans l'église de Saint-Jacques de la Boucherie de Paris, au pilier vis-à-vis de la chaire. Dessin in-4 en haut., esquissé. Épitaphes des églises de Paris, manuscrit de la bibliothèque de l'Arsenal, t. III, f. 110.

Tombeau de Susanne de Blaisy, que a fait faire puissant seigneur messire Francois de Pot, chevʳ, l'an 1567, à Saint-Martin de Blaisy le haut, paroisse, dans le chœur, du costé de l'espitre joignant la balustre, pres le mur. Dessin in-8 en haut., esquissé. Bibliothèque impériale, manuscrits, boetes de l'ordre du Saint-Esprit. Pot.

Histoires prodigieuses extraictes de plusieurs fameux autheurs grecs et latins, sacrés et prophanes : mises en nostre langue par P. Boaistuau, surnommé Lannay, etc. Paris, J. Macé, 1567. In-12, fig. Cet ouvrage contient :

Cinquante-sept planches représentant des phénomènes, monstres, événements singuliers et faits extraordinaires. Pl. in-12 en haut., grav. sur bois, dans le texte.

Exemption du Roy pour les habitans de la ville de Paris, de ne plus faire guet sur les rampars, moiennant la leuee et assemblee de quatre mil, quatre cens soldatz, soubz seize capitaines et enseignes et seul colonel, qui sera esleu par ledit sieur. Paris, Guillē de Nyuerd, sans date. In-12 de six feuillets. Cet opuscule contient :

Figure représentant le portrait de Charles IX, en buste, tourné à droite, entouré d'ornements et surmonté de l'écusson de France. Petite pl. sans bords en haut., grav. sur bois, sur le titre.

Cet édit est du 15 octobre 1567.

Les devises héroïques de M. Claude Paradin, et du seigneur Gabriel Symeon. Anvers, Christ. Plantin, 1567. In-16, fig. Ce volume contient :

Deux cent seize planches représentant des emblèmes, des marques d'imprimeurs, etc. Petites pl. grav. sur bois, dans le texte, qui est composé de devises latines et françaises.

La piété et la justice assises. Au-dessous, sonnet au Roy Charles neufiesme, sur sa devise, suit le sonnet; le tout dans une bordure. Pl. petit in-fol. en haut.

Plan figuré de Paris, avec lettres de renvoi et explications en bas, en italien. *In Venetia L'anno* M. D. LXVII. Pl. in-4 en larg.

Plan semblable. En bas : *Appresso Ferrado Bertelli.* Pl. in-4 en larg.

Recueil de la diuersité des habits, qui sont de present en usage tant es pays d'Europe, Asie, Affrique et Isles sauuages, le tout fait apres le naturel. Paris, Richard Breton, 1567. Petit in-8, fig. Ce volume contient :

Figure représentant une femme tenant un cœur qui s'enflamme aux rayons du soleil. Deux enfants sont près d'elle. Petite pl. en haut., grav. sur bois, sur le titre.

Deux cent vingt-sept figures représentant des personnages de divers états des parties de la terre alors
connues, dont plusieurs sont relatifs à la France.
On y voit aussi un singe et des monstres vêtus. Pl.
in-12 en haut., grav. sur bois, tirées des deux côtés
de chaque feuillet.

> La première édition est de 1562. Il est douteux si celle
> de 1567 existe bien réellement. L'année 1567, sur cet exem-
> plaire, paraît surchargée.

Patrons composés en 1567 pour les peintres sur verre,
du cabinet Willemin. Pl. in-fol. en haut. Willemin,
pl. 300.

> Ces patrons étaient réellement des patrons de dentelles et
> de broderies.

Muselet de cheval du Musée d'artillerie de Paris. Partie
d'une pl. in-4 en haut. Félix de Vigne; Vade-mecum
du peintre, t. II, pl. 98.

Jeton de Louis de Gonzague, duc de Nivernais, prince
de Mantoue, gouverneur du Piémont. Petite pl.
grav. sur bois. De Soultrait; Essai sur la numismatique nivernaise, p. 139, dans le texte. = Petite pl.
grav. sur bois. De Fontenay; Manuel de l'amateur
de jetons, p. 400, dans le texte.

> Louis de Gonzague était duc de Nevers par son mariage avec
> Henriette de Clèves, duchesse de Nevers, qui avait eu lieu le
> le 4 mars 1565.
> Il mourut le 23 octobre 1595.

Monnaie de Jean le Braconnier, maître-échevin de
Metz. Partie d'une pl. in-4 en haut. Robert. Re-

cherches sur les monnaies et les jetons des maîtres-échevins, etc., pl. 1, n° 1, p. 24.

Jeton des monoyeurs de Bourges. Partie d'une pl. in-8 en haut. Revue numismatique, 1847. Marquis de la Grange, pl. 9, n° 1, p. 206.

Cinq monnaies d'argent de Marie Stuart, reine d'Ecosse, et de Henri Stuart Darnley, son cousin et son second mari, de 1565 à 1567. Partie de deux pl. in-fol. en haut. Anderson : Selectus diplomatum et numismatum Scotiæ thesaurus, pl. 164-165.

Trois monnaies de Philippe II, roi d'Espagne, duc de Brabant. Petites pl. grav. sur bois. Ordonnance, etc. Anvers, 1633, feuillet K, 3.

1568.

« La rencontre des deux armees francoises à Congnac pres de Gannat en auuergne, le 6 . Ianuier 1568. » A droite, vers le haut, on voit le village de Congnac, entouré d'une haie que des soldats franchissent. Plus haut, dans l'angle, est le château de M. de Hautefeuille, en flammes. A gauche, vers le haut, le seigneur de ce nom tombe mort à la tête de sa cavalerie. Sur le devant, en bas, deux escadrons se chargent. Dans l'angle, au bas, à gauche : (Tortorel-Perrissin). Les lettres capitales A à M indiquent les renvois aux légendes qui sont au-dessous de la planche en trois colonnes. Le titre et les légendes sont imprimés en caractères typographiques. Grav.

sur cuivre. Pl. in-fol. en larg. *Très-rare*. Cette pièce 1568.
est le n° 29 du Recueil de Jean Tortorel et Jacques Janvier 6.
Perrissin.

> Voir à 1559, juin, 10.
> J'ai trouvé deux variantes du texte imprimé, une en français
> et une en latin.

« La rencontre des deux armees Francoises à Congnac
pres de Gannat en Auuergne, le 6 . Ianvier . 1568. »
La même composition que la planche précédente.
En bas : (Tortorel-Perrissin). Pl. grav. sur bois .
in-fol. en larg. *Rare*. Cette pièce est, comme la précédente, le n° 29 du Recueil de Jean Tortorel et
Jacques Perrissin.

> Voir à 1559, juin, 10.
> J'ai trouvé cinq variantes du texte imprimé, quatre en fran-
> çais, dont l'une porte le n° 29, et une en allemand.

La rencontre des deux armées françaises à Congnac,
avec légende allemande. Pl. grav. sur cuivre in-4 en
larg. Courte notice, etc., n° 23. Copie de la pl. du
Recueil de Tortorel et Perrissin, n° 29. Voir à 1559,
juin, 10.

« La ville de Charlres assiegée et batue par Monsieur le Mars.
Prince de Condé au mois de Mars . 1568. » On voit,
en haut, une partie de la ville de Chartres battue
en brèche. Sur la gauche, sont deux batteries de
quatre pièces de canon chacune. Au bas, à droite,
est le régiment de M. d'Andelot, prêt à monter à
l'assaut. En bas, à droite : « Perrissin . fecit 1570. »
Les lettres capitales A à H indiquent les renvois aux

légendes qui sont au-dessous de la pl. en deux colonnes. Le titre et les légendes sont imprimés en
caractères typographiques. Grav. sur cuivre. Pl. in-
fol. en larg. *Rare.* Cette pièce est le n° 30 du Recueil de Jean Tortorel et Jacques Perrissin.

Voir à 1559, juin, 10.
J'ai trouvé cinq variantes du texte imprimé, quatre en français, dont l'une porte le n° 30, et une en allemand.

La ville de Chartres assiégée, avec légende allemande.
Pl. grav. sur cuivre, in-fol. en larg. Courte notice, etc.,
n° 24. Copie de la pl. de Tortorel et Perrissin, n° 30.
Voir à 1559, juin, 10.

Mai 4.

Tombe de Guillaume Viole, évêque de Paris, en pierre,
près les chaises, à gauche, dans l'église de Notre-
Dame de Paris. Dessin grand in-8. Recueil Gaignières à Oxford, t. IX, f. 67. ═ Pl. in-fol. en haut.
Tombes éparses dans la cathédrale de Paris, p. 161.
═ Pl. in-fol. en haut. (Charpentier) Description —
de l'église métropolitaine de Paris, p. 161.

Mai 14.

Tombe de Philibert du Chastelet, en pierre, à droite
du pulpitre de la chapelle de Saint-Denis, dans l'é-
glise de l'abbaye de Saint-Victor de Paris. Dessin in-8.
Recueil Gaignières à Oxford, t. XI, f. 62. ═ Pl. in-
fol. en haut. Calmet; Histoire généalogique de la
maison du Châtelet, à la p. 141.

Juin 13.

Tombe de Jean de Hangest, chanoine, dans l'aisle gauche du chœur, entre deux piliers, devant la porte
du chœur de l'église Notre-Dame de Paris. Dessin
in-8. Recueil Gaignières à Oxford, t. IX, f. 121.

Portrait de Marguerite d'Harancourt, abbesse de Re-   1568.
    miremont. Partie d'une pl. in-fol. en haut. Calmet;   Juillet 31.
    Notice de la Lorraine, t. II, pl. 2, n° 41.

> Il n'est pas dit d'où est tiré ce portrait, qui paraît avoir été
> sur le tombeau de cette abbesse.

Portrait de Jean de la Valette, grand-maître de l'ordre   Août 21.
    de Malte, en buste. Dessin in-4 en larg. Bibliothèque
    impériale, manuscrits, boetes de l'ordre du Saint-
    Esprit. La Valette.

Portrait du même, à mi-corps, dans un cartouche de
    forme octogone, en haut duquel sont deux anges qui
    soutiennent une couronne de lauriers; en bas, deux
    femmes représentant la Religion et l'Espérance. On
    lit autour du portrait : *Illust. Joannes D. Valeta
    magnus magister Religionis Hierosolimitanæ*; en bas :
    1565; à droite : *M. Rota f.*; à gauche, *Tisianus inu.*
    Pl. in-8 en haut.

Portrait du même, à mi-corps, tenant son épée et son
    casque, tourné à gauche. Au fond, vue de Malte. En
    bas : Joannes de Raleta (*sic*) etc. *Mattias Zyundt
    excudeba. Ao* 1566. Estampe in-fol. en haut.

Portrait du même, en buste, tourné à gauche. En bas,
    le nom. *Ant. Lafresj.* Estampe petit in-fol. en haut.

Portrait du même, en buste, tourné à gauche, dans un
    cadre entouré de diverses figures. Sur ce cadre, le
    nom. En bas : *Ferando berte.* Marche M°. Estampe
    in-4 en haut.

1568.
Août 21.

Statue du même, couchée, dans l'église de Saint-Jean, à Malte. Moulage en plâtre. Musée de Versailles, n° 470.

Trois médailles du même. Partie d'une pl. in-fol. en haut. Trésor de numismatique et de glyptique. Médailles françaises, 1re partie, pl. 46, nos 4, 5, 6.

Octobre 2.

Portrait en pied d'Isabelle ou Élisabeth de France, fille de Henri II, femme de Philipes II, roi d'Espagne, tenant un petit chien sur une table. Tableau du temps. Miniature in-fol. en haut. Gaignières. t. II, 57. = Partie d'une pl. in-fol. en larg. Montfaucon, t. V, pl. 12, n° 1.

Portrait en buste de la même. Tableau à l'huile du temps. Miniature in-fol. en haut. Gaignières, t. II, 58.

Portrait en pied de la même, les mains jointes, sans indication de ce qu'était ce monument. Dessin in-8 en haut. Gaignières, t. II, 59. = Partie d'une pl. in-fol. en larg. Montfaucon, t. V, pl. 12, n° 2.

Portrait de la même, en buste, dans un médaillon ovale, autour duquel on lit, le nom en latin. Pl. in-8 ovale en haut. Sur une feuille in-fol. en haut., avec la quatrième femme de Philippe II. Cremona fedelissima citta et nobilissima colonia de romani in disegno, etc., de Antonio Campo, in Cremona, 1585. In-fol. fig., p. 117.

Portrait de la même, ovale, grav. par Augustin Carrache. Pl. in-8 en haut. Histoire de la ville de Crémone, par Antoine Campi, in-4 fig.

Portrait de la même, à mi-corps, tenant un petit plumeau, tournée à gauche. Médaillon ovale; autour : ISABELLA GALLORUM REGIS FILIA, etc. Estampe in-4 en haut.

Portrait de la même, à mi-corps, de face, tenant de la main gauche ses gants. En bas : ISABELLA HENRICI GALLIÆ REGIS FILIA, etc. Estampe in-4 en haut.

Portrait de la même. Tableau de l'école française du XVIe siècle. Musée de Versailles, n° 3104.

Jetoir représentant les armes de France, et au revers (non gravé), Élisabeth de France, fille aînée d'Henri II, qui épousa Philippe II, roi d'Espagne. Partie d'une pl. lithogr. in-8 en haut. De Fontenay; Fragments d'histoire métallique, pl. 6, n° 6.

Tombeau de Claude de Beaujeu, seigneur de Montot, etc., à Notre-Dame de Montot, dans le chœur, du costé de l'évangile. Armoiries. Dessin in-4 esquissé. Bibliothèque impériale, manuscrits, boetes de l'ordre du Saint-Esprit. Beaujeu.

Grand médaillon sans revers de François de Mandelot, gouverneur du Lyonnais, mort le 24 novembre 1568. Partie d'une pl. in-fol. en haut. Trésor de numismatique et de glyptique. Médailles françaises, 1re partie, pl. 47, n° 1.

Tombe de Symon de Pierrevive, chanoine, dans l'aisle

1568.
Déc. 13.

à droite entre deux piliers, devant la chapelle de Notre-Dame de Reconfort, dans l'église cathédrale de Paris. Dessin grand in-8. Recueil Gaignières à Oxford, t. IX, f. 88.

1568.

Deux médailles de Charles IX. Partie d'une pl. in-fol. en haut. Trésor de numismatique et de glyptique. Médailles françaises, 1re partie, pl. 18, nos 4, 5.

Monnaie de Charles IX. Partie d'une pl. in-fol. en haut. Du Cange; Glossarium, 1733, t. IV, p. 965, n° 12.

Jeton de la ville de Nevers. Petite pl. grav. sur bois. De Fontenay; Manuel de l'amateur de jetons, p. 406, dans le texte. = Petite pl. grav. sur bois. De Soultrait; Essai sur la numismatique nivernaise, p. 168, dans le texte.

1569.

1569.
Mars 13.

« L'ordonnance des deux armees Francoises entre Cognac et Chasteau-neuf, le 13 . Mars . 1569. » Commencement de la bataille de Jarnac. On voit au bas, à droite, une partie de la ville de Châteauneuf, entourée d'un mur crénelé. Au milieu, presque en bas, est le village de Bassac, non loin duquel on fait le coup de feu. L'armée royale, commandée par Monsieur, frère du roi, occupe la droite; celle du prince de Condé, la gauche. Sur un tertre à gauche, en bas : 1569. PERSINVS . FECIT . (Perrissin). Les lettres capitales A à X indiquent les renvois aux légendes qui sont au-dessous de la pl. en trois colonnes. Mais ces légendes ne donnent que les explications

des lettres A à O. Le titre et les légendes sont
imprimés en caractères typographiques. Grav. sur
cuivre. Pl. in-fol. en haut. *Rare.* Cette pièce est
le n° 31 du Recueil de Jean Tortorel et Jacques
Perrissin.

Voir à 1559, juin, 10.

J'ai trouvé six variantes du texte imprimé, quatre en français, dont l'une porte le n° 31, une en latin et une en allemand.

Une de ces variantes en français porte, au lieu du titre de
cette planche : « La rencontre des deux armées Francoises
entre Coignac et Chasteau-neuf, le 13 Mars 1569. » C'est le
titre de la planche suivante, n° 32, du même Recueil. Voir ci-
après.

C'est encore là une de ces erreurs et variations fréquentes
dans les pièces de ce Recueil, qui prouvent la multiplicité des
épreuves qui en étaient tirées.

« La rencontre des deux armées Francoises entre Cognac
et Chasteauneuf, le 13 . Mars . 1569. » Fin de la bataille de Jarnac. Au bas, à droite, on voit le prince
de Condé, relevé de sa chute de cheval, parlant à
M. d'Argence, qui promet de lui sauver la vie, tan-
dis que Montesquieu le tue par derrière d'un coup
de pistolet. La cavalerie de l'avant-garde de Monsieur
est un peu plus haut. A l'extrémité, à gauche, les
compagnies de M. le prince de Condé et de l'amiral
se retirent. Au bas, à gauche : (Perrissin), I . TOR-
TOREL FECIT. Les lettres capitales A à P indiquent
les renvois aux légendes qui sont au-dessous de la
planche en trois colonnes. Le titre et les légendes
sont imprimés en caractères typographiques. Grav.
sur cuivre. Pl. in-fol. en larg. *Rarissime.* Cette pièce

est le n° 32 du Recueil de Jean Tortorel et Jacques Perrissin.

Voir à 1559, juin, 10.

L'indication de la planche avec légendes françaises est faite d'après la planche suivante, gravée sur bois, et pour l'uniformité des descriptions de ce Recueil. Mais je n'ai jamais trouvé aucune épreuve de cette planche avec texte imprimé en français. La seule épreuve que j'aie vue est avec le texte latin suivant : « Occursus vtriusque exercitus inter Cognatium et Castellum nouum, 13 Martii . 1569. »

Cette épreuve rarissime, et l'on peut dire unique, est dans l'exemplaire du Recueil de Tortorel et Perrissin qui fait partie de la bibliothèque du Louvre.

« La rencontre des deux armees Francoises entre Cognac et Chasteau neuf, le 13 . Mars . 1569. » La même composition que la planche précédente. En bas, à gauche : (Perrissin) I . TORTOREL . FECIT . (Tortorel), grav. sur bois. Pl. in-fol. en larg. *Rare.* Cette pièce est, comme la précédente, le n° 32 du Recueil de Jean Tortorel et Jacques Perrissin.

Voir à 1559, juin, 10.

J'ai trouvé cinq variantes du texte imprimé, trois en français, dont l'une porte le n° 32, une en latin et une en allemand.

La rencontre des deux armées françaises entre Cognac et Châteauneuf, avec légende allemande. Pl. grav. sur cuivre in-4 en larg. Courte notice, etc., n° 25. Copie de la pl. du Recueil de Tortorel et Perrissin, n° 32. Voir à 1559, juin, 10.

Le vray discours de la Bataille donnée (par Monsieur) le 13 iour de Mars, 1569, entre Chasteauneuf et Jarnac (ou est tombé mort le Prince de Condé) auec le roole des mortz, prisonniers et blessez. De l'imprimerie de Guillaume de Nyuerd, etc. In-12 de 12 feuillets, dont deux blancs à la fin. *Rare.* Cet opuscule centient :

Figure représentant le portrait du duc d'Anjou, à mi-corps, et autre figure représentant l'écusson de France. Très-petite pl. grav. sur bois, sur le titre.

Portrait de Louis de Bourbon, prince de Condé, tableau du temps. Miniature in-fol. en haut. Gaignières, t. IX, 19.

Portrait du même, en buste, d'après un tableau du temps. Partie d'une pl. in-fol. en haut. Montfaucon, t. V, pl. 27, n° 1.

Portrait du même, la main gauche sur son casque, tourné à droite. En bas : Ludovicus von Bourbon Prince von Conde. Pl. in-8 en haut., tirée sur une feuille contenant une notice sur le prince de Condé, en allemand. Feuille in-fol. en haut. La même pl. se trouve tirée sur une feuille contenant des vers et une notice sur le prince de Condé, en latin. Feuille in-fol. en haut.

Portrait du même, à mi-corps, les mains sur un coussin, tourné à droite. Médaillon ovale. En bas : LVIS DE BOVRBON PRINCE DE COTE. *Ludwig, etc.*, 1568. *Mathis Zündt.* Estampe in-4 en haut.

Portrait du même, en buste, tourné à droite. Médaillon ovale, autour : Ludovicus Borbonius, etc. Estampe in-16 en haut.

1869.
Mars 13.

Portrait du même, en buste, tourné à gauche. Médaillon ovale. Autour, le nom. En bas, quatre vers français : *D'un inuensible coeur*, etc. *Thomas de Leu fecit.* Estampe in-12 en haut.

Portrait du même, à mi-corps, tenant son épée, tourné à droite. En bas : *Loys de Bourbon, Prince de Condé. T. de Leu fe.* Très-petite estampe en haut.

Portrait du même, à mi-corps. Pl. in-4 en haut. Mémoires de Condé, t. I, p. 1.

> Cette pièce n'a pas été reproduite dans Velly, Villaret et Garnier. Portraits.

Portrait du même. *C. B., pinx. C. A. N. sculp.* Pl. in-8 en haut. Velly, Villaret et Garnier. Portraits, t. II, p. 98.

Portrait du même. Tableau de l'école française du xvi⁰ siècle. Musée de Versailles, n° 3093.

> Ce portrait est douteux.

Avril 11.

Tombe de Katherine de Saulx, abbaisse de Molaise, morte le 11 avril 1569, et de Gabrielle de Saulx, sa niesse, abbaisse de Molaise, morte le. . . . ., à droite, devant le confessionnal, dans l'église de l'abbaye de Molaise. Dessin in-4 en haut. Bibliothèque impériale, manuscrits, boetes de l'ordre du Saint-Esprit, Saulx.

Mai 10.

« Le vrai pourtraict d'un monstre nay d'une vache, le

dixieme jour de may 1569, au village de Bellifontaine, à deux lieues pres d'Abeuille. » Au-dessous de ce titre :

La figure de ce monstre allant à droite. Pl. in-4 en larg., grav. sur bois. Au-dessous, une explication imprimée. 1569, à Paris, par Jean Dallier. Feuille in-fol. en haut. *Très-rare.*

Il y a une épreuve de cette estampe dans le recueil formé par P. de l'Estoile, feuillet xlv. (Voir à l'année 1589.)

Portrait de François de Coligny, sieur d'Andelot, colonel-général de l'infanterie française, à mi-corps, en habit de cour. Bordure ovale ; autour le nom. *Rabel excude.* Estampe grav. par Rabel, in-16 en haut.

Portrait du même, à mi-corps, couvert de son armure, bouclier à l'épaule droite, tourné à droite. Bordure ovale ; autour, le nom. Estampe grav. par Jean Rabel, in-16 en haut.

Portrait du même, à mi-corps, tourné à gauche. Pl. in-4 en haut. Mémoires de Condé, t. III, p. 533.

Cette planche a été reproduite dans Velly, Villaret et Garnier ; Portraits.

Portrait du même, la tête nue. Pl. in-4. Velly, Villaret et Garnier ; Portraits, t. III, p. 5.

Portrait du même. Tableau de l'école française du xvie siècle. Musée de Versailles, n° 3127.

Tombeau de Timoléon de Cossé, duc de Brissac, colo-

1569.
Mai.

nel général de l'infanterie, grand panetier et grand fauconnier de France, aux Célestins de Paris. *Herisset sculp.* In-12 en haut. Piganiol de la Force; Description de Paris, t. IV, à la p. 74. = Partie d'une pl. in-4 en haut. Millin; Antiquités nationales, t. I, n° III, pl. 18, n°ˢ 2-3. = Partie d'une pl. in-fol. en haut. A. Lenoir; Histoire des arts en France, pl. 140, = Partie d'une pl. in-fol. en haut. Al. Lenoir; Musée des monuments français, t. V, pl. 175, n° 106. = Partie d'une pl. grand in-4 en haut. De Clarac; Musée de sculpture, pl. 241. = Pl. in-fol. en haut., coloriée. Albert Lenoir; Statistique monumentale de Paris, livraison 32, pl. 10. = Musée du Louvre, sculptures modernes, n°ˢ 149 à 151.

Portrait de Timoléon de Cossé, comte de Brissac, à mi-corps, tourné à droite, cuirassé, appuyé du bras droit sur une table. Pl. petit in-4 en haut. Thevet; Pourtraits, etc., 1584, à la p. 473, dans le texte.

Portrait du même. *AL. pinx. Piussio sculp.* Pl. in-8 en haut. Velly, Villaret et Garnier; Portraits, t. III, p. 27.

Juin 25.

« La rencontre des deux armees à la Roche en Lymosin, où le S. Strossy fut prins le 25. Iuing. 1569. » Sur une colline, à gauche, vers le bas, on voit une batterie de huit pièces de canon gardées par les Suisses. Au delà de trois tentes de ce même côté, on voit M. de Strossi à pied, fait prisonnier. Au milieu et à la droite, les troupes sont en marche vers la gauche. A droite, en bas : « I. tortorel fecit. » Les

lettres capitales A à Z indiquent les renvois aux légendes qui sont au-dessous de la planche en trois
colonnes. Le titre et les légendes sont imprimés en
caractères typographiques. La planche est entière à
la droite, en bas, sans avoir souffert de dégradation.
Grav. sur cuivre. Pl. in-fol. en larg. *Rare*. Cette
pièce est le n° 33 du Recueil de Jean Tortorel et
Jacques Perrissin.

1569..
Juin 25.

> Voir à 1559, juin, 10.
> Il y a deux états de cette planche. Le premier est celui dé-
> crit. Dans le second, la planche a été ébréchée à droite en bas,
> de sorte qu'elle n'a plus de marge de côté, sur une hauteur
> de dix millimètres. Le trait carré y forme son arête,
> J'ai trouvé six variantes du texte imprimé, trois en français,
> une en latin et deux en allemand.

La rencontre des deux armees à La Roche en Lymosin,
avec légende allemande. Pl. grav. sur cuivre in-4 en
larg. Courte notice, etc., n° 26. Copie de la pl. du
Recueil de Tortorel et Perrissin, n° 33. Voir à 1559,
juin, 10.

« Poityers assiegé par M. les Princes le 24 . de Iuilet,
et tout Aoust iusques au 7 . de Septembre 1569. »
Le milieu représente la ville de Poitiers, bordée par
la rivière du Clin, dont les bords sont garnis de plusieurs batteries de canons. Sur le devant, des compagnies se préparent à se rendre à la brèche. En
bas, vers la droite : « Perrissin fecit. » Les lettres
capitales A à Q indiquent les renvois aux légendes
qui sont dessous la planche en quatre colonnes. Le
titre et les légendes sont imprimés en caractères typographiques. Grav. sur cuivre. Pl. in-fol. en larg.

Septemb^e 7.

1569.   *Rare.* Cette pièce est le n° 34 du Recueil de Jean
Septemb. 7.   Tortorel et Jacques Perrissin.

> Voir à 1559, juin, 10.
>
> J'ai trouvé cinq variantes du texte imprimé, trois en fran-
> çais, dont l'une porte le n° 34, et deux en allemand.

Poityers assiegé par M. les Princes, avec légende allemande. Pl. grav. sur cuivre in-4 en large. Courte
notice, etc., n° 27. Copie de la pl. du Recueil de
Tortorel et Perrissin, n° 34. Voir à 1559, juin, 10.

Septemb. 9. Composition représentant le diable sortant de l'enfer
et beaucoup de personnages commettant des désor-
dres et des cruautés. A droite, en haut, une maison
sur laquelle on lit : *France.* Nombreuses inscriptions
en français et en allemand relatives aux affaires de
la France de cette époque, MDLXIX. Estampe in-fol.
en larg. *Très-rare.* Cette pièce est des plus curieuses
pour cette époque.

Octobre 3. « Lordonnance des deux armees pres de Moncontour
le 3 . Octob. 1569. » Au centre, vers le haut, on
voit un groupe de maisons, avec trois arbres, près
desquels est M. de Carnavalet avec plusieurs autres
cavaliers. Monsieur, frère du roi, est au-dessus, con-
duisant la bataille avec plusieurs princes et seigneurs.
A gauche, en bas, est une partie de Moncontour. Au-
dessous le chiffre (Perrissin) caché dans des brous-
sailles. Vers le milieu, à droite : «I. tortorel fecit. »
Les lettres capitales A à V et les n°s 1 à 19 indiquent
les renvois aux légendes qui sont au-dessous de la
planche en cinq colonnes. C'est la seule pièce de ce

recueil qui soit ainsi marquée de chiffres de renvoi,
outre les lettres capitales. Le titre et les légendes
sont imprimés en caractères typographiques. Grav.
sur cuivre. Pl. in-fol. en larg. *Rare*. Cette pièce est le
n° 35 du Recueil de Jean Tortorel et Jacques. Perrissin.

Voir à 1559, juin, 10.
J'ai trouvé six variantes du texte imprimé, trois en français,
dont l'une porte le n° 35, une en latin et deux en allemand.

« La desroute du camp de M. les Princes, et la des-
faicte des Lansquenets, à Moncontour le 3 . Octob.
1569. » Au milieu, vers la droite, en haut, on voit
un groupe de maisons entouré de morts, de mou-
rants et de débris; ils sont encore plus nombreux à
gauche. Du même côté, en bas, est une partie de la
ville de Moncontour, près de laquelle on voit M. d'A-
cier fait prisonnier par cinq cavaliers. Au milieu,
une charge de cavalerie contre un bataillon de lansquenets. En bas, vers le milieu, à gauche : « PER-
RISSIM FECIT . 1570. » (Perrissin). Les lettres capitales A à L indiquent les renvois aux légendes qui
sont au-dessous de la planche en trois colonnes. Le
titre et les légendes sont imprimés en caractères typographiques. Grav. sur cuivre. Pl. in-fol. en larg.
Rare. Cette pièce est le n° 36 du Recueil de Jean
Tortorel et Jacques Perrissin.

Voir à 1559, juin, 10.
J'ai trouvé six variantes du texte imprimé, trois en français,
une en latin et deux en allemand.

La deroute du camp de M. les Princes, et la defaite des

1569.
Octobre 3.

lansquenets à Moncontour, avec légende allemande.
Pl. grav. sur cuivre in-4 en larg. Courte notice, etc.,
n° 28. Copie de la pl. du Recueil de Tortorel et Perrissin, n° 36. Voir à 1559, juin, 10.

Vue de la bataille de Moncontour, avec légendes en
italien dans le champ. En bas : L'ORDENE DEL FATTO-
DARME *fatto tra Catolici et Ugonotti alli* 3 *di ottobre*
1569, etc. Estampe in-fol. mag° en larg.

Médaille de Charles IX à l'occasion de la bataille de
Moncontour. Petite pl. Luckius ; Silloge numismatum, etc., dans le texte, p. 233.

Octobre 14.

Saint-Jean d'Angely assiégé par le Roy Charles IX le
14 Octobre 1569. La composition décrite à la pièce
suivante, grav. sur cuivre. Pl. in-fol. en larg. Cette
pièce, si elle existe, est le n° 37 du Recueil de Jean
Tortorel et Jacques Perrissin.

M. Robert-Dumesnil pense que cette planche a été gravée,
mais il ne l'avait pas vue. Je ne l'ai pas non plus trouvée.

« Sainct Iean d'Angely assiegé par le Roy Charles 9 .
le 14 · Octob. 1569 . iusques au 2 . Decembre 1569.»
On voit dans le haut une partie de la ville de Saint-
Jean d'Angely du côté de la porte d'Aunis. Le mur,
entre cette porte et le château, est battu en brèche.
En bas est le faubourg d'Aunis. Des troupes sont
autour de la ville et dans la tranchée. En bas, vers
la droite, on lit : PERRISSIM . FECIT . 1570 » (Perrissin). Les lettres capitales A à M et la lettre T
(placée par erreur au lieu de N) indiquent les ren-

vois aux légendes qui sont au-dessous de la planche
en quatre colonnes. Le titre et les légendes sont imprimés en caractères typographiques. Grav. sur bois.
Pl. in-fol. en larg. *Rare.* Cette pièce est, comme la
précédente, le n° 37 du Recueil de Jean Tortorel et
Jacques Perrissin.

> Voir à 1559, juin, 10.
>
> J'ai trouvé cinq variantes du texte imprimé, quatre en fran-
> çais, dont une porte le n° 37, et une en allemand.
>
> C'est par erreur que M. Robert-Dumesnil a classé cette pièce
> comme étant la 38ᵉ de ce recueil, en prenant pour date détermi-
> nante celle de la fin du siége, le 2 décembre. Mais la date du
> commencement du siége, le 14 octobre, est celle qui indique le
> rang de cette pièce, dont une variante porte en effet le n° 37.

Saint-Jean d'Angely assiegé par le Roy Charles IX, avec
légende allemande. Pl. grav. sur cuivre in-4 en larg.
Courte notice, etc., n° 29. Copie de la pl. du Recueil
de Tortorel et Perrissin, n° 37. Voir à 1559, juin, 10.

« La surprinse de la ville de Nismes en Languedoc par
ceux de la Religion, le 15 . de Nouembre 1569 . en
la nuit. » A gauche, on voit la ville de Nismes du
côté de la porte des Prêcheurs, par laquelle entrent
les soldats qui s'en emparèrent. En bas, à droite,
d'autres troupes suivent celles qui ont déjà pénétré
dans la ville. A droite, une partie des environs. On remarque les divers monuments anciens de cette ville.
A gauche, en bas, près d'un moulin à vent : « I tortorel . fecit . 1570. » Les lettres capitales A à M indiquent les renvois aux légendes qui sont au-dessous
de la planche en quatre colonnes. Le titre et les légendes sont imprimés en caractères typographiques.

1569.

Octobre 14.

Nov. 15.

Grav. sur cuivre. Pl. in-fol. en larg. *Rare.* Cette
pièce est le n° 38 du Recueil de Jean Tortorel et Jacques Perrissin..

> Voir à 1559, juin, 10.
>
> J'ai trouvé quatre variantes du texte imprimé, trois en fran-
> çais, dont l'une porte le n° 38, et une en allemand.
>
> C'est par erreur que M. Robert-Dumesnil a classé cette pièce
> comme étant la 37ᵉ de ce recueil, par la conséquence de ce
> qu'il avait placé le siége de Saint-Jean d'Angély au n° 38.
>
> Voir à 1569, octobre, 14.
>
> La surprise de Nîmes est bien la 58ᵉ pièce du recueil, et une
> des variantes du texte porte ce numéro.

La surprise de la ville de Nismes en Languedoc, avec
légende allemande. Pl. grav. sur cuivre in-4 en larg.
Courte notice, etc., n° 30. Copie de la pl. du Recueil
de Tortorel et Perrissin, n° 38. Voir à 1559, juin, 10.

> Histoire civile, ecclésiastique et littéraire de la ville de
> Nismes, par Menard. Paris, H. D. Chaubert, 1750-58.
> 7 vol. in-4, fig. Cet ouvrage, outre un grand nombre de
> planches qui ne sont pas relatives à l'histoire de France,
> contient :

La ville de Nismes surprise par les religionnaires, en
1569. *Copié d'après une estampe en taille de bois,
de* 1570. *P. F. Tardieu sculpsit.* Pl. in-4 en larg.,
t. V, p. 52.

> C'est la copie de la planche du recueil de Perrissin et Tor-
> torel.

« L'entreprinse de Bourges en Berry descouverte sur
ceulx de la Religion le 21 . de Decembre 1569. » On
voit dans le fond la ville de Bourges, la porte Saint-

Paul à gauche. Vers le milieu, à droite, est une grosse
tour. Les habitants mettent en fuite les assaiglants.
Un corps de cavalerie, commandé par M. de Brique-
mont, arrive en bas, à gauche. En bas, vers la
droite : « Perrissim . fecit 1570 » (Perrissin). Les
lettres capitales A à K indiquent les renvois aux légendes qui sont au-dessous de la planche en quatre
colonnes. Le titre et les légendes sont imprimés en
caractères typographiques. Grav. sur cuivre. Pl. in-
fol. en larg. *Rare.* Cette pièce est le n° 39 du Recueil
de Jean Tortorel et Jacques Perrissin.

> Voir à 1559, juin, 10.
> J'ai trouvé quatre variantes du texte imprimé, trois en fran-
> çais, dont l'une porte le n° 39, et une en allemand.

L'entreprise de Bourges en Berry descouverte, avec légende allemande. Pl. grav. sur cuivre in-4 en larg.
Courte notice, etc., n° 31. Copie de la pl. du Recueil
de Tortorel et Perrissin, n° 39. Voir à 1559, juin, 10.

Portrait de Jean Babou, seigneur de la Bourdaisiere,   1569.
maréchal-général de l'artillerie, en buste, tête vue
de trois quarts, tournée à droite. Au bas, le nom.
Tableau de l'école des Clouet. Musée du Louvre, tableaux, école française, n° 121.

Mémoires de Martin du Bellay. Paris, P. l'Huillier, 1569.
In-fol.

Un exemplaire de cet ouvrage a une reliure admirable
faite en l'honneur de Catherine de Médicis, présentant les emblèmes, chiffres et monogrammes de cette

reine, avec sa devise de veuve, peints sur les plats ; une montagne de chaux vive, sur laquelle tombent des larmes et ce vers latin à l'entour.

> Ardorem extincta testatur vivere flamma.

Ce volume est dans la bibliothèque Motteley, au Louvre. P. L. Jacob ; Curiosités, etc. p. 177.

Monnaie de Charles IX. Partie d'une pl. in-4 en haut. Du Cange ; Glossarium, 1840, t. IV, pl. 16, n° 4.

Deux monnaies du même de l'année 1569. Partie d'une pl. in-8 en haut. Berry ; Études, etc., pl. 56, n°s 5, 9, t. II, p. 433, 436.

Monnaie de Cambray. Petite pl. grav. sur bois. Ordonnance, etc. Anvers, 1633, feuillet L. 5.

Mereau de l'église de Saint-Amé de Douai. Partie d'une pl. in-8 en haut., lith. Dancoisne et Delanoy ; Recueil de monnaies — l'histoire de Douai, pl. 8, n° 2, p. 61. = Petite pl. grav. sur bois. De Fontenay ; Manuel de l'amateur de jetons, p. 90, dans le texte.

Trois mereaux des chanoines de Douai, dont l'un porte cette date. Petites pl. grav. sur bois. De Fontenay ; Nouvelle étude de jetons, p. 144, 145, dans le texte.

Jeton de la chambre des comptes de Bourgogne. Petite pl. grav. sur bois. De Fontenay ; Nouvelle étude de jetons, p. 118, dans le texte. = Petite pl. grav. sur bois. De Fontenay ; Manuel de l'amateur de jetons, p. 336, dans le texte.

Jeton de la chambre des comptes de Besançon, sous
　　Charles IX. Petite pl. grav. sur bois. Rossignol ; Des
　　libertés de la Bourgogne, p. 34, dans le texte.

1569.

Deux Monnaies de Charles II, duc de Lorraine, vulgai-
　　rement appelé Charles III ou le grand duc. Partie
　　d'une pl. in-4 en haut., lith. De Saulcy ; Recherches
　　sur les monnaies des ducs héréditaires de Lorraine,
　　pl. 20, n°s 2, 3.

Médaille de Jeanne d'Albret et de Henri, son fils
　　(Henri IV), reine et roi de Navarre. Petite pl. en
　　larg. Köhler, t. IX, p. 97, dans le texte.

1570.

Tombe de Nicolas Grenier, en pierre, à droite en en-
　　trant dans la chapelle de Saint-Denis, derrière le
　　chœur de l'église de l'abbaye de Saint-Victor de Paris.
　　Dessin in-8. Recueil Gaignières à Oxford, t. II, f. 67.

1570.
Janvier 6.

Monument élevé à Philibert de Lorme, au Musée des
　　Monuments français. Partie d'une pl. in-8 en larg.
　　Al. Lenoir ; Musée des monuments français, t. V,
　　pl. 212, n° 469.

Février 3.

　　　Le texte est tome IV, p. 92.

Buste de Philibert de Lorme, bas-relief en bronze, du
　　Musée du Louvre. Partie d'une pl. grand in-4 en
　　larg. De Clarac ; Musée de sculpture, pl. 1120-1121.

Portrait du même, d'après un dessin attribué à Janet.

1570.
Février 3.

Pl. in-8 en haut. Al. Lenoir; Musée des monuments français, t. VIII, pl. 261.

Portrait de Philibert de Lorme, en buste, coiffé d'une toque, les deux bras le long du corps, tourné un peu à gauche. Sans aucune légende. Estampe in-4 en haut., grav. sur bois.

Mars 28.

« La rencontre des 2. armees francoyse faicte au passage de la riuiere du rosne en dauphiné le 28. Mars. 1570. » Vers le haut et au delà du Rhône, qui traverse la composition, on voit la ville et le château du Pouzin. Sur le devant, un corps de cavalerie charge un corps d'infanterie; mais il est attaqué par derrière par cinq enseignes d'arquebusiers. A gauche, en bas : « Perrissim . fecit . 1570 » (Perrissin). Les lettres capitales A à Q indiquent les renvois aux légendes qui sont au-dessous de la planche en quatre colonnes. Le titre et les légendes sont imprimés en caractères typographiques. Grav. sur bois. Pl. in-fol. en haut. *Rare.* Cette pièce est le n° 40 et dernier du Recueil de Jean Tortorel et Jacques Perrissin.

Voir à 1559, juin, 10.
J'ai trouvé quatre variantes du texte imprimé, trois en français et une en allemand.

La rencontre des deux armées francoises faite au passage de la riviere du rosne, avec légende allemande. Pl. grav. sur cuivre in-4 en larg. Courte notice, etc., n° 32. Copie de la pl. du Recueil de Tortorel et Perrissin, n° 40. Voir à 1559, juin, 10.

Arrivé au dernier article des planches du Recueil de Jean Tortorel et Jacques Perrissin, je crois devoir rappeler ici en

peu de mots les observations que j'ai déjà exposées quant à
l'étendue et à la multiplicité des détails que j'ai donnés sur les
planches de ce recueil. On a vu ces observations dans la table
des auteurs (tome II, p. xciv) et dans les textes de l'ouvrage,
aux dates de chacune des planches.

Dans les examens de ces nombreuses planches, on a reconnu
à quel point elles sont importantes pour les époques de notre
histoire auxquelles elles se rapportent.

Sous le rapport de la publication même de ce recueil, il faut
penser aux difficultés que présentaient les moyens mêmes
d'exécution lors de son apparition. Ajoutons encore que, depuis cette époque, aucun recueil relativement aussi important
n'a été publié.

Ce sont ces considérations de diverses natures qui m'ont
porté à entrer dans les détails minutieux que j'ai donnés, et je
pense que les lecteurs qui auraient pu parfois trouver ces détails trop étendus, reconnaîtront tous les genres d'intérêt que
présente cet admirable recueil.

1570.
Mars 28.

Deux médailles de Charles IX, à l'occasion de la paix
avec les protestants. Petite pl. Luckius ; Silloge numismatum, etc., dans le texte, p. 235.

Août 15.

Monnaie de Maximilien de Berghes, archevêque de
Cambray. Petite pl. grav. sur bois. Ordonnance, etc.
Anvers, 1633, feuillet F. 4.

Août 29.

Monnaie du même. Petite pl. grav. sur bois. Du Cange ;
Glossarium novum, 1766, t. II, p. 1327, dans le
texte.

Dix monnaies du même. Partie de deux pl. in-4 en
haut. Tobiesen Duby, pl. 5, n°s 3 à 9 ; pl. 6, n°s 1
à 3.

Monnaie du même. Partie d'une pl. in-fol. en haut.

<table>
<tr><td>1570.
Août 29.</td><td>Trésor de numismatique et de glyptique. Histoire par les monuments de l'art monétaire chez les modernes, pl. 19, n° 11 (texte n° 12).</td></tr>
</table>

Deux monnaies du même. Partie d'une pl. in-4 en haut. Poey d'Arant, pl. 22, n°s 6-7, p. 404.

<table>
<tr><td>Nov. 26.</td><td>Portraits de Charles IX et de Élisabeth d'Autriche, sa femme, à mi-corps, en regard. Entre eux est un cartouche sur lequel on lit : Carolus IX. Dei gracia Francorū Rex. Elisabeth, Dei gracia Regina Franciæ,» dans un médaillon ovale en larg., entouré de quatre enfants, oiseaux, fleurs, etc. Pl. in-fol. mag° en larg., grav. sur bois. Très-rare.</td></tr>
</table>

Portraits des mêmes, en buste, en regard, dans une bordure d'ornements et figures. Estampe in-fol. mag° en larg., grav. sur bois. <i>Rare.</i>

Portraits des mêmes, en buste, en regard ; médaillons ovales. Autour, le nom. En bas, 1571. Deux pl. in-8 en haut.

<table>
<tr><td>1570.</td><td>Grande composition historique sur les affaires du temps. On voit à gauche un monstre, la gueule ouverte, représentant la porte de l'enfer. Toute la pièce est couverte de sujets religieux et autres, représentés en un grand nombre de personnages, avec des légendes en français et en allemand. Estampe in-fol. mag° en larg., en trois feuilles. Très-rare.</td></tr>
</table>

Composition représentant l'église du Christ attaquée par des personnages qui en font le siége, le duc d'Albe,

le cardinal de Lorraine, l'antechrist, l'inquisition es-
pagnole, etc. Légendes en allemand et en français.
Estampe in-fol. en larg. *Rare.*

Tombeau de Claude Gouffier, grand Escuier de France,
chevalier de l'ordre, au milieu de la chapelle de
Saint-Jean, à droite du chœur de l'église de Saint-
Maurice d'Oiron. Deux dessins in-fol. en haut. Bibliothèque impériale, boetes de l'ordre du Saint-Esprit, Gouffiers.

> Il fit son testament le 3 juin 1570, et mourut la même an-
> née, fort âgé. La Chenaye-Desbois.

Portrait du même, avec un saint debout, au retable de
l'autel de la chapelle du château d'Oiron. Dessin colorié en haut. Gaignières, t. VIII, 32.

Figuré du même. Au-dessous sont six écussons des
Gouffiers, tirés d'une tapisserie. Pl. in-fol. en haut.
Montfaucon, t. IV, pl. 46.

Portrait du même. Tableau de l'école française du
xvie siècle. Musée de Versailles, n° 3133.

Divers écussons de la famille de Gouffier, seigneur de
Boisy, etc., etc. Dessin in-fol. en haut. Bibliothèque
impériale, boetes de l'ordre du Saint-Esprit, Gouffiers.

Portrait de Francesco Primaticcio, à mi-corps, tourné
à gauche. *Boulonois fe.* In-4 en haut. Bullart, t. I,
p. 417, dans le texte.

1570.

Novem cantica de Pace.... Neuf cantiques on sonnetz de la paix, a Charles neufiesme, Roy de France, par Jean Dorat, poete de Sa Maiesté. Lutetiæ, 1570. In-4 de douze feuillets. Cet opuscule contient :

Figure représentant trois personnages, l'Empire entre la Prudence et la Concorde. On lit en haut : REGIÆ MAJESTATI SACRUM. Pl. petit in-4 en haut., grav. sur bois, au feuillet 2, verso.

Plan de Paris figuré, qui est très-probablement du temps du règne de Charles IX et qui était dans la bibliothèque de Saint-Victor. Copie gravée et dédiée à l'archevêque de Paris, Christophe de Beaumont (1746-1781), par G. Dheulland. Grandissime pl. en larg. (92 78 ᶜᵉⁿᵗ·).

Costumes d'un seigneur et de sa famille, vitrail de l'église de Saint-Étienne de Beauvais. Pl. coloriée in-fol. en haut. Willemin, pl. 242.

> Cette belle peinture sur verre représente saint Eustache, une femme et deux jeunes garçons. Ces personnages portent les costumes de l'époque où la peinture a été faite ; et l'on pense qu'ils offrent les images de Charles IX et d'Isabelle d'Autriche, sa femme. Mais Charles IX n'eut qu'uue fille. On attribue cette peinture à Angrand ou Enguerrand-le-Prince, célèbre peintre sur verre, natif de Beauvais ; mais, si la mort de cet artiste est exactement fixée, à 1530, il ne peut pas avoir peint Charles IX, né en 1550.

Camée représentant un buste de femme, costume du règne de Charles IX, monté en or émaillé. Musée du Louvre, bijoux, nᵒ 818. Comte de Laborde, p. 377.

Poudrière en corne de cerf sculptée, de l'époque de 1570.
Charles IX. Musée de l'artillerie; De Saulcy, n° 2594.

Deux plaques de verrou, en fer, ornées des armes de
France, du chiffre de Charles IX, et de sa devise
figurée. Musée du Louvre, objets divers, n°ˢ 996,
997. Comte de Laborde, p. 400.

Divers sceaux de la famille de Chabannes, du xvᵉ et
du xvɪᵉ siècle, jusque vers 1570. Petites pièces des-
sinées et grav. Bibliothèque impériale, manuscrits,
boetes de l'ordre du Saint-Esprit. Chabannes.

Médaille de Henri de Lorraine Iᵉʳ du nom, duc de
Guise, comte d'Eu, et de Catherine de Clèves, comtesse d'Eu, souveraine de Château-Renault, duchesse
de Guise, sa femme. Partie d'une pl. in-fol. en haut.
Calmet; Histoire de Lorraine, t. V, pl. 2, n° 42.

> Leur mariage eut lieu en 1570.

Lettres patentes du Roy sur le descry de certaines pieces
d'argent forgées en Flandres, appelées Philippes Dal-
les, etc. (du 4 juillet 1570) Paris, Jean Dallier, 1570.
In-12, lettres rondes, fig. Cet opuscule contient :

Quatre monnaies de Flandres et de Bourgogne. Petites
pl. grav. sur bois, aux feuillets B iij et suivant.

Ordonnance du Roy sur les monnoyes du 30 août
1570, etc. Paris, Guill. de Niuerd. In-12, fig. Cet opuscule contient :

Figures représentant des monnaies. Petites pl. grav.
sur bois, dans le texte.

1570.   Figure représentant l'écusson de France, soutenu par deux anges. Pl. in-12, grav. sur bois, feuillet dernier, verso.

Jeton de François, duc d'Alençon, fils de Henri II. Petite pl. grav. sur bois. De Fontenay; Manuel de l'amateur de jetons, p. 152, dans le texte.

Il mourut le 10 juin 1584.

Jeton du même. Petite pl. grav. sur bois. Idem; Nouvelle étude de jetons, p. 54, dans le texte.

Monnaie de Louis II de Bourbon, duc de Montpensier, prince de Dombes. Partie d'une pl. in-fol. en haut. Trésor de numismatique et de glyptique. Histoire par les monuments de l'art monétaire chez les modernes, pl. 18, n° 4.

Il mourut le 23 septembre 1582.

Mereau de la Sainte-Chapelle de Paris. Petite pl. grav. sur bois. De Fontenay; Nouvelle étude de jetons, p. 149, dans le texte. = Petite pl. grav. sur bois. Idem; Manuel de l'amateur de jetons, p. 217, dans le texte.

Monnaie de Pie V, pape, frappée à Avignon. Petite pl. grav. sur bois. Ordonnance, etc. Anvers, 1633, feuillet E, 6.

Pie V mourut le 1er mai 1572.

1570?   Tapisserie représentant l'histoire du fort roy Clovis, donnée à l'église de Notre-Dame de Reims par le

cardinal Charles de Lorraine, en 1573, conservée à
Reims. Quatre pl. in-fol. m° en larg. et en haut.
Louis Paris; Toiles peintes et tapisseries de la ville
de Reims. Introduction et Atlas.

1570?

> Ces tapisseries sont fort intéressantes sous le rapport des
> costumes, des armures et d'autres détails du temps où elles
> ont été exécutées.
>
> L'ouvrage de M. L. Paris renferme, outre ce qui se rap-
> porte à ces tapisseries elles-mêmes, des détails sur l'abandon
> et les dégats qu'ont souffert, depuis 1792, ces tapisseries et les
> toiles peintes du siècle précédent, qui étaient dans les églises
> de Reims.

Vitrail de l'église de Saint-Vincent de Rouen représentant un miracle opéré par saint Antoine de Padoue,
à Toulouse. Pl. in-8 en haut. Séances publiques de
la Société libre d'émulation de Rouen, 1823, pl. 5.

Genealogie de la tresillustre et Royale maison de Lorraine. Dédiée par Ronsard à Charles, cardinal de
Lorraine. Estampe représentant l'arbre généalogique
de cette famille. En bas, la dédicace et une figure
de Charlemagne. Deux feuilles in-fol. m° en haut.

Histoire des rois de France jusqu'au règne de François II,
dédié à Charles IX par Dutillet. Manuscrit sur vélin, in-
fol., maroquin citron et rouge. Bibliothèque impériale,
manuscrits, ancien fonds français, n° 8410, B (réserve),
Ce volume contient :

Miniature représentant l'écusson de France. In-fol. en
haut., en tête du volume.

Trente miniatures représentant les portraits de trente

rois de France, depuis Clovis Ier jusqu'à François Ier.
Ils sont représentés en pied, debout ou assis, dans
un cadre d'ornements. Sur celui de Chilpéric, fils du
roi Clotaire, est placé le portrait de la reine Frédé-
gonde, sa femme. Pièces in-fol. en haut., dans le
texte.

Quelques miniatures représentant des blasons de princes de la maison de France. Petites pièces, dans
le texte.

Des miniatures représentant des ornements divers, où
l'on voit des figures, des fleurs et fruits, des insec-
tes, etc. Pièces de diverses grandeurs, dans le texte.

> Ces miniatures sont d'un très-beau travail et d'une grande
> finesse d'exécution.
>
> Elles représentent avec quelque fidélité les parties de vête-
> ments et les insignes des rois ; mais les physionomies sont ima-
> ginaires, sauf pour les quatre derniers portraits, qui sont ceux
> de Louis XI, Charles VIII, Louis XII et François Ier.
>
> Ce manuscrit, un des plus beaux de la Bibliothèque impé-
> riale, est d'une très-bonne conservation.
>
> Il paraît certain que ce manuscrit fut fait pour le roi Char-
> les IX.

Figures d'après des miniatures de ce manuscrit, savoir :
Willemin. Pl. in-fol. en haut., pl. 32, 80, 120, 163,
237. = Beaunier et Rathier. Pl. in-fol. en haut., pl.
97. = Comte de Viel-Castel. Pl. in-4 en larg. et en
haut., coloriées, pl. 204, 231. = Lacroix. Pl. in-4 ;
Le moyen âge et la Renaissance, t. II. Miniatures,
pl. 19, t. III. Corporations de métiers, 3. Modes et
costumes, 5, 5, 5.

L'arbre de l'amour de sapience dit de philosophie mere de 1570?
toutes sciences, dedié a tres haulte tres illustre et tres
genereuse princesse Madame Marguerite de France,
sœur du Roy, par Guy de la Garde. Manuscrit sur papier
du xvi⁰ siècle. In-fol., veau marbré. Bibliothèque de
l'Arsenal, manuscrits français, sciences et arts, n° 15. Ce
volume contient :

Miniature representant un arbre sur les branches duquel sont inscrites les indications des diverses sciences. Au bas, on voit Apollon et les Muses ; à droite
est l'auteur, assis et écrivant ; au fond, à droite, six
personnages assis, parmi lesquels on peut recon-
naître le roi Charles IX. Près de l'arbre est un petit
cartouche sur lequel on lit le titre ci-dessus, et l'é-
cusson de France. Pièce in-fol. en haut., en tête du
volume.

> Cette miniature est d'un fort bon travail, très-curieuse par
> son sujet et sa composition. La conservation n'est pas bonne.

Médaille relative aux trois mariages du prince Nicolas
de Vaudemont, régent de Lorraine, sous la minorité
du duc Charles III, son neveu. Partie d'une pl. in-
fol. en haut. Calmet ; Histoire de Lorraine, t. II,
pl. 4, n° 74.

Portrait de la marquise d'Elbeuf. Dessin ou tableau du
temps, dessin aux deux crayons, in-fol. en haut.
Gaignières, t. IX, 58.

Portrait en buste de Louise de Rieux, comtesse d'Har-
court, femme de René de Lorraine, marquis d'Elbeuf,
frère de François de Lorraine, duc de Guise, d'après

un dessin du cabinet de M. de Gaignières. Partie d'une pl. in-fol. en haut. Montfaucon, t. V, pl. 44, n° 2.

Médaille de François de Billon, secrétaire du cardinal Jean du Bellay, auteur de l'ouvrage intitulé : *Fort inexpugnable de l'honneur du sexe feminin*. Il vivait encore en 1566. Partie d'une pl. in-fol. en haut. Trésor de numismatique et de glyptique. Médailles françaises, 1re partie, pl. 51, n° 3.

Portrait de Louis de la Mothe, maître des requêtes du duc de Lorraine, en buste, tourné à gauche. Cadre d'ornement; au bas, le nom en latin, 1570. Ce cadre, ayant aux côtés les figures de la bonne et de la mauvaise fortune, est surmonté d'un squelette. Légendes latines et le monogramme de Pierre Woeiriot. Estampe in-8 en haut. Robert-Dumesnil, t. VII, p. 113.

Portrait de Louis Desmazures, poëte lorrain, en buste, tourné à droite. Bordure d'ornements, sur laquelle sont les figures de Virgile et d'Ovide. En bas, une tablette entre deux figures et le nom en latin, *Petrus Woeiriot lotaringo* 1560, *inuē faciebat*. Estampe in-8 en haut. Robert-Dumesnil, t. VII, p. 109.

Homme à mi-corps tenant un chat. A gauche, un dialogue entre Catin, nourrice, et Goguelu, frippon, en douze vers. Caricature. Estampe in-fol., grav. sur bois.

Cette épreuve me semble être seulement la moitié de l'estampe.

Platine d'un fusil de Charles IX, avec un bas-relief re-   1570?
présentant une chasse au cerf. Partie d'une pl. in-
fol. en haut. Trésor de numismatique et de glyptique. Recueil général de bas-reliefs et d'ornements,
pl. 35, n° 4.

Poire à poudre du temps de Charles IX, avec un bas-
relief représentant la résurrection de Jésus-Christ.
Musée d'artillerie, n° 2581. Partie d'une pl. in-fol.
en haut. Trésor de numismatique et de glyptique.
Recueil général de bas-reliefs et d'ornements, pl. 35,
n° 2.

Dessins propres aux joaillers et bijoutiers. Ils représentent des compositions de figures diverses ornées de
bijouteries. *Paul*es *de la Houue excud.* Dix estampes
grav. par René Boyvin, in-12 en larg. Robert-Dumesnil, t. VIII, p. 74.

Ancienne grande couronne du chœur de l'église de Saint-
Remi, à Reims, d'après un dessin de Jacques Cellier,
Remois, et offert par lui à Charles IX. Partie d'une
pl. in-4 en haut., lithogr. Prosper Tarbé ; Trésors
des églises de Reims, à la p. 215.

Monnaie de Madeleine de Bourbon, abbesse de Sainte-
Croix de Poitiers. Partie d'une pl. in-fol. en haut.
Trésor de numismatique et de glyptique. Histoire par
les monuments de l'art monétaire chez les modernes,
pl. 23, n° 16.

Monnaie des comtes de Rhodez. Deux petites pl. Thevet ; Cosmographie, t. II, f. 527.

1571.

Portrait de Odet de Coligny, cardinal, archevêque de Toulouse, évêque et comte de Beauvais, à mi-corps, tourné à gauche. Médaillon ovale; autour, le nom. *Rabel excude*. Estampe grav. par Jean Rabel, in-16 en haut. Robert-Dumesnil, t. VIII, p. 132.

> Odet de Coligny fut évêque de Beauvais du 20 octobre 1535 au 31 mars 1563, archevêque de Toulouse du . . . . 1533 au 23 octobre 1553, et de nouveau de janvier 1560 au . . . . . . 1562.
>
> Il embrassa la religion calviniste sur la fin de l'année 1561, sans cependant abandonner ses bénéfices, et mourut à Cantorbéry le 14 février 1571.

Portrait du même, à mi-corps, tourné à droite. Pl. in-4 en haut. Mémoires de Condé, t. II, p. 11. = Même pl. Velly, Villaret et Garnier; Portraits, t. III, p. 16.

Portrait du même. Tableau de l'école française du XVIᵉ siècle. Musée de Versailles, n° 3126.

« Bref et sommaire recueil de ce qui a esté faict, et de l'ordre tenüe à la ioyeuse et triumphante Entree de tres-puissant, tres-magnanime et tres-chrestien Prince Charles IX, de ce nom Roy de France, en sa bonne ville et cité de Paris, capitale de son Royaume, le Mardy sixieme iour de Mars, avec le coronnement de tres-haute, tres-illustre et tres-excellente Princesse Madame Elisabet d'Autriche son espouse, le Dimanche vingt-cinquieme, et entree de ladicte dame en icelle ville le Lundi xxix, dudict mois de Mars M. D. LXXI par Simon Bouquet, un des quatre eschevins de Paris. — Pa-

ris. De l'Imprimerie de Denis du Pré, pour Oliuier   1571.
Codoré. — 1572. — In-4, lettres rondes, de savoir :   Mars 6.
54 feuilles pour l'entree du Roi,
10   —   pour le couronnement de la Reine, 1571,
27   —   pour l'entree de la Reine.
—
91
—

Rare. Ce volume contient les planches suivantes :

A l'entrée du Roi.

1. Arc de triomphe qui était placé à la porte Saint-Denis, sur l'entablement duquel sont l'écu de France et deux guerriers représentant Francion et Pharamond. En bas, à chaque côté de la porte, sont deux niches; dans l'une, la figure de la Majesté, et dans l'autre, celle de la Victoire, grav. sur bois, in-4 en haut., au feuillet 13.

2. Fontaine qui était placée à la fontaine du Ponceau, rue Saint-Denis, représentant en haut une figure de femme tenant une carte de la France, sur laquelle on lit : GALLIA. Au-dessous, trois figures de femmes. Le soubassement offre deux fontaines de dauphins, grav. sur bois, in-4 en haut., au feuillet 18.

3. Arc triomphal d'ordre corinthien, qui était placé à la porte aux Peintres. Sur l'attique, on voit au milieu un vase soutenu par des enfants, à gauche la statue d'Henri II entre deux colonnes, et à droite, Hercule et Antée. En bas, à chaque côté de la porte, est une niche; dans celle à gauche, la statue de la Ville de Paris, et dans celle à droite, celle du Génie de la France, grav. sur bois, in-4 en haut., au feuillet 22.

4. Statue de Junon, qui était placée devant le Sépulcre.
Elle est debout, tenant un sceptre, le paon à ses
pieds, sur un piédestal orné d'aigles, élevé sur un
stylobate, grav. sur bois, in-4 en haut., au feuillet 28.

5. Statue du dieu Hyménée, qui était placée devant la
fontaine de Saint-Innocent. Il est debout, tenant son
flambeau, ayant à ses côtés un amour et la figure de
la Jeunesse, et sur un piédestal orné d'aigles qui
est élevé sur un stylobate. Deux jets de fontaine
tombent de chaque côté, grav. sur bois, in-4 en
haut., au feuillet 30.

6. Grand tableau peint qui était placé devant le Chastelet, sur la place nommé l'Apport de Paris. Il représente une place ornée de colonnades; au milieu
est un trône sur lequel est placée une figure représentant la Majesté : MAJESTAS. A ses côtés sont les
figures de la Piété et de la Justice, de la Crainte, de
la Pudeur, de la Félicité et de l'Abondance, grav.
sur bois, in-4, pl. double en larg., entre les feuillets
32 et 33.

7. Arc de triomphe qui était placé à l'entrée du pont
Notre-Dame. Il est formé de rochers couverts de
plantes; en haut de la voûte sont les figures d'un
fleuve et d'une rivière, la Seine et la Marne. Dessus
l'arc on voit un vaisseau, symbole de la ville de
Paris, et Castor et Pollux, grav. sur bois, in-4 en
haut., au feuillet 35.

8. Décoration intérieure du pont Notre-Dame; elle est

ornée de statues, guirlandes, armoiries, caissons, etc.,
grav. sur bois, in-4 en haut., entre les feuillets 36
et 37.

9. Cavalier allant à gauche, l'un des cent à six-vingt
jeunes hommes, enfants des principaux bourgeois et
marchands de Paris, qui s'étaient organisés et exer-
cés pour cette entrée, grav. sur bois, in-4 en haut.,
au feuillet 42.

10. Présent offert par la ville de Paris au Roi, et qui
lui fut présenté le lendemain de son entrée par le
prévôt des marchands et les échevins. Il représente
un plateau sur lequel est un char traîné par deux
lions et allant à droite. Dans ce char sont Cybèle,
Neptune, Pluton et Junon, représentant la reine-
mère, les frères et la sœur du Roi. Derrière le char
sont deux colonnes surmontées d'une statue équestre
du Roi ; de plus, divers attributs, figures, bas-reliefs.
Ce monument était fait « de fin argent doré d'or de
ducat cizelé, buriné et conduict d'une telle manufac-
ture que la façon surpassoit l'estoffe. » Grav. sur
bois, in-4 en haut., au feuillet 54 et dernier.

A l'entrée de la Reine, qui eut lieu le 29 mars.

11. Arc de triomphe qui était placé à la porte Saint-
Denis, semblable pour le bas à celui du n° 1. Au-
dessus sont les écussons du Roi et de la Reine, sur-
montés d'une couronne soutenue par deux nymphes,
et les statues de Pépin et de Charles Martel, grav.
sur bois, in-4 en haut., au feuillet 4.

12. Fontaine qui était placée à la fontaine du Ponceau, rue Saint-Denis, semblable pour le bas à celle du n° 2. En haut est une statue représentant la reine-mère tenant d'une main une couronne et répandant des fleurs de l'autre, grav. sur bois, in-4 en haut., au feuillet 5.

13. Arc de triomphe qui était placé à la porte aux Peintres, semblable pour le bas à celui du n° 3. Sur l'attique sont placés, au milieu, le Rhône et le Danube supportant le globe terrestre; à gauche, la statue d'Henri II, en habits impériaux, et à droite, celle de Charles IX, grav. sur bois, in-4 en haut., au feuillet 8.

14. Statue de Junon qui était placée devant le Sépulcre, semblable pour le piédestal et le stylobate à celle du n° 4. La déesse tient un nœud gordien, grav. sur bois, in-4 en haut., au feuillet 9.

15. Statue de Saturne, qui était placée devant la fontaine de Saint-Innocent, semblable pour le piédestal et le stylobate au n° 5. Ce dieu tient un navire et une faucille, grav. sur bois, in-4 en haut., au feuillet 10.

16. Arc de triomphe qui était placé à l'entrée du pont Notre-Dame, semblable pour l'arc lui-même à celui du n° 7. Dessus l'arc, on voit un taureau sur lequel est assise une femme représentant l'Asie, « pour signifier que tout ainsi que l'ancien Juppiter en pareille forme rauit Europe (que iceux Francois et allemans avec leurs confederez occupent) aussi le

Juppiter nouueau, ou Daulphin de France qui doit
sortir de ce mariage rauira l'Asie, et le reste du
monde pour ioindre à son Empire, et soy faire mo-
narque de l'vniuers. » Grav. sur bois, in-4 en haut.,
au feuillet 12.

Ce volume est curieux sous le rapport des usages et des
mœurs du temps. On a vu, par deux fragments du texte, de
quel style il est écrit. Sur les monuments élevés pour cette
entrée, étaient inscrits quelques vers latins et beaucoup de vers
français composés par Pierre de Ronsard et Simon Bouquet,
auteur du livre. Toutes ces poésies sont insérées dans ce volume. Au commencement on lit deux sonnets ; l'un rempli
d'affectation et de mauvais goût de ce célèbre poëte Ronsard,
l'autre de Simon Bouquet, homme et poëte inconnu, qui, sauf
les locutions du temps, contient de nobles pensées, exprimées
avec un style élevé.

Bref et sommaire recueil de ce qui a esté faict et de l'ordre
tenue à la joyeuse et triomphante entrée de tres puissant, tres magnanime et tres chrestien prince Charles IX
de ce nom, roy de France en sa ville de Paris, — avec
le couronnement de — Madame Elizabet d'Autriche,
son espouse. Paris, Denis du Pré, pour Olivier Codoré,
1572.

Cinq décorations copiées des planches de cet ouvrage.
Deux pl. in-8 en larg. Revue archéologique, 1848,
pl. 103-104.

L'article sur ce volume qui accompagne ces deux planches,
contient des détails curieux sur cette entrée de 1571 ; extraits
des registres de l'hôtel de ville de Paris. Cet article est de
M. Douet d'Arcq. Idem, pages 519, 573 et 661.

C'EST L'ORDRE ET FORME QVI A ESTE TENV AV   Mars 25.
sacre et couronnement de tres-haute, tres-excellente,

tres-puissante princesse Madame ELISABET d'Austriche,
Reine de France : faict en l'Eglise de l'Abbaie Sainct
Denis en France, le vingt cinquiesme iour de Mars,
1571. A PARIS, *pour Oliuier Codore*, 1571. In-4, dix
feuilles. Cet opuscule contient l'estampe suivante :

Un héraut à cheval sonnant de la trompette, allant à
droite. Vignette ; grav. sur bois, sur le titre.

C'est l'ordre et forme qui a este tenu au sacre et couronnement de tres-haute, tres-excellente et tres-puissante
princesse Madame Elisabet d'Austrice, Roine de France,
le vingt cinquiesme iour de Mars 1571. Paris, Denis du Pré
pour Olivier Codoré, 1571. In-4. Cet ouvrage contient :

Figure représentant un héraut à cheval, allant à droite.
Petite pl. sans bords, sur le titre.

Après cet ouvrage, contenant dix feuillets, suit une congra-
tulation en vers par E. Pasquier, Parisien, de dix feuillets,
dont un blanc.
Vient ensuite l'ouvrage suivant :

L'ordre tenu à l'entrée de tres-haute et tres-chrestienne
Princesse Madame Elizabet d'Autrische, Royne de
France. Le commencement du texte porte que cette
entrée eut lieu le 29 mars 1571. In-4 de 26 feuillets,
plus une inscription latine de Simon Bouquet. Cet ouvrage contient :

Figure représentant un arc de triomphe orné de statues ; en haut, les écussons du roi et de la reine,
sur lesquels est une couronne soutenue par deux
nymphes. Pl. in-4 en haut., grav. sur bois, au feuillet 4, recto, dans le texte.

Figure représentant une fontaine à deux tuyaux d'eau, sur laquelle est une femme nue tenant une couronne et répandant des fleurs ; elle est posée sur un soubassement, sur les côtés duquel sont les trois Grâces assises. Pl. in-4 en haut., grav. sur bois, au feuillet 5, recto, dans le texte.

1871. Mars 29.

Figure représentant un arc de triomphe, orné de statues. Au-dessus, sont deux personnages portant le globe. Pl. in-4 en haut., grav. sur bois, au feuillet 8, recto, dans le texte.

Figure représentant un soubassement, sur lequel est placée la statue de Junon, tenant le nœud gordien. Pl. in-4 en haut., grav. sur bois, au feuillet 9, recto, dans le texte.

Figure représentant la statue de Saturne, tenant un vaisseau et une serpe, sur un piédestal duquel sortent deux fontaines. Pl. in-4 en haut., grav. sur bois, au feuillet 10, recto, dans le texte.

Figure représentant un arc de triomphe en rocailles, sur lequel est un taureau portant une nymphe. Pl. in-4 en haut., grav. sur bois, au feuillet 12, recto, dans le texte.

Ces planches ont été déjà décrites partiellement à l'article précédent de l'entrée du roi Charles IX.

Le magnifique triomphe et ésiouissāce des Parisiēs faictes en la decoratiō des entrées du très chrestien Roy Charles faicte le. . . . mars (en sa ville de Paris) Et de la Royne

1571.
Mars 29.

(son espouse) faicte le xxix dudict mois. Lan mil cinq cens soixante et unze, par N. N. D. L. F. Paris, G. de Nyverd. In-12, fig. Ce volume contient :

Portrait de Charles IX, en buste, tourné à droite. Médaillon ovale formé par la légende contenant le nom. Pl. in-12 en haut., grav. sur bois. Au-dessous, quatre vers imprimés : « Unze ans m'ont veu, etc. » Au feuillet 1, verso.

Le magnifique triomphe et esjouissances des Parisiens, faictes en la decoration des entrées du très-chrestien Roy Charles (IX) faicte le vi mars (en sa ville de Paris), et de la Royne (son espouse) faitcte le xxix dudit mois, l'an 1571, par N. D. L. F., en vers. Paris, G. de Nyverd. In-8, fig. Ce volume contient :

Portrait de Charles IX, en buste, dans un médaillon ovale, in-12 en haut., grav. sur bois. Au-dessous, des vers imprimés, au feuillet 1, verso.

Portrait d'Élisabeth, sa femme. Idem, au feuillet 2, recto.

Septemb. 20. Figure de Guillemette de Sarrebruche, comtesse de Braine, dame de Pontary, etc., femme de Robert de la Mark, maréchal de France, gouvernante de Mesdames, filles de France, sur son tombeau, dans une chapelle de l'église de Saint-Yred de Braines. Dessin in-fol. en haut. Gaignières, t. IX, 27. = Partie d'une pl. in-fol. en larg. Montfaucon, t. V, pl. 47, n° 1.

Octobre 5. Figure de Claude d'Espence, docteur en Sorbonne et recteur de l'Université de Paris, sur son tombeau,

à Saint-Côme de Paris. Partie d'une pl. in-4 en 1571.
larg. Millin; Antiquités nationales, t. III, n° xxxv, Octobre 5.
pl. 2, n° 1.

Portrait de François de Scépaulx, sire de Vieilleville, Nov. 30.
 maréchal de France, en buste, tourné à droite. Médaillon ovale; autour le nom. En bas, le monogramme de Pierre Woeiriot, 1564. Estampe in-12
 en haut. Robert-Dumesnil, t. VII, p. 121.

Portrait du même. Tableau de l'école française du
 xvi⁰ siècle. Musée de Versailles, n° 3128.

Portrait de François de Kernevenoy ou de Carnavalet, 1571.
 gouverneur d'Anjou, etc. Tableau de l'école française du xvi⁰ siècle. Musée de Versailles, n° 3157.

Portrait de Claude de Beaune, dame de Châteaubrun,
 duchesse de Rouennois, en buste, tête vue de trois
 quarts, tournée à gauche. En haut : 1563. Tableau
 de l'école des Clouet. Musée du Louvre, tableaux,
 école française, n° 125.

Emblemes et devises chrestiennes, composée par Damoi-
 selle Georgette de Montenay. Lyon, Jean Marcorelle,
 1571. Petit in-4, fig. Ce volume contient :

Portrait de Georgette de Montenay, assise de face à une
 table, sur laquelle on voit un luth, une feuille de
 musique et un livre; elle tient de la main droite
 élevée une plume en posant l'autre sur une feuille
 de papier, où elle a déjà écrit : *O plume en la main
 non vaine.* Sur le manche du luth : 1567. Dans une

1571.   tablette en haut, le nom. En bas, huit vers : *D'af-fection, zèle et intelligence*, etc. A la droite   (Geor-gette de Montenay). Estampe in-12 en haut.

> On connaît deux états de cette planche : 1. Celui décrit ;
> 2 La petite croix de Lorraine, marque de Woeiriot, a été en-levée, en en laissant quelques traces.

Cent planches représentant des emblèmes divers. Dans la première,, on voit Jeanne d'Albret, reine de Na-varre, construisant de sa main un temple. En haut : *Sapiens mulier ædificat domv ?*

> On connaît deux états de cette planche : 1. Celui décrit ; 2. Le mot *domv ?* a été corrigé : *doṁṽ.*
>
> Ces planches sont gravées par Pierre Woeiriot. Robert-Du-mesnil, t. VII, p. 58, 117.
>
> Il y a plusieurs autres éditions de cet ouvrage : Tiguri, Fros-choverat, 1584, in-4. — Cent emblèmes chrestiens, Hejdel-berg, 1602, in-4. — Livre d'armoiries, etc., J. Ch. Vinchel, à Francfort au Mayn (*sic*), 1619, in-8. — La Rochelle, Jean Dinct, 1620.
>
> Georgette de Montenay était dame de la cour de Jeanne d'Albret, reine de Navarre. On ignore la date de sa mort.

La fontaine des amoureux de science, compilee par mais-tre Jean de la Fontaine, de Valenciennes, reueue et mise en son entier auec les figures, par maistre Antoine du Moulin, Maconnois. Lyon, Jean de Tournes, 1571. Petit in-8, fig. Ce volume contient :

Figure représentant des fourneaux allumés sur lesquels sont des fioles ou des vases. Pl. in-16 en haut., grav. sur bois, dans le texte.

Médaille de Charles IX. Partie d'une pl. in-fol. en

haut. Trésor de numismatique et de glyptique. Médailles françaises, 1ʳᵉ partie, pl. 18, n° 6.

Médaille de Charles IX. Rev. Élisabeth d'Autriche.
Partie d'une pl. in-fol. en haut. Idem, pl. 19, n° 1.

Ensuyt le pris que les maistres des monnoyes et changeurs
seront tenuz donner au peuple, etc. Paris, Jean Dallier,
1570-1571. In-12, fig. Cet opuscule contient :

Figures représentant des monnaies. Petites pl. grav.
sur bois, dans le texte.

Ordonnance du Roy pour le reiglement general de ses
monnoyes (du 16 octobre 1571). Publié à Paris en sa
court de Parlement, le 23 may 1572. Paris, Jean Dallier, 1572. In-12, lettres rondes, fig. Ce volume contient :

Un grand nombre de monnaies françaises et étrangères.
Petites pl. grav. sur bois, dans le texte.

—

Monnaie de Charles IX. Petite pl. grav. sur bois. Ordonnance, etc. Anvers, 1633, feuillet D, 8.

Médaille de Louis II, duc de Bourbon-Montpensier,
prince de Dombes, relative aux monnoyers de Rouen
ou de Trevoux. Petite pl. grav. sur bois. Revue numismatique, 1851. P. Mantellier, p. 59, dans le
texte. — Répétée sur le titre du volume.

Deux mereaux aux armoiries de la ville de Dijon, des
années 1570 et 1571. Partie d'une pl. lith. in-8 en

1571.

haut. De Fontenay ; Fragments d'histoire métallique, pl. 13 (texte 4), n°s 1-2, p. 174.

Monnaie de Charles II, duc de Lorraine, vulgairement appelé Charles III ou le grand duc. Partie d'une pl. in-4 en haut., lith. De Saulcy ; Recherches sur les monnaies des ducs héréditaires de Lorraine, pl. 20, n° 4.

Monnaie de Philippe II, roi d'Espagne, duc de Brabant. Petite pl. grav. sur bois. Ordonnnance, etc. Anvers, 1633, feuillet P. 8.

Monnaie du même. Petite pl. grav. sur bois. Idem, feuillet Q, 5.

Monnaie du même. Petite pl. grav. sur bois. Idem, idem.

1571 ?

Monnaie de Magdeleine de Bourbon, fille de Charles de Bourbon, duc de Vendôme, abbesse de Sainte-Croix de Poitiers. Partie d'une pl. in-4 en haut. Tobiesen Duby ; Monnoies des barons, pl. 17.

1572.

1572.
Janvier 1.

Recueil des principaux Seigneurs qui passerent la mer auec Guillaume Conquereur d'Angleterre et de plusieurs autres, qui, apres le deces dudict Guillaume, se retirerent en Angleterre. Et quels honneurs et estatz ils ont eu en la Court des Roys dudict pais, jusques apresent. Ensemble les Gestes, Alliances genealogiques, Mariages et Armaries des Ducs, Marquis, Comtes, Vicomtes et Barons estant de present en honneur en la Court d'Angleterre.

Dedié au Roy. A Sainct Germain des prez lez Paris, ce   1572.
premier jour de Januier 1572, par J. Benard. Manuscrit   Janvier 1.
snr papier, in-fol., reliure en veau couvert de peintures
représentant deux paysages avec armoiries au milieu.
Bibliothèque impériale, manuscrits, fonds de Saint-Germain des Prés. — Harlay, n° 215. Ce volume contient :

Une grande quantité de dessins coloriés représentant
des ornements et bordures, avec fleurs et animaux,
des lettres initiales, paysages et quelques écussons
d'armoiries, dans le texte.

Ces dessins sont fort médiocrement exécutés. Les armoiries
ont de l'intérêt. La conservation est bonne.

Tombeau de Valentine de Balbiane, femme de Renat   Janvier.
Birague, depuis cardinal, à l'église de Sainte-Catherine du val des Escoliers, à Paris. Pl. in-8 en haut.
Rabel; Les antiquitez et singularitez de Paris, dans
le texte., f. 105, verso. = Même planche. Du Breuil;
Les antiquitez et choses plus remarquables de Paris,
dans le texte, f. 243. = Dessin in-fol. en haut. Gaignières, t. IX, 63. = Dessin in-fol. en haut. Bibliothèque impériale, boetes de l'ordre du Saint-Esprit.
Birague. = Partie d'une pl. in-fol. en haut. Cicognara; Storia della scultura, t. II, pl. 84. = Partie
d'une pl. grand in-4 en haut. De Clarac; Musée de
sculpture, pl. 233. = Partie d'une pl. grand in-4
en haut. Idem, pl. 362, A. = Musée du Louvre,
sculptures modernes, n°s 113 à 115.

René de Birague mourut le 24 novembre 1583.

Monnaie de Pie V, pape, frappée à Avignon. Petite   Mai 1.

1572.
Mai 1.

pl. grav. sur bois. Ordonnance, etc. Anvers, 1633, feuillet E, 6.

Deux monnaies du pape Pie V, frappées dans le Comtat Venaissin. Partie d'une pl. in-fol. en haut. Trésor de numismatique et de glyptique. Histoire par les monuments de l'art monétaire chez les modernes, pl. 17, n°s 1, 2.

Juin 3.

Épitaphe relative à des donations faites à la paroisse Saint-Sulpice, en 1567, par François Audrant, prêtre, grand vicaire du cardinal de Bourbon, à sa mort et à son inhumation à Saint-Fuscian d'Amiens, le 3 juin 1572. Dessin in-fol. en haut. Bibliothèque impériale, manuscrits, boetes de l'ordre du Saint-Esprit. Audrant.

Juin 9.

Portrait de Jeanne d'Albret, reine de Navarre, à mi-corps, tourné à droite, les bras posés sur une table, dans sa chambre à coucher. Dans la marge, le nom; au haut, à gauche : M. DUVAL FE. Bordure riche. Estampe in-12 en haut.. Robert-Dumesnil, t. V, p. 59.

Portrait de la même, à mi-corps, tourné à droite. Bordure ovale; autour, le nom. *Rabel excude.* Estampe grav. par Jean Rabel, in-16 en haut. Copie du portrait de cette reine grav. par Marc Duval. Robert-Dumesnil, t. VIII, p. 135.

Portrait de la même, tableau du temps. Miniature in-fol. en haut. Gaignières, t. IX, 17. = Partie d'une pl. in-fol. en haut. Montfaucon, t. V, pl. 26, n° 1.

Portrait de la même, tableau du temps. Miniature in-fol. en haut. Gaignières, t. IX, 18. = Partie d'une pl. in-fol. en haut. Montfaucon, t. V, pl. 26, n° 2.

Portrait de la même, en buste, d'après un dessin aux crayons du temps. Pl. in-fol. en haut., coloriée. Niel ; Portraits des personnages français, etc., 2ᵉ partie.

Portrait de la même, en buste, tournée à gauche. Médaillon ovale et ornements. Pas de légendes. Estampe in-8 en haut., grav. sur bois. Au-dessus, en caractères imprimés : JOHANNA REGINA NAVARRÆ.

Portrait de la même, en buste, tournée à gauche. Médaillon ovale. Autour, le nom ; en bas, quatre vers : *Voy le type sacré*, etc. *Tho. de Leu fe*. Estampe in-12 en haut.

Portrait de la même, en buste, tournée à droite. Médaillon ovale. Autour, le nom en latin. En bas : *Johânna van Albret*, etc. Estampe in-8 en haut.

Portrait de la même, à mi-corps, tournée à gauche. En bas : JANA ELEBRETA NAVARRORUM REGINA, etc. Estampe in-8 en haut.

Portrait de la même, en buste, tournée à droite. Médaillon ovale. Autour, le nom ; en bas : . . . . *excude*. Estampe in-12 en haut.

Portrait de la même. *Hallewyn fecit*. In-12 en haut. Mémoires pour servir à l'histoire de France, par P. de l'Estoile, édition de 1719, t. I. à la p. 20.

Portrait de la même, en pied, tenant de la main gauche un objet incertain. Pl. in-4 en haut. Mémoires
de Condé, t. IV, p. 600. = Même planche. Velly,
Villaret et Garnier ; Portraits, t. III, p. 18.

Portrait de la même. *F. V. pinx. Et. Fessard sculp.*
In-8 en haut. Velly, Villaret et Garnier ; Portraits,
t. II, p. 86.

Portrait de la même. Tableau de l'école française du
xvie siècle. Musée de Versailles, n° 3090.

Trois médailles et un médaillon sans revers de Jeanne
d'Albret, reine de Navarre. Partie d'une pl. in-fol.
en haut. Trésor de numismatique et de glyptique.
Médailles françaises, 1re partie , pl. 25, n°s 2, 3,
10, 11.

Monnaie de Jeanne d'Albret, reine de Navarre. Partie
d'une pl. in-4 en haut. Tobiesen Duby ; Monnoies
des barons. Supplément, pl. 2, n° 5.

Monnaie de la même. Partie d'une pl. in-4 en haut.
Poey d'Avant, pl. 13, n° 11, p. 203.

Prognostication touchant le mariage de Henry , Roy de
Navarre, et de Marguerite de France, calculée par
Me Bernard Abbatia, doct.-médecin. Paris, Guill. de
Nyverd (1572). In-8, fig. Ce volume contient :

Figures représentant des armoiries et des personnages.
Petites pl. grav. sur bois, dans le texte.

Figure représentant les armes de France, soutenues

par deux anges. Pl. in-12 en haut., grav. sur bois, au feuillet dernier, verso.

———

Cinq médailles de Charles IX et autres, frappées à l'occasion du mariage d'Henri IV. Pl. in-4 en haut. Luckins; Silloge numismatum, etc., dans le texte, p. 243.

Médaille frappée à l'occasion du mariage d'Henri IV avec Marguerite de Valois. Partie d'une pl. in-fol. en haut. Du Molinet; Le cabinet de la bibliothèque de Sainte-Geneviève, pl. 35, n° 11.

Deux médailles relatives au mariage d'Henri III, roi de Navarre (depuis Henri IV, roi de France), avec Marguerite de Valois, sœur de Charles IX. Partie d'une pl. in-fol. en haut. Trésor de numismatique et de glyptique. Médailles françaises, 1re partie, pl. 19, nos 7, 8.

Le massacre de la Saint-Barthélemy. L'amiral de Coligny est à gauche, à cheval; on lui tire un coup de fusil. A droite, on le voit assassiné dans son lit et jeté par la fenêtre. En haut : PARIS; en bas, treize vers allemands et la date à gauche. Estampe in-4 en larg. *Rare*.

Représentation du massacre de la Saint-Barthélemy, par un graveur inconnu, dont la marque est : G. S., grav. sur bois. Estampe in-8 en larg. Adam Bartsch, v. IX, p. 440.

Vue de Paris le jour de la Saint-Barthélemy. On voit le bord de la Seine et une place à laquelle aboutissent deux rues. Dans celle à gauche, Gaspard de Coligny passe à cheval; on lui tire un coup de fusil d'une fenêtre. La maison de l'amiral fait le coin de la rue à droite; des hommes armés l'assassinent dans son lit et le jettent par la fenêtre. Partout on tue des protestants et on les jette dans la rivière. Estampe in-fol. m° en larg. *Très-rare.*

> Il existe des épreuves de cette estampe entourées de légendes en allemand et de deux portraits du prince d'Orange et de Louis, comte de Nassau. Très-grande pièce en largeur.

Peinture murale et armoiries sculptées de l'hôtel de Montbazon, rue Béthisy, n° 20. dans lequel on a pensé que demeurait l'amiral de Coligny, lorsqu'il fut assassiné; mais qui ne se rapportent point à lui. Pl. in-8 en haut., pl. 175. Revue archéologique. A. Léleux, 1851. Troche, à la p. 589.

> L'auteur de cette notice établit que l'amiral de Coligny fut assassiné dans la maison rue des Fossés-Saint-Germain l'Auxerrois, n° 14, partie de l'ancien hôtel de Ponthieu.

Trois médaillons ronds. Celui à gauche représente le buste de Grégoire XIII; celui à droite, le buste de Charles IX. On voit dans celui du milieu un ange, armé d'une épée, poursuivant des personnages en fuite ou renversés. Autour : UGONOTORUM STRAPES, 24 AUGUSTI ANNO 1572. Estampe in-fol. en larg.

Trois médailles de Charles IX, relatives à la Saint-Barthélemy et laudatives de ce crime. Partie d'une pl. in-fol. en haut. Trésor de numismatique et de glyptique. Médailles françaises, 1re partie, pl. 19, n°s 3, 4, 5.

Médaille frappée à l'occasion de la Saint-Barthélemy par ordre de Charles IX. Partie d'une pl. in-8 en haut. Al. Lenoir; Musée des monuments français, t. IV, p. 143, n° 561.

Cinq médailles relatives à la Saint-Barthélemy et à l'honneur de ce. massacre. Pl. in-4 en haut.

> J'ignore de quel ouvrage cette planche fait partie.

Médaille représentant Grégoire XIII, et au revers un ange armé d'une épée, poursuivant des personnages en fuite ou renversés. Légende : *Ugonotorum strapes*. Petite pl. en haut.

> Figure et exposition des pourtraictz et dictons contenuz es medailles de la conspiration des Rebelles en France, opprimee et estaincte par le Roy Tres-Chrestien, Charles IX, le 24 iour d'Aoust 1572. Par Nicolas Favyer, conseiller dudit sieur, et general de ses monnoyes. Paris, Jean Dallier, 1572, avec privilege. Petit in-8 de 8 feuillets, dont les deux derniers blancs. *Très-rare*. Cet opuscule contient :

Médaille représentant à l'*endroict* (avers) Charles IX, assis sur son trône, avec la légende : Virtus in rebelles, et au revers, les armes de France, avec la légende : Pietas excitavit justiciam 24 augusti 1572. Petites pl. grav. sur bois, au feuillet A, iv, verso, dans le texte.

Médaille représentant à l'*endroict* (avers) le buste de Charles IX, avec la légende : Char. IX domteur des rebelles . 24 aoust 1572; et au revers, Hercule

1572.
Août 24.

tuant l'hydre à plusieurs têtes. Petites pl. grav. sur bois, au feuillet *b*, verso, dans le texte ;

Le texte ajoute : « *Le mercredi troiziesme jour de septembre, presenté à la maiesté du Roy par ledict Fauyer inuenteur d'icelles, mil cinq cens septante deux.* » Suit l'extrait du privilége, en date du 14 octobre 1572, signé Séguier.

Portrait de Gaspard de Coligny, grand amiral de France, à mi-corps, tourné à droite. Bordure ovale. Autour, le nom. En bas : *Rabel excude.* Estampe grav. par Jean Rabel, in-16 en haut. Il y a deux états de cette planche, 1. Celui décrit ; 2. Le nom de Rabel a été ôté. Robert-Dumesnil, t. VIII, p. 131.

Portrait du même, en buste, tourné à droite. On lit autour : GASPAR COLIEN THALASSIARCHUS. Médaillon ovale en haut. Au-dessous : *Rabel excude.* Estampe in-12. *Rare.*

Portrait du même, à mi-corps, tourné à gauche. Bordure ovale, autour le nom. Estampe grav. par Jean Rabel, in-16 en haut. Il y a deux états de cette planche. 1. Celui décrit ; 2. Sur le vêtement à droite, vers le bas, le nombre 46. Robert-Dumesnil, t. VIII, p. 131.

Portrait du même, peint par François Clouet dit Janet, de la collection de M. Van Hoorn. Partie d'une pl. in-8 en haut. Al. Lenoir ; Musée des monuments français, t. IV, pl. 143, n° 561.

Portrait du même, en buste, d'après un dessin aux crayons du temps. Pl. in-fol. en haut., coloriée.

Niel ; Portraits des personnages français , etc.,
2ᵉ partie.

Portrait du même, la tête seule, d'après un dessin aux
crayons du temps. Pl. in-4 en haut., coloriée. Niel ;
Portraits des personnages français, etc., 2ᵉ partie.

Portrait de Gaspard de Coligny, à mi-corps, tenant
une masse d'armes. Près de lui, son casque et un
de ses gants. Médaillon ovale, entouré de figures
allégoriques et d'ornements. En bas, la Saint-Barthélemy ; le coup de fusil tiré à l'amiral et son assassinat. En haut : EFFIGIES GASPARIS DE COLIGNI *D.
de Castilione amiralii Franciæ*, etc. En bas : *Fecit
Novimbergæ Jost Ammon Tigurinus*, 1573. Estampe
in-fol. en haut. *Très-rare, en épreuve ancienne.*

> Cette estampe est une des plus belles et des plus curieu-
> ses de cette époque. La planche a été longtemps conservée en
> Allemagne, car on en trouve quelquefois des épreuves médio-
> cres en papier moderne épais.
>
> Il y a deux états de cette planche. Le premier, dans lequel
> le cartouche d'en bas est en blanc ; le second, avec le sujet de
> la mort de l'amiral. Adam Barstch, v. IX, p. 362.

Portrait du même, à mi-corps, tourné à droite, dans
un portail. En haut : *Gaspar von Coligny*, 1572. En
bas, petite rue dans laquelle on voit l'amiral à cheval,
auquel on tire un coup de fusil, et le même précipité
par la fenêtre après son assassinat. Estampe in-12 en
haut. *Rare.*

Portrait du même, en buste, tourné à droite. En bas :
GASPAR COLLIGNIUS MAGNUS FRANCIÆ THALASSIARCHUS.
Estampe petit in-4 en haut. *Rare.*

Portrait du même, en buste, tourné à droite. Médaillon ovale. Autour : GASPAR COLIGN. THALASSIARCHUS. Estampe in-12 en haut.

> Mon épreuve manque de la marge, sur laquelle il doit y avoir quelque légende.

Portrait du même, à mi-corps, tenant le bâton de commandement, tourné à gauche. Médaillon ovale, entouré de quatre figures et d'ornements. Au-dessus, le nom imprimé ; au-dessous, légende et douze vers latins, imprimés. Argentorati per Bernhardum Jobinum, anno M . D . LXXVII. Estampe in-fol. en haut., grav. sur bois. *Rare.*

Portrait de l'amiral de Coligny, au bas duquel est le distique :

> Talis erat quondam vultu
> Collignius heros,
> Quem verè illustrem
> Vitaque mors que fecit.

C'est ce portrait que l'électeur palatin montra au duc d'Anjou, quand ce prince fut le voir, en allant en Pologne, lui demandant s'il le connaissait : « Oui, dit le roi, c'est le feu amiral. — C'est lui-même, répondit le Palatin, le plus homme de bien, le plus sage et le plus grand capitaine de l'Europe, duquel j'ai retiré les enfants avec moy, de peur que les chiens de France ne les déchirassent comme ils ont fait leur père. » Journal de l'Estoile, t. I, 78.

Je ne puis donner aucune autre indication sur ce portrait, que cette description et cette citation textuellement extraites du Journal de l'Estoile. Je n'ai point vu de portrait auquel la description ci-avant puisse se rapporter.

Portrait du même, à mi-corps. Estampe in-4 en haut.

Mémoires de Condé, t. III, p. 440. = Même plan- 1572.
che. Velly, Villaret et Garnier; Portraits, t. III, p. 4. Août 24.

Portrait du même. *F. G. Schmidt sculpsit.* In-8 en
haut. Velly, Villaret et Garnier; Portraits, t. II,
p. 87.

Buste de l'amiral de Coligny, par Jean Goujon, du
Musée du Louvre. Partie d'une pl. grand in-4 en
larg. De Clarac; Musée de sculpture, pl. 1120-1121.

Médaillon sans revers de Gaspard de Coligny, seigneur
de Châtillon, amiral de France. Partie d'une pl. in-
fol. en haut. Trésor de numismatique et de glyptique.
Médailles françaises, 1re partie, pl. 47, n° 4.

Portrait d'un homme inconnu, en buste, tête vue de
trois quarts, tournée à gauche. Tableau de l'école
des Clouet. Musée du Louvre, école française, n° 123.

> Ce portrait avait été placé dans les galeries de Versailles, où
> il figura, à tort, jusqu'en 1848, sous le nom de l'amiral de
> Coligny.

Tombeau de Gaspard de Coligny, amiral de France,
élevé en 1786, à Maupertuis, par M. de Montesquiou,
et transporté au Musée des monuments français. Pl.
in-8 en haut. Al. Lenoir; Musée des monuments
français, t. IV, pl. 144, n° 561. = Pl. in-8 en haut.
A. Lenoir; Histoire des arts en France, pl. 164.

> Ce monument avait été composé par A. Lenoir.

Portraits des trois frères Coligny, en pied. En haut :
COLLIGNEI FRATRES. En bas : *Odetus cardinalis. Gas-*

par thalassiarchus. Franciscns ordinum pedestrium præfectus. M. Duval F. 1579. Estampe in-fol. en haut. *Très-rare.*

Portraits des trois frères Coligny. Copie de la planche précédente. En haut : Collignei fratres. En bas, leurs noms en latin. Au-dessous, une légende allemande en trois lignes. Estampe in-fol. en haut.

> Un dessin, qui paraît être l'original d'après lequel l'estampe de M. Duval a été gravée, et que l'on peut attribuer à Porbus, se trouve dans ma collection.

Portrait de Pierre Ramus, professeur royal, à mi-corps, tourné à droite, s'appuyant d'une main sur un livre et de l'autre sur une table, où on lit : LABOR OMNIA VINCIT. Forme ovale et bout de bordure où est le nom. En bas : *Rabel excudit.* Estampe grav. par Jean Rabel, in-16 en haut. Il y a deux états de cette planche 1. Celui décrit ; 2. Le nom de Rabel est remplacé par : *Ja. Grant. (Jacques Granlhomme).* Robert-Dumesnil, t. VIII, p. 139.

Portrait de Pierre la Ramée dit Ramus. Tableau du xviie siècle, copie d'un plus ancien. Musée de Versailles, n° 3987.

Portrait de François III, comte de La Rochefoucauld. Tableau de l'école française du xvie siècle. Musée de Versailles, n° 3131.

Buste de Jean Goujon, en marbre, du Musée du Louvre. Partie d'une pl. grand in-4 en larg. De Clarac ; Musée de sculpture, pl. 1120-1121.

> La date de la mort de Jean Goujon est entièrement inconnue.

On l'a fixée à l'époque de la Saint-Barthélemy, mais sans au- 1572.
cuns motifs fondés.

Août 24.

Monument érigé à la mémoire de Jean Goujon, architecte et sculpteur français, par Al. Lenoir, au Musée
des monuments français. Pl. in-8 en haut. Al. Lenoir; Musée des monuments français, t. III, pl. 116,
n° 107. = Pl. in-8 en haut. A. Lenoir; Histoire des
arts en France, pl. 131. = Pl. in-8 en haut., grav.
par C. Normand. Landon, t. 1, n° 4.

Tombeau de Jean Dalesse, maître des comptes, au Septemb. 3.
couvent des Bons-Hommes de Chaillot. Partie d'une
pl. in-4 en larg. Millin; Antiquités nationales, t. II,
n° XII, pl. 3, n° 2.

Cadre en forme de cartouche, orné d'un bas-relief et Septembre.
d'un travail de marqueterie en bois sculpté. Il porte
la date Septem. 1572, et une légende pieuse. Musée
du Louvre, objets divers, n° 945. Comte de Laborde,
p. 394.

Tombeau de messire Loys, Chevalier Seigneur de La Nov. 10.
Trovilliere, etc., Gentilhhoume de la bouche du Roi,
Gouverneur du château de Gand, dans l'église de
Houplin. Partie d'une pl. in-8 en haut., pl. lithogr.
Bulletin de la commission historique du département
du Nord. Lille, L. Danel, 1843, t. I, un vol. in-8,
fig., p. 421.

Dacrygelasie spirituelle du Treschrestien Roy de France 1572.
Charles IX, sur les combats et victoires obtenues à l'encontre de ses seditieux et rebelles Heretiques, par Leo-

1572.

nard de la Ville. Lyon, Benoist Rigaud, 1572. In-12, lettres rondes. *Très-Rare.* Cet opuscule contient :

Le roi Charles IX sur son trône ; de chaque côté sont des personnages assis ; au milieu de la salle est un secrétaire assis à une table. On lit en haut : REGIA MAIESTAS, et en bas : PARCERE SUBJECTIS ET DEBELLARE SUPERBOS. Très-petite pl. en haut., grav. sur bois, sur le titre.

Portrait de Louis de Birague, à mi-corps, cuirassé, appuyé de la main droite sur son bâton, et de la gauche sur son casque. Pl. petit in-4 en haut. Thevet ; Pourtraits, etc., 1584, à la p. 477, dans le texte.

Colonne astronomique de l'hôtel de Soissons, à Paris. Pl. in-fol. max° en haut. Albert Lenoir ; statistique monumentale de Paris, liv. xix, pl. 1.

« Description astronomique de l'estoile prodigieuse qui apparut en l'annee 1572 et dura jusques en l'année ensuivant 1573, de laquelle les effets admirables furent presagez dès le temps de son apparition par Maistre Leonard Thurneisser, médecin de l'Électeur de Brandebourg. . . . . . principalement que lesdits effets de la susdite prediction se manifestent de jour en autre entre nous et sur notre France, etc. » Au-dessus de ce titre est :

Estampe allégorique au haut de laquelle est une partie de la sphère céleste ; en bas sont divers sujets et de nombreuses figures. On remarque à droite un guerrier coupant les fleurs d'une tige de lis. Au-dessus de

lui sont des coqs se battant entre eux. Estampe in-
fol. en haut., grav. sur bois. *Très-rare.*

Genealogie et la fin des Huguenaux et descouverte du cal-
vinisme, par Gabriel de Saconay. Lyon, Benoist Rigaud,
1572. In-8, fig. Ce volume contient :

Figure représentant des singes dans diverses actions :
sur un lion, en chaire, tirant sur un cruxifix. Pl.
in-12 en haut., grav. sur bois. On lit en bas, en caractères imprimés : ÉZECHIEL XXIX. *Je tay liuré aux
bestes de la terre pour estre deuoré.* Au feuillet du
titre, verso.

Figure représentant un lion et des singes. Pl. in-12 en
haut., grav. sur bois. On lit en bas, en caractères
imprimés : *Saint Ambroise Hexameron,* etc., à la fin
de l'épître au roi, verso.

Figure représentant le diable sur son trône, entouré de
singes dans diverses attitudes. Pl. in-12 en haut.,
grav. sur bois. On lit en bas, en caractères imprimés :
Malheur sur la terre et sur vous, etc. Au feuillet du
privilége, verso.

Practique judiciaire et causes civiles, tres utile et neces-
saire a tous baillifs, prevosts, chastelains, senechaux,
escoutettes, maires, drossarts, legistes, practiciens, et a
tous autres justiciers, et officiers, aornee de quelques
figures convenables à la matiere. Composee en latin par
messire Josse de Damhoudere. Anvers, Jean Bellere,
1572. In-fol., fig. Ce volume contient :

Figures représentant des tribunaux et des scènes rela-

1572.　tives aux procédures. Pl. in-12 et in-8 en haut., grav. sur bois, dans le texte.

> Quoique ce volume ait été imprimé hors de France, je crois devoir l'indiquer, parce qu'il a des rapports évidents avec les usages de France de ce temps.

La Pyrotechnie ou art du feu, etc., par le sieur Vanoccio Biringuccio. Paris, A. Fremy, 1572. In-4, fig. Ce volume contient :

Des figures représentant des sujets divers relatifs à la pyrotechnie. Pl. de diverses grandeurs, grav. sur bois, dans le texte.

———

Scène de famille. Plaque ovale et concave, en émaux de couleurs rehaussés d'or, peint par Léonard Limosin, avec la date de 1572. Musée du Louvre, Émaux, n° 243. Comte de Laborde, p. 189.

> Omnium fere gentium, nostræque ætatis nationum habitus, et effigies, aut. Joan Sluperius. Antuerpiæ, Jo. Bellarus, 1572. Petit in-8. Ce volume contient :

Cent vingt et une figures représentant des costumes, grav. sur bois.

———

Six gentilshommes courtisans de l'époque de 1572, sans indication d'où ces monuments existaient. Un dessin colorié des deux côtés, in-4 en larg., et six dessins coloriés in-fol. en haut. Gaignières, t. IX, 30 à 36.

Portraits en pied de six gentilshommes de la cour de Charles IX, d'après des dessins du temps; il n'est

pas indiqué d'où ils ont été tirés. Pl. in-fol. en larg.
Montfaucon, t. V, pl. 36.

Deux gentilshommes de Paris et de Lyon, deux bour-
geoises de Paris, demoiselle et femme de Lyon, de
l'époque de 1572, sans indication d'où ces monuments existaient. Un dessin colorié des deux côtés,
in-4 en larg., et six dessins coloriés in-fol. en haut.
Gaignières, t. IX, 37 à 43.

Trois dames et un seigneur de l'époque de 1572 environ, sans indication d'où ces monuments existaient.
Quatre dessins coloriés in-fol. en haut. Gaignières,
t. IX, 44 à 47.

Bateliers et batelières du Pont-de-l'Arche, vitrail de
l'église de Pont-de-l'Arche, peint vers la fin du règne
de Charles IX. Partie d'une pl. coloriée in-fol. en
haut. Willemin, pl. 247.

Manteau d'une cheminée de la maison consulaire d'Au-
rillac, avec des armoiries. *Pl.* 11, in-8 en larg.
Bouillet; Tablettes historiques de l'Auvergne, t. II.

Sceau de la ville de Montauban. Partie d'une pl. in-8
en haut. Pl. 142, n° 3. Revue archéologique. A. Leleux, 1850. Chaudruc de Chazannes, à la p. 202.

Médaille de Charles IX. Rev. Élisabeth d'Autriche.
Partie d'une pl. in-fol. en haut. Trésor de numismatique et de glyptique. Médailles françaises, 1re partie, pl. 19, n° 2.

1572. Médaille de Charles IX. Rev. Hercule. Partie d'une pl.
in-4 en haut. Thom. Pembrock, p. 4, pl. 36.

Médaille de Charles IX, de l'année 1572. Partie d'une
pl. in-8 en haut. Berry; Études, etc., pl. 58, n° 2,
t. II, p. 445.

> Dans le texte, cette monnaie est indiquée comme de l'année
> 1566.

Declaration du Roy sur le cours donné par Sa Majesté aux
testons de Navarre, Portugal et Gennes pour douze sols
six deniers piece (du 13 Novembre 1572). Paris, Jean
Dallier, 1572. In-12, lettres rondes, fig., 4 feuillets.
Cet opuscule contient :

Trois monnaies de Navarre et de Gènes. Petites pl.
grav. sur bois, aux feuillets 3 et 4 du texte.

Ordonnance du Roy pour le reiglement général de ses
monnoies. Paris, J. Dallier, 1572. In-8, fig. Cet opuscule contient :

Figures représentant des monnaies. Petites pl. grav.
sur bois, dans le texte.

Ensuivent les pourtraits et figures des pièces qui se trouvent
en ce royaume et sont descriëes par la presente ordonnance. Paris, J. Dallier, 1572. In-8. fig. Cet opuscule
contient :

Figures représentant des monnaies. Petites pl. grav.
sur bois, dans le texte.

———

Monnaie de Charles IX, roi de France. Petite pl. grav.

sur bois. Ordonnance, etc. Anvers, 1633, feuil- 1572.
let R, 1.

Jetoir relatif à la fabrication des monnaies. Partie d'une
pl. lith. in-8 en haut. De Fontenay; Fragments
d'histoire métallique, pl. 21 (texte 12), n° 4, p. 228.

Monnaie de Henri III, roi de Navarre, et Jeanne, sa
mère. Petite pl. grav. sur bois. Ordonnance, etc.
Anvers, 1633, feuillet K, 1.

Monnaie de Anne (Jeanne), reine de Navarre. Petite
pl. grav. sur bois. Ordonnance, etc. Anvers, 1633,
feuillet K, 1.

Monnaie de Philippe II, roi d'Espagne, duc de Brabant. Petite pl. grav. sur bois. Ordonnance, etc.
Anvers, 1633, feuillet P, 8.

Monnaie de Charles II, duc de Lorraine, vulgairement
appelé Charles III ou le grand duc. Partie d'une pl.
in-4 en haut., lith. De Saulcy; Recherches sur les
monnaies des ducs héréditaires de Lorraine, pl. 21,
n° 1.

Charles IX et Élisabeth d'Autriche, sa femme, montés 1572?
sur le même cheval et allant à la chasse, peinture
sur verre du cabinet d'Al. Lenoir. Pl. in-4 en larg.
Al. Lenoir; Musée des monuments français, t. VIII,
pl. 290.

Figure d'Eustache de la Croix, bourgeois de Beauvais,
vitrail de l'église de Saint-Estienne de Beauvais.
Dessin in-fol. en haut. Gaignières, t. IX, 29.

1573.

Dalle tumulaire de Charles Guillart, évêque de Chalons et de Chartres, du XIIIe siècle, dans l'église de Ville-neuve-sous-Dammartin. Pl. in-fol. en haut. Fichot; Les monuments de Seine-et-Marne, p. 185.

Mars 13. Mausolée du chancelier de l'Hôpital, dans la paroisse de Vignay, restauré au Musée des monuments français. Pl. in-8 en haut. Al. Lenoir; Musée des monuments français, t. IV, pl. 149, n° 541. = Pl. in-8 en haut. A. Lenoir; Histoire des arts en France, pl. 87.

Statue de Michel de l'Hôpital, chancelier de France, à genoux, en marbre, de l'église de Vignay, près d'É-tampes. Musée de Versailles, n° 2709.

Portrait en pied de Michel de L'Hospital, chancelier de France, sans indication d'où ce monument existait. Dessin colorié in-fol. en haut. Gaignières, t. IX, 28.

Portrait en pied du même, d'après un tableau du temps. pl. in-fol. en haut. Montfaucon, t. V, pl. 34.

Portrait du même, en buste, tourné à droite. Bordure dans laquelle est le nom. Dessous : *Impauidum ferient ruinæ. J. Rabel excudit.* Estampe grav. par Jean Rabel, in-16 en haut. Robert-Dumesnil, t. VIII, p. 136.

Portrait du même, en buste, tête vue de trois quarts, tournée à gauche. Sur la toile, le nom. Tableau de

l'école des Clouet. Musée du Louvre, tableaux, école
française, n° 120.

Portrait du même. Tableau du temps, au Musée du
Louvre, copie par Mme de Leomenil. Musée de Versailles, n° 3125.

Portrait du même, en buste, tourné à gauche. *E. de
Boulonois fecit.* Pl. in-4 en haut. Bullart, t. I, p. 61,
dans le texte.

Portrait du même, à mi-corps, tourné à droite, Médaillon ovale et ornements. Autour, le nom. En bas :
Esset qui dignus, etc. Estampe in-8 en haut.

Portrait du même, à mi-corps, tourné à droite, dans
un portique. En bas : *Mich. Hospitalius franciæ can-
cellarius. Par le Blond.* Estampe in-fol. en haut.

Portrait du même, en buste, tourné à gauche. Médaillon ovale. Autour, le nom. En bas : *Impavidum ferient ruinæ. J. Grant excudit.* Estampe in-12 en
haut.

Portrait du même, à mi-corps, tourné à droite ; devant
lui, une table. En bas : *Michael Hospitalis Urbanæ
decus iste togæ*, etc. Estampe in-8 en haut.

Portrait du même, en pied, tenant un papier de la
main droite. Pl. in-4 en haut. Mémoires de Condé,
t. I, p. 542. = Même planche. Velly, Villaret et
Garnier ; Portraits, t. III, p. 3.

Portrait du même, en buste, tourné à gauche. Médail-

1573.
Mars 13.

lon ovale. Dessous, longue légende. *A Paris, chez Pierre Mariette*. Estampe in-8 en haut.

Médaille du même. Petite pl. en larg. Köhler, t. XII, p. 281, dans le texte.

Médaille du même. Partie d'une pl. in-fol. en haut. Trésor de numismatique et de glyptique. Médailles françaises, 1re partie, pl. 47, n° 3.

Médaillon sans revers de Claude de Lorraine, duc d'Aumale, pair et grand-veneur de France, colonel général de la cavalerie légère et lieutenant général du gouvernement de Bourgogne. Partie d'une pl. in-fol. en haut. Trésor de numismatique et de glyptique. Médailles françaises, 1re partie, pl. 60, n° 3.

Mars 14.

Médaille du même, à l'occasion du siége de La Rochelle. Pl. in-12 en larg. Luckius; Silloge numismatum, etc., dans le texte, p. 246.

Médaille du même, fils de Claude, duc de Guise, et d'Antoinette de Bourbon, tué devant La Rochelle. Rev. CONSOLATIO RERUM DOMINA. Pl. in-12 en larg.

Mars 16.

Vue figurée de la ville de La Rochelle assiégée; en bas, des troupes. En haut, à gauche : *Portraict de la Rochelle et des forteresses q̄ les Rebelles y ont faict depuis les premiers troubles iusque apnt*, 1573. Dans le champ, nombreuses légendes explicatives. Estampe in-fol. en haut. *Rare*.

Il y a des épreuves de cette estampe avec un titre en allemand imprimé au-dessus.

Défaite des troupes royales devant la Rochelle par les calvinistes. En haut, à droite, la ville; au-dessous, des combats. On lit en haut : ROSSEL. En bas, vingt-quatre vers allemands et la date; à gauche, 34. Pl. in-4 en larg. *Rare.*

1573.
Mars 16.

La prise de Sommières; on voit les mouvements des troupes et l'assaut. En haut : FIGURE DE LA VILLE ET CHASTEAU DE SOMIÈRES SITUÉE AU PAYS DE LANGUEDOC A PRESENT REDUICTE SOUBZ LOBEYSANCE DU ROY. En bas, à gauche, un récit du siége. *Fait a Lyon, par Jehan le feure, tailleur distoires.* Estampe in-fol. en larg. *Très-rare.*

Avril 15.

Tombe de Jehane de Baudichon, abbesse de Gercy, en pierre, devant la grille, du coté de l'Epistre, dans le chœur de cette abbaye. Dessin in-8. Recueil Gaignières à Oxford, t. III, f. 41.

Mai 15.

Portrait de Leonor d'Orléans, duc de Longueville, d'Estouteville et fils de François d'Orléans, marquis de Rothelin; tableau de Janet. Miniature in-fol. en haut. Gaignières, t. IX, 23. = Partie d'une pl. in-fol. en haut. Mautfaucon, t. V, pl. 32, n° 1.

Août.

Tombe de Jean Chesneau, en pierre, à gauche au milieu de la nef de l'église des Jacobins de Rouen. Dessin grand in-8. Recueil Gaignières à Oxford, t. IV, f. 88.

Septem. 17.

Henri de Valois, duc d'Anjou (depuis Henri III), partant pour la Pologne. Il est à cheval, accompagné de cinq hommes à pied. Ils vont vers la gauche.

Septem. 28.

1573. Dans un cartouche orné de figures, d'armoiries, etc.
Septemb. 28. En haut : Henricus Valesius D. G. Poloniæ rex
Dux andegavēsis, etc. Estampe in-fol. en larg. *Très-rare*.

> Une copie de cette estampe a été donnée dans le Magasin pittoresque. Planche in-8 en larg., grav. sur bois.

Octobre 7. Prise de la ville de Bins, près de Mons, en Hainaut, par le duc d'Alençon, par assaut. En bas, dix vers allemands et la date, n° 26. Pl. in-4 en larg.

Nov. 11. Portrait de François Bauduin, jurisconsulte, en buste, tourné à droite. *H. Larmessin sculp.* Estampe in-4 en haut. Bullart, t. I, p. 227, dans le texte.

1573. « Pourtraict de la Rochelle, et des forteresses que les Rebelles y ont faict, depuis les premiers troubles iusque à p̄sent, 1573. » Vue de la ville de la Rochelle avec les attaques, par l'armée du roi. En haut, à gauche, un avis portant : Au lecteurs, salut , » dans le champ, des légendes explicatives en caractères imprimés. On lit en bas : Camp du Roy. Par. Estienne Tievvin. Pl. in-fol. m° en haut., grav. sur bois. *Très-rare*.

Plan figuré de la ville de La Rochelle. En haut., à gauche : *Pianta della* Rocella *assediata dall' esercito del Re Christianiss. di Franza.* Dans le champ, légendes en italien. Pl. in-fol. en haut.

Tombe de Anne de Saulx, dame de Beve, femme de Dree, chevalier. . . . . . à Saint-Laurent de Beve,

paroisse, près le grand autel, du côté de l'évangile.
Dessin in-8 en haut., esquissé. Bibliothèque impé-
riale, manuscrits, boetes de l'ordre du Saint-Esprit,
Saulx.

Magnificentissimj Spectaculi. a Regina Regum matre in
hortis suburbanis editi, in Henrici Regis Poloniæ invic-
tissimi nuper renunciati gratulationem, descriptio. Jo.
Aurato poeta Regio autore. Paris, F. Morel, 1573. In-4,
20 feuillets. *Très-rare.* Cet ouvrage contient les estampes suivantes, grav. sur bois.

1. Jupiter assis entre Pallas et Apollon, contre un arbre orné de divers trophées, avec plusieurs inscriptions latines, 175. — 110 mill. en haut., au verso
du titre.

L'écusson de France entre la Religion et la Justice et
les deux colonnes, avec légendes latines, 97. —
73 mill. en haut., au feuillet 4, verso de la feuille B.

3-18. Seize écussons relatifs à des légendes en vers
latins pour diverses nymphes représentant des pro-
vinces. Ovales en haut., 70. — 50 mill. environ, du
feuillet 2, recto de la feuille C ; au feuillet 1, verso
de la feuille E.

19. Une montagne autour de laquelle sont diverses
grottes régulières, dans chacune desquelles est une
nymphe assise. 170—109 mill. en haut.

———

Thème de Nativité, extrait d'un manuscrit intitulé :
*Exposition sur une devise inventée pour le Roy eslu
de Paulougne* (Henri III) *par Fran. Choisnon de*

1573.   *Chastelheraud,* 1573. De la collection Du Sommerard. Partie d'une pl. lith. et coloriée in-fol. m° en
larg. Du Sommerard ; Les arts au moyen âge, Album,
3ᵉ série, pl. 33, n° 2.

Emblemes d'Alciat, en latin et francois, vers pour vers, etc.
Paris, Hierosme de Marnef et Guillaume Cauellat, 1573,
In-12, lettres rondes, fig. Ce volume contient :

Figures représentant les emblèmes. Petites pl. en larg.,
grav. sur bois, dans le texte.

Francisci Sanctii Brocensis. commet. in And. Alciati emblemata. Lugduni, apud Guliel. Rovillium, 1573. In-8,
fig. Ce volume contient :

Figures représentant des emblèmes. Pl. in-12 en larg.
ou carrée, grav. sur bois, dans le texte.

Quelques figures représentant des arbres. Pl. in-16 en
haut., grav. sur bois, dans le texte.

Les œuvres de M. Francois Rabelais, Docteur en Méde-
cine, etc. Lyon, Pierre Estiard, 1573. In-16. Ce volume
contient :

Figure représentant une bouteille à col étroit et à deux
anses, sur laquelle est une longue inscription en
vers : *O bouteille pleine toute,* etc. Pl. in-16, grav.
sur bois, à la p. 199, dans le texte.

Traicte contenant les Secrets du premier livre sur l'espée
seule, mere de toutes armes, etc., par Henry de Sainct
Didier. Paris, Jean Mettayer et Mathieu Chalenge, et se

vend chez Jean Dalier, 1573. In-4, lettres rondes, fig.   1573.
Rare. Ce volume contient :

Soixante-quatre figures représentant les exercices de
l'escrime. Pl. in-8 en larg., grav. sur bois, dans le
texte.

Portrait du roi Charles IX, en pied, tourné à gauche,
la main sur un casque placé sur une table. Pl. in-4 en
haut., grav sur bois. Au-dessous on lit, en caractères
imprimés, quatre vers : *Ton rare esprit*, etc, au
feuillet 17, verso.

Portrait de Saint-Didier, en pied. A gauche, un tronc
d'arbre, avec des armoiries. Pl. in-4 en haut., grav.
sur bois. Au-dessous on lit, en caractères imprimés,
quatre vers : *En cette page est comprins*, etc., au
feuillet 18, verso.

> On lit, à la fin de l'ouvrage, un avis à l'amy lecteur, signé à
> l'encre par l'auteur, dans lequel il prie de lui rapporter ce
> livre lorsqu'il ne portera pas le nom, surnom et paraffe de
> l'auteur, et promet de rendre l'argent que ces livres auront
> coûté, en disant qui les a vendus, pour pouvoir poursuivre en
> justice.
> C'est sans doute un des premiers exemples de ces précau-
> tions contre les faussaires.

La venerie de Jaqves dv Fovillovx, gentilhomme, seignevr
dvdit liev au païs de Gastine en Poictou, augmenté de
l'art de chasser aux bestes privees et sauuages, extrait du
livre du roy Phœbus. Paris, Galliot du Pré, 1573. In-4,
fig. Ce volume contient :

Nombreuses figures représentant des sujets relatifs à la

1573.   chasse. Pl. de diverses grandeurs, grav. sur bois,
               musique dans le texte.

> J'ai vu un exemplaire de cette édition contenant un portrait
> du roi Charles IX.

———

Grand médaillon de Charles IX, sans revers, diamètre
165 mill. Partie d'une pl. in-fol. en haut. Trésor de
numismatique et de glyptique, Médailles françaises,
1re partie, pl. 20, n° 1.

Médaille de Charles IX. Partie d'une pl. in-fol. en haut.
Idem, pl. 20, n° 2.

Médaille de Charles IX et de Henri, duc d'Anjou, alors
roi de Pologne. Rev. Catherine de Médicis. Partie
d'une pl. in-fol. en haut. Idem, pl. 18, n° 2.

Médaille de Charles IX et de Henri, roi de Pologne.
Partie d'une pl. in-fol. en haut. Idem, pl. 21, n° 1.

Médaille de Henri de Valois, roi de Pologne, depuis
Henri III. Partie d'une pl. in-fol. en haut. Idem,
pl. 20, n° 5.

Ordonnance du Roy sur les monnoies, du 9 juin 1573, etc.
Paris, Jean Dallier, 1573. In-12, fig. Cet opuscule contient :

Figures représentant des monnaies. Petites pl. grav.
sur bois., dans le texte.

———

Monnaie de Charles IX. Partie d'une pl. en haut. Thom.
Pembrock, p. 4, pl. 31.

Monnaie de Charles IX. Partie d'une pl. in-fol. en haut. Du Cange; Glossarium, 1733, t. IV, p. 965; n° 10.

Deux monnaies de Charles IX. Partie d'une pl. in-4 en haut. Du Cange; Glossarium, 1840, t. IV, pl. 16, n°s 3, 6.

Trois monnaies de Charles IX. Partie d'une pl. in-fol. en haut. Trésor de numismatique et de glyptique. Histoire par les monuments de l'art monétaire chez les modernes, pl. 10, n°s 4, 5, 6.

Quatre monnaies de Charles IX, de l'année 1573. Partie de deux pl. in-8 en haut. Berry; Études, etc., pl. 56, n°s 11, 12, 13; pl. 57, n° 10, t. II, p. 437, 442.

Médaille de Louis de Lorraine, cardinal de Guise, évêque de Troyes, d'Alby, archevêque de Sens, évêque de Metz, qui mourut le 29 mai 1578. Rev. Charles de Guise, cardinal de Lorraine, archevêque de Reims, qui mourut le 26 décembre 1574. Partie d'une pl. in-fol. en haut. Trésor de numismatique et de glyptique. Médailles françaises, 1re partie, pl. 49, n° 6.

Jeton relatif à la Ligue. Rev. AQUARUM VIVENTIUM. Petite pl. grav. sur bois. De Fontenay; Nouvelle étude de jeton, p. 58, dans le texte.

Jeton relatif à des tentatives d'établissement de la Ligue, frappé à Beaune. Petite pl., grav. sur bois. De Fontenay; Manuel de l'amateur de jetons, p. 251, dans le texte.

1573.   Jeton d'une confrairie à Dijon. Petite pl. grav. sur bois. Rossignol ; Des libertés de la Bourgogne, p. 64, dans le texte.

1574.

1574.   Tombe d'Anthoine Brunet, chanoine, en pierre, proche
Février 27.   la chapelle de Saint-Augustin, dans la croisée de la nef, à droite, dans l'église de Notre-Dame de Paris. Dessin grand in-8. Recueil Gaignières à Oxford, t. IX, f. 27.

Mai 11.   Tombe de Germais Vialar, chanoine, en pierre, en entrant dans l'aisle à droite du chœur de l'église de Notre-Dame de Paris. Dessin grand in-8. Recueil Gaignières à Oxford, t. IX, f. 101.

Mai 16.   Vitre représentant un évêque à genoux, priant, probablement Gabriel Leveneur de Tillières, évêque d'Évreux. Dessin in-8. Recueil Gaignières à Oxford, t. V, f. 80.

Mai 30.   Charles IX et Elisabeth d'Autriche, sa femme, allant à la chasse, montés sur le même cheval. Peinture sur verre du cabinet d'A. Lenoir. Pl. petit in-fol. en larg. A. Lenoir ; Histoire des arts en France, pl. 101.

Lettres du Roy nostre Sire sur le fait de la confirmation des offices et privileges Royaux. Lyon, B. Rigaud, 1561. In-12, 8 pages. *Rare.* Cet opuscule contient :

Buste à mi-corps de Charles IX, tourné à gauche, avec un bonnet. Estampe ovale en haut., 73 $^{mill.}$ 57, grav. sur bois. CAROLV IX REX FRANC : 61.

Portrait de Charles IX, tourné à droite, au milieu d'un cartouche d'ornement, dans lequel on voit en haut, l'écusson de France ; au-dessous, la légende : PIE-TATE ET IUSTITIA ; de chaque côté : C. IX . et en bas : G. XII. Très-petite estampe grav. sur bois, car-ée en haut. 56 $^{mill.}$ sur 50.

> Ce petit portrait existe sur les titres de plusieurs opuscules imprimés par Guillaume de Nyverd, à Paris, et spécialement sur des lettres patentes et mandements du roi. J'en ai vu quel-ques-uns de cette nature de 1567 et 1568.

Portrait du même en buste, tourné à gauche, dans un médaillon ovale soutenu par deux anges et deux satyres. *Nicolo Nelli* V. F. 1567. Estampe in-4 en haut., qui se trouve dans le recueil intitulé : Imagines quorumdam, etc. Zalterij formis.

Portrait du même, à mi-corps, tenant le sceptre et le globe. Pres de lui est son casque devant un coussin. Médaillon ovale. Autour, le nom. Dessous : *Car-les IX Roy de francois Lan de grasse* (*sic*) xviii, M . D . lxviii. *Mathias Zumb*. Estampe in-4 en haut.

> Les quatre premiers livres de la Franciade, au Roy tres-chrestien, Charles Nevvieme de ce nom, par Pierre de Ronsard. Paris, Gabriel Buon, 1573. In-4. Ce volume contient :

Portrait de Charles IX, en buste, tourné à droite. Mé-daillon ovale. Autour, le nom. Pl. in-12 en haut., grav. sur bois. Au-dessous, quatre vers imprimés : *Tu n'as, Ronsard, composé cet ouvrage*, etc.

——

Portrait du même, à mi-corps, tourné à droite, cui–

rassé, tenant de la main droite une masse d'armes.
Pl. petit in-4 en haut. Thevet ; Pourtraits, etc., 1584,
à la p. 224, dans le texte.

Portrait du même, en pied, dans une niche placée au
milieu d'un portail décoré de deux colonnes et d'ornements. In-fol. m° en haut. Schrenck ; Augustissimorum imperatorum, etc. Verissimæ imagines. Au
verso, la vie de ce roi dans un cadre d'ornement,
grav. sur bois.

Portrait du même, en buste, tourné à gauche. Médaillon ovale. Autour le nom. En bas : *T. de Lue* (*sic*
Leu) *fecit. J. Rabel excu.* Estampe in-16 en haut.

Figure du même, d'après les monuments du temps.
Ovale in-12 en haut., grav. sur bois. Du Tillet ; Recueil des roys de France, p. 248, dans le texte.

Partrait du même, tableau du temps. Miniature in-fol.
en haut. Gaignières, t. IX, 7. = Partie d'une pl. in-
fol. en haut. Montfaucon, t. V, pl. 23, n° 2.

Portrait du même, à genoux, en habit de l'ordre de
Saint-Michel, vitrail aux Cordeliers de Paris. Dessin
colorié in-fol. en haut. Gaignières, t. IX, 7 *bis.*

Portrait du même, vitrail de l'église de Saint-Étienne
de Beauvais, dans la chapelle Saint-Eustache. Dessin
in-fol. en haut. Gaignières, t. IX, 8. = Partie d'une
pl. in-fol. en haut. Montfaucon, t. V, pl. 23, n° 1.

Portrait en pied du même, tableau du temps. Miniature
in-fol. en haut. = Le même. Dessin in-fol. en haut.

non achevé. Gaignières, t. IX, 9-10. = Partie d'une
pl. in-fol. en haut. Montfaucon, t. V, pl. 23, n° 3.

Portrait du même, âgé d'environ douze ans, en buste,
d'après un dessin aux crayons du temps, de la bibliothèque Sainte-Geneviève. Pl. in-fol. en haut., coloriée. Niel; Portraits des personnages français, etc.,
1re partie.

Portrait du même, âgé d'environ vingt ans, en buste,
d'après un dessin aux crayons du temps, de la bibliothèque Sainte-Geneviève. Pl. in-fol. en haut, coloriée. Idem.

Portrait du même, en buste, tourné à droite. Médaillon
ovale. Autour, le nom. Au-dessous, quatre vers :
Si tant de grands guerriers, etc. *Thomas de leu Fe :
et excu*. Estampe in-8 en haut.

Portrait du même, à mi-corps, tourné à gauche. En
haut. A droite le nom. En bas, légende de huit lignes
en italien. Estampe petit in-4 en haut.

Portrait du même. Médaillon sur un soubassement avec
sa devise et les deux colonnes. Petit in-fol. en haut.
Au-dessous, en caractères imprimés, un quatrain :
CHARLES *dans un estat*, etc. Mézerai; Histoire de
France, t. II, p. 810. dans le texte.

Portrait du même, à mi-corps, la tête couverte d'une
toque. Médaillon ovale en haut. On lit autour :
CAROLUS NONUS DEI GRATIA GALLIARU (M) ET NAVARRÆ
REX CHRISTIANISSI 9; en bas, deux petits médaillons

et l'écusson de France. Pl. in-4 en haut. Heineccius
et Lenckfeldus, Fasti carolini, à la p. 252.

> Le titre de roi de Navarre donné à Charles IX par un érudit
> allemand est un fait curieux. Il y a dans le même ouvrage
> un portrait de François Ier avec le même titre.

Portrait du même, en buste, tourné à gauche. Médaillon ovale. En bas : LE TRES CHRESTIEN (*sic*) ROY CHARLES NEVFIESME, etc. *Moncornet ex.* Estampe in-8 en haut.

Portrait du même. *Harrewyn f : aqua forti et sculpsit.* Estampe in-12 en haut. Mémoires pour servir à l'histoire de France, par P. de l'Estoile. Édition de 1719, t, I, à la p. 33.

Portrait du même, en buste, tourné à gauche. Médaillon ovale. Autour, le nom en latin. En bas : *Carolus de IX Coninck van Vranerych.* Estampe in-8 en haut.

Portrait du même, à mi-corps, tenant le sceptre, tourné à droite, dans une ouverture en forme de fenêtre. En bas ; *Carolus IX Dei gratia francorum Rex christ.*^{mus}. *Pet. Jode ex.* Estampe in-8 en haut.

Portrait du même, en pied, appuyé sur une table tronquée. Estampe in-4 en haut. Mémoires de Condé, t. II, p. 212. ═ Même pl. Velly, Villaret et Garnier ; Portraits, t. III, p. 15.

Portrait du même. *A. Boizot del. Fillœul sculp.* In-8 en haut. Velly, Villaret et Garnier ; Portraits, t. III, p. 14.

Portrait du même, à genoux, aux Célestins de Paris.
Partie d'une pl. in-4 en haut. Millin ; Antiquités nationales, t. I, n° III, pl. 19, n° 11.

> Ce portrait fut fait en 1633, par ordre de Charles de Valois,
> duc d'Angoulême, fils naturel de Charles IX.

Portrait du même, debout, la tête tournée à gauche,
tenant de la main droite ses gants, et de la gauche
la poignée de son épée. Tableau par François Clouet
ou Cloet, dit Jehannet. Musée du Louvre, tableaux,
école française, n° 107.

Portrait du même, tableau de l'école française du
XVIe siècle, Musée de Versailles, n° 3147.

Buste du même, en albâtre, la tête en marbre, par
Germain Pilon. Musée du Louvre, sculptures modernes, n° 130. = Partie d'une pl. grand in-4 en
larg. De Clarac ; Musée de sculpture, pl. 1118-1119.

Armure du roi Charles IX, en fer gravé et damasquiné
d'or, avec ornements. Au Louvre, musée des Souverains.

> Provenant de l'ancien garde-meuble de la Couronne et du
> Musée d'artillerie, n° 48 (1839).

Casque du roi Charles IX, en argent repoussé, gravé,
doré et émaillé, avec divers sujets et ornements
ciselés. Au Musée du Louvre ; Musée des Souverains.

> Il provient de l'ancien trésor du Louvre.

Bouclier de Charles IX, en argent repoussé, gravé,

doré et émaillé, ornés d'ornements divers. Au Louvre, Musée des Souverains.

Il provient de l'ancien trésor du Louvre.

Sceau de Charles IX et contre-sceau. Partie d'une pl. in-fol. en haut. Trésor de numismatique et de glyptique. Sceaux des rois et reines de France, pl. 16, n° 4.

Quarante-huit médailles de Charles IX. Huit pl. petit in-fol. en haut. Mézerai; Histoire de France, t. II, p. 1174-76-78-80-82-84-86-88, dans le texte.

Médaille du même. Partie d'une pl. in-fol. en haut. Trésor de numismatique et de glyptique. Médailles françaises, 1re partie, pl. 18, n° 3.

Médaille du même. Partie d'une pl. in-fol. en haut. Idem, pl. 19, n° 6.

Médaille du même. Partie d'une pl. in-fol. en haut. Idem, pl. 20, n° 3.

Médaille du même. Partie d'une pl. in-fol. en haut. Idem, pl. 21, n° 4.

Deux monnaies de Charles IX, roi de France. Petites pl. grav. sur bois. Ordonnance, etc. Anvers, 1633, feuillet Q, 3.

Monnaie du même. Petite pl. grav. sur bois. Idem, feuillet Q, 6.

Monnaie du même. Petite pl. grav. sur bois. Idem, feuillet R, 1.

Neuf monnaies du même, dont quelques unes ont des millésimes d'années de son règne. Pl. in-4 en haut. Le Blanc, pl. 334, à la p. 334.

Huit monnaies du même. Dessins, 2 feuilles in-fol. Supplément à Le Blanc, manuscrit, bibliothèque de l'Arsenal, f. 33, 34.

Monnaie du même. Partie d'une pl. in-fol. en haut. Du Cange ; Glossarium, 1733, t. IV, p. 932, n° 7.

Deux monnaies du même. Pl. in-8 en haut., lithogr. De Bastard ; Recherches sur Randan, pl. 19, à la p. 189.

Monnaie du même. Partie d'une pl. in-4 en haut. Du Cange ; Glossarium, 1840, t. IV, pl. 16, n° 7.

Cinq monnaies du même, de l'année 1574 ou sans années. Partie de deux pl. in-8 en haut. Berry ; Etudes, etc., pl. 56, n°s 6, 7, 10, 14 ; pl. 57, n° 11, t. II, p. 434 à 443.

La généalogie et descente des Roys de France, depuis Pharamond, premier roy des Francois, jusques à Charles neufiesme, treschrestien à present regnant, avec leurs effigies, etc. Paris, Guillaume Lenoir, 1562. Grande frise in-fol., composée de douze feuilles et de deux demi-feuilles, dont la première contient le titre ci-dessus. Ces planches représentent :

Les portraits de soixante et un rois de France, jusques et compris Charles IX, avec des cartouches contenant des légendes historiques et des ronds mentionnant les parents et les alliances. Tous ces portraits sont en bustes, excepté le premier, celui de Phara-mond, qui est représenté en figure entière et assis. Grav. sur bois. *Très-rare.*

Ces planches sont quelquefois coloriées.
Ces portraits sont imaginaires jusqu'à celui de Charles VII.

Les Croniques et Annales de France, depuis la destruction de Troye, jusques au roy Louis XI, jadis composées par feu Nicole Gille . . . . nouvellement imprimées sur la correction de Denis Sauvage et additionnées jusques au roy Charles IX, avec les effigies des roys au plus près du naturel. Paris, Nicolas du Chemin, 1566. In-fol., 2 to-mes en un vol., fig. Cet ouvrage contient :

Les portraits des rois de France, en buste ou à mi-corps, jusques et compris Charles IX. Médaillons ovales in-12, grav. sur bois, dans le texte.

Cronique abregee des faits, gestes et vies illustres des Roys de France : depuis Pharamond iusques à Charles neu-fiesme de ce nom, à present regnant, etc. Paris, Guillaume le Noir, 1566. In-42, lettres rondes, fig. Ce volume contient :

Soixante et un portraits des rois de France, en buste, depuis Pharamond jusqu'à Charles IX. Pl. in-16 ovales en haut., grav. sur bois, dans le texte.

Epitome Chronicorum regum Galliæ à Pharamundo ad Carolum eius nominis nonum. Una cum eorundam ico-nibus ad vinum, quantum fieri potuit, expressu. Pari-

siis. Apud Gulielmum le Noir, 1566. Petit in-8, fig.
Ce volume contient :

Les portraits des rois de France, depuis Pharamond,
jusqu'à Charles IX, en buste, ou à mi-corps. Estampes ovales en haut., ou rondes. In-12, grav. sur
bois, dans le texte.

Recueil des effigies des Roys de France, avec un brief
sommaire des genealogies, faits et gestes d'iceulx. Lyon,
Raullant de Neufchatel. Sans date (1567). In-8, fig. Ce
volume contient :

Frontispice représentant l'écusson de France, soutenu
par deux figures. On lit, en caractères imprimés, en
haut le titre, et en bas : A Lion, etc., le tout dans
une bordure. Pl. grand in-4 en haut., grav. sur
bois.

Figures représentant soixante et un portraits des rois de
France, depuis Pharamond jusqu'à Charles IX, à
mi-corps. Pl. grand in-4 en haut., grav. sur bois,
dans le texte.

Figure représentant la devise de Charles IX ; deux
femmes On lit, en caractères imprimés, en haut :
Piété et Justice, et en bas un passage d'une épître
de saint Pierre, le tout dans une bordure. Grand
in-4 en haut., grav. sur bois, à l'avant-dernier feuillet, verso.

Brief sommaire des genealogies, faits et gestes des Roys de
France, jusqu'à Charles IX, par Francois Desprez. Paris

1569. In-4. — Autre édition in-8, 1577. Cet ouvrage
contient :

Les portraits des rois de France. Le Long, t. II,
n° 15727.

Cronique sommairement traictee des faictz heroïques de
tous les rois de France, et des personnages et choses
mémorables de leur temps. Lyon, Clem. Baudin, 1570.
In-8, fig. Ce volume contient :

Portraits des rois de France, depuis Pharamond jusqu'à Charles IX. Pl. in-12 ovales, grav. sur cuivre,
dans le texte.

La chronique abregée des Rois de France. Lyon, Arnoul-
let, 1570. In-8. Ce volume contient :

Les portraits des rois de France, probablement jusqu'à et compris Charles IX. Le Long, t. II, n° 15729.

Chronique abregée ou recueil des faits, gestes et vies illustres des roys de France. Paris, S. Calvarin, 1575. Petit
in-8, fig. Ce volume contient :

Les portraits des rois de France, depuis Pharamond
jusqu'à Charles IX. Petites pl. ovales, grav. sur bois,
dans le texte.

Les grandes annales et histoire generale de France, des la
venue des François dans les Gaules, etc., etc., recueillis
et mis en ordre par Francois de Belleforest, annaliste
du Roi. Paris, Buon, 1579. 2 vol. in-fol. Cet ouvrage
contient :

Les portraits des rois de France, probablement jusques
et compris Charles IX. Le Long, t. II, n° 15734.

HENRI III.

1574.

1574.
Juin 20.

Portrait d'Antoine, sire de Créquy, de Pontdremy et
de Canaples, évêque de Nantes, en 1554, puis d'A-
miens, en 1561, cardinal, 1565, chancelier de l'ordre, à mi-corps. Dessin in-fol. en haut. Bibliothèque
impériale, manuscrits, boetes de l'ordre du Saint-
Esprit, Créquy.

Juillet 8.

Vue de l'arrivée de Henri III à Venise, et de sa réception au lido par le Doge. En bas, à gauche : *Il no-
bilissimo e superbo apparato fatto nel lido di Venetia dell ill.*ma *sig.*ia *alla venuta di Henrico III Re
di Francia e di Polonia l'anno 1574. In Ven*a *del
1591 G . D . M . inu.* Estampe in-fol. m° en larg.
Très-rare.

Vue de l'arivée de Henri III à Venise et de sa réception
au lido par le Doge. En haut, à gauche : *Il grande
apparato fatto dall*a *Ill.*ma *Sig.*ria *di Venetia sopra il
lido por la venuta di Henrico iij Re di francia et di
Polonia l'anno 1574. E la presente opera e in sala
del anti Pregadi depinta da Andrea Vicentino
l'anno 1593.* Estampe in-fol. en larg. *Très-rare.*

Réception de Henri III à Venise, le 8 juillet 1574. Esquisse du tableau de Paul Véronèse, placé à Venise
au palais ducal, dans la salle des quatre portes. Ta-

1574.   bleau. Musée du Louvre, tableaux, écoles d'Italie et
Juillet 8.   d'Espagne, n° 267.

Gravé au trait par Comirato.

Juillet 26.   Portrait de François Richardot, théologien, à mi-corps,
              tourné à droite. *De Larmessin Sculp.* In-4 en haut.
              Bullart, t. II, p. 22, dans le texte.

Août 2.   La somptueuse et magnifique entree du tres-chrestien roy
              Henry III de ce nom, Roy de France et de Pologne,
              grand duc de Lithuanïe, etc. En la Cite de Mantoüe,
              auec les portraicts des choses les plus exquises, par
              B. D. Vig.^{re}. Paris, Nicolas Chesneau, 1576. In-4, fig.
              Très-rare. Ce volume contient :

Armoiries. Pl. in-12 en larg., au feuillet du titre, verso.

Porte d'une ville où l'on arrive par un pont sur les
     fossés, à l'entrée duquel sont deux statues, le dieu
     Mars et la nymphe Mantho. Dans le fond, au-dessus
     de la porte et des murs, on voit des maisons. En
     bas : 1. Pl. in-4 en haut. à la p. 15, dans le texte.

Arc à trois ordres, orné de figures et de trophées ; sur
     le fronton on voit deux fleurs de lis. En bas : II. Pl.
     in-4 en haut., à la p. 19, dans le texte.

Arc. En haut, une statue tenant une palme. Autres sta-
     tues dans des niches. En bas : III. Pl. in-4 en haut.,
     à la p. 27, dans le texte.

Les deux côtés d'un arc, avec statues dans leurs niches ;
     au-dessous, les deux plans. En bas : IIII. Pl. in-4 en
     haut., à la p. 28, dans le texte.

Arc surmonté d'un attique très-élevé, avec de nombreuses statues dans leurs niches; peintures. En bas :
V. Pl. in-4 en haut., à la p. 33, dans le texte.

Arc. En haut, les armes du roi soutenues par deux
figures. En bas : VI. Pl. in-4 en haut., à la p. 40,
dans le texte.

Statue d'un roi tenant le sceptre et une espèce de
truelle, sur un piédestal. En bas : VII. Pl. in-4 en
haut., à la p. 42, dans le texte.

Arc à trois portes et colonnades. En haut, trois fleurs
de lis soutenant trois couronnes. En bas : VIII. Pl.
in-4 en haut., à la p. 45, dans le texte.

—

Portrait en buste de Marguerite de France, fille de   Septemb. 15.
François Ier, duchesse de Berry, depuis femme de
Philippe Emmanuel, duc de Savoye, tableau de Corneille. Miniature in-fol. en haut. Gaignières, t. XII,
3. = Pl. in-fol. en haut. Montfaucon, t. V, pl. XI,
n° 1.

Portrait de la même, tenant un éventail de plumes.
Sans indication de ce qu'était ce monument. Dessin
colorié in-fol. en haut. Gaignières, t. XII, 4. = Pl.
in-fol. en haut. Montfaucon, t. V, pl. 11, n° 3.

Portrait de la même, tenant un écureuil et ses gants.
Sans indication de ce qu'était ce monument. Dessin
in-8 en haut. Gaignières, t. XII, 5. = Pl. in-fol. en
haut. Montfaucon, t. V, pl. XI, n° 2.

Portrait de la même, en buste, tournée à droite. Bor-

1574.
Septemb. 15.

dure ovale où est le nom. Estampe grav. par Jean Rabel, in-16 en haut. Robert-Dumesnil, t. VIII, p. 137.

Portrait de la même. Tableau de l'école française du xvie siècle. Musée de Versailles, no 3088.

Octobre 1.

Tombe de Joannes de Marevil, abbas, en pierre, devant l'entrée du chapitre dans le cloistre de l'abbaye de Noaillé, à gauche. Dessin in-8. Recueil Gaignières à Oxford, t. VII, f. 144.

Octobre 9.

Tombe de Claude de Beaujeu, seigneur de Valon, etc., mort le 9 octobre 1574, et de Jehanne de Mailly, sa femme, armoiries, dans l'église de Notre-Dame de Beaujeu sur Saône, en la chapelle du Rosaire. Dessin in-4 esquissé. Bibliothèque impériale, manuscrits, boetes de l'ordre du Saint-Esprit, Beaujeu.

Octobre 30.

Portrait de Marie de Clèves, princesse de Condé, première femme de Henri de Bourbon, prince de Condé, miniature du temps. Miniature in-fol. en haut. Gaignières, t. X, 5. = Pl. in-fol. en haut. Montfaucon, t. V, pl. 41.

Jeton de la même. Petite pl. grav. sur bois. De Fontenay; Manuel de l'amateur de jetons, p. 399, dans le texte.

Jeton de la même. Petite pl. grav. sur bois. De Soultrait; Essai sur la numismatique nivernaise, p. 135.

Déc. 26.

Caroli Lotharingi Card. et Francisci Ducis Guysii, literæ et arma, in funebri oratione habita Nancij a N. Bocherio

theologo, etc. Lutetiæ F. Morelli, 1577. In-4. Ce volume contient :

Vue du tombeau du cardinal Charles de Lorraine.
Portique formé de quatre colonnes, au fond duquel
est placée l'inscription funéraire. Estampe in-4 en
haut.

Portrait du cardinal Charles de Lorraine, archevêque duc
de Reims, assis, tourné à gauche, la main droite sur
un livre ouvert, placé sur une table. En bas, un papier sur lequel on lit : A̅N̅°. D̅N̅I . 1575 . ÆTAT . 50.
Estampe petit in-4 en haut. Après la page 98.

> Ce portrait a été placé de nouveau dans l'ouvrage intitulé :
> La conjonction des lettres et des armes des deux tres illustres
> princes lorrains Charles, Cardinal de Lorraine, Archevêque et
> Duc de Reims, et Francois, Duc de Guyse, freres. J. de Foigny,
> 1579. In-4, après le feuillet 127.
>
> Charles de Lorraine, cardinal de Guise, puis de Lorraine,
> né le 17 février 1524, fut archevêque de Reims du 26 avril
> 1538 au 26 décembre 1574, et évêque de Metz (1.) du 21 juin
> 1550 au . . . . 1551.

Portrait de Charles de Lorraine, cardinal, archevêque
de Reims, à mi-corps, tourné à gauche, la main
droite levée. Pl. petit in-4 en haut. Thevet; Portraits, etc., 1584, à la p. 580, dans le texte.

Portrait du même, debout dans une bordure à sujets et
emblèmes. En haut : CAROLUS CARDINALIS A LOTHA-
RINGIA. Estampe in-fol. m° en haut. Vulson de la
Colombière ; Les portraits des hommes illustres, etc.,
au feuillet Q.

1574.
Déc. 26.

Portrait du même, debout. En haut, à droite, ses ar-
moiries. En bas : CAROLVS CARDINALIS A LOTHARINGIA.
Estampe in-12 en haut. Vulson de la Colombière;
Les vies des hommes illustres, etc., à la p. 205.

Portrait du même. *Harrevyn fecit.* Estampe in-12 en
haut. Mémoires pour servir à l'histoire de France,
par P. de L'Estoile, édition de 1719, t. I, à la p. 48.

Portrait du même. En haut : Te stante vivebo. Estampe
in-12 en haut. Journal — de Henry III, édition de
1720, t. I, 1re partie, à la p. 7.

> C'est le même que celui de l'édition de 1719.

Portrait du même, à mi-corps, tourné à droite. Estampe in-4 en haut. Mémoires de Condé, t. V, p. 332.
= Même pl. Velly, Villaret et Garnier; Portraits,
t. V, p. 78.

Médailles de Charles, cardinal de Lorraine. Petite pl.
en larg. Köhler, t. III, p. 97.

Médaille du même. Partie d'une pl. in-fol. en haut.;
Calmet; Histoire de Lorraine, t. V, pl. 2, n° 41.

Médaille du même. Partie d'une pl. in-fol. en haut.
Trésor de numismatique et de glyptique. Médailles
françaises, 1re partie, pl. 44, n° 3.

Monnaie du même. Petite pl. grav. sur bois. Ordonnance, etc. Anvers, 1633, feuillet N, 8.

1574.

Reliure d'un livre d'heures manuscrit, avec miniature
de la fin du xve siècle, qui fut en 1574 à l'usage de

.Henri III lors de la mort de Marie, princesse de
Condé, de la collection du Sommerard. Partie d'une
pl. lithogr. et coloriée in-fol. m° en larg. Du Sommerard; Les arts au moyen âge. Atlas, chap. VIII,
pl. 6 (texte, pl. 4).

Le volume est cité à 1500.

Emblemes d'Alciat en latin et francois, vers pour vers, etc.
Paris, Hierosme de Marnef et Guillaume Cauellat, 1574.
In-12, lettres rondes, fig. Ce volume contient :

Figures représentant des emblèmes. Petites pl. en larg.,
grav. sur bois, dans le texte.

Théatre des instrumens mathematiques et mechaniques de
Jacques Besson, Dauphinois, docte mathematicien, Avec
l'interpretation des figures d'iceluy, par François Be-
roald. Lyon, Barthelemy Vincent, 1578. In-fol., fig. Ce
volume contient soixante estampes représentant des ma-
chines et instruments divers, parmi lesquelles quatre
sont gravées par René Boyvin. Voici l'indication d'une
d'elles :

Chariot nouveau et royal contenant Charles IX et la
reine, sa femme, attelé de plusieurs chevaux, dont
on ne voit que le timon. Il est dirigé à droite. En
haut : NOVUM VEHICULI REGALIS, etc. Sur le fond, à
droite, le monogramme de René Boyvin. Estampe
in-fol. en larg. Robert-Dumesnil, t. V, p. 80.

Mitistoire barragouyne de Fanfreluche et Gaudichon,
Trouvee depuis n'aguerre d'une exemplaire escrite à la
main. De la valeur de dix atomes pour la recreation de
tous bons fanfreluchistes. Autheur a, b, c, d, e, f, g, h,

i, k, l, m, n, o, p, q, r, s, t, v, x, y, z (Guillaume des Autels). Lyon, Jean Dieppi, 1574. In-16, lettres rondes, fig. *Très-rare.* Ce volume contient :

Figures représentant des sujets divers relatifs à l'ouvrage. Petites pl. en larg., grav. sur bois, dans le texte.

Mitistoire barragouyne de Fanfreluche et Gaudichon, Trouvee depuis n'aguerre d'une exemplaire escrite à la main, etc. Autour : a, b, c, d, etc. (l'alphabet.) On les vend à Lyon, par Jean Dieppi, 1574. Réimpression du 14 novembre 1850, chez Crapelet, à Paris. In-12. Ce volume contient :

Figure représentant deux personnages assis ; au fond, des édifices. Petites pl. en larg., grav. sur bois, sur le titre.

Très-grande horloge avec un grand nombre d'ornements et de figures, dans la cathédrale de Strasbourg. On lit en haut : HOROLOGIUM ASTRONOMICUM ARGENTORATENSE. A gauche, une colonne de vers latins. Estampe in-fol., m° en haut.

Cette grande et curieuse horloge fut faite sur les dessins du célèbre mathématicien Conrad Dasypodius. Elle fut exécutée de 1570 à 1574, par trois habiles artistes : Isaac Habrecht, Abraham, son fils, et Isaac, son petit-fils.

Vue de l'horloge de la cathédrale de Strasbourg, ornée de plusieurs figures sculptées. *H., pag.* 59. Estampe in-12 en haut. Description nouvelle de la cathédrale de Strasbourg, à la p. 59.

Médaille d'Henri III, partie d'une pl. in-fol. en haut.   1574.
Trésor de numismatique et de glyptique. Médailles
françaises, 1ʳᵉ partie, pl. 21, nº 5.

Médaille de Claude de France, femme de Charles III,
duc de Lorraine, sans revers. Partie d'une pl. in-8
en haut. Baleicourt; — Traité de la maison de Lorraine, nº 15.

Cette princesse mourut le 10 février 1575.

Médaille de la même. Partie d'une pl. in-fol. en haut.
Calmet; Histoire de Lorraine, t. II, pl. 4, nº 72.

Ordonnance du roy Henri troisième sur le faict de ses
monnoyes. Paris, J. Dallier, 1574. In-8, fig. Cet opuscule contient :

Figures représentant des monnaies. Petites pl. grav.
sur bois, dans le texte.

—

Monnaie de Louis de Bourbon II du nom, duc de
Montpensier, prince de Dombes. Partie d'une pl.
in-4 en haut. Tobiesen Duby; Monnoies des barons,
pl. 44, nº 2.

Ce prince mourut le 23 septembre 1582.

Monnaie de Jean IV de Mandersheid-Blankenheim,
évêque de Strasbourg, jusqu'en 1592. Partie d'une
pl. in-4 en haut. Tobiesen Duby; Monnoies des barons, pl. 13, nº 1.

Estampe représentant le duc d'Albe et beaucoup d'au-   1574?
tres personnages. Dans le fond, une ville. En bas

1574?   est une inscription en hollandais et en français :
Duc d'Albe ayant tondu le bas pays et mis, etc.,
huit vers. En bas, deux autres petits sujets. Pl. in-fol.
en larg. *Rare.*

Il y a une épreuve de cette estampe dans le Recueil formé
par P. de l'Estoile, feuillet xxxiv (voir à l'année 1589).

1575.

1575.   Tombe de Anthonius le Civier, évêque d'Avranches ;
Janvier 17.   elle est plate et la figure est en cuivre, à droite, dans
le chœur de l'église de Notre-Dame de Paris. Dessin
grand in-8. Recueil Gaignières à Oxford, t. IX,
f. 64. = Pl. in-fol. en haut. Tombes éparses dans la
cathédrale de Paris. = Pl. in-fol. en haut. (Charpentier) Description — de l'église métropolitaine de
Paris, p. 394.

Janvier 31   Jeton frappé à Dijon à l'occasion du passage du roi
Henri III par la Bourgogne. Petite pl. grav. sur bois.
Rossignol ; Des libertés de la Bourgogne, p. 62, dans
le texte.

Février 5.   Navire formé d'une cornaline sur un pied d'argent
émaillé, dans lequel sont onze figures de femmes, six
en or et cinq en argent émaillés, représentant les
onze mille vierges, présent fait à la cathédrale de
Reims par Henri III, le 5 février 1575, jour où il fut
sacré dans cette église. Pl. in-4 en haut., lith. Prosper Tarbé ; Trésor des églises de Reims, à la p. 62.

Février 10.   Portrait en pied de Claude de France, fille d'Henri II,

femme de Charles II (III), duc de Lorraine, tableau
du temps. Miniature et dessin colorié in-fol. en haut.
Gaignières, t. XI, 42, 43. == Partie d'une pl. in-fol.
en larg. Montfaucon, t. V, pl. 12, n° 3.

Médaille d'Henri III, pour son sacre. Partie d'une pl.
in-fol. en haut. Trésor de numismatique et de glyptique. Médailles françaises, 1re partie, pl. 21, n° 7.

Médaille de Henri III. Rev. Louise de Lorraine, pour
leur mariage. Partie d'une pl. in-fol. en haut. Trésor
de numismatique et de glyptique. Médailles françaises, 1re partie, pl. 21, n° 8.

Figure de Mathieu Brocard, bourgeois de Beauvais, vitrail de la chapelle de Saint-Eustache, à Saint-Estienne de Beauvais. Dessin in-fol. en haut. Gaignières, t. IX, 71.

« 1575, 27 *maggio in Venetia partorj due creature
vive una etrea le quali sono attacate como qui si
vede vitrattj da Nicolo Nellj del naturale.* Au-dessous
de ce titre, la représentation de ces deux enfants
attachés ensemble, vus devant et derrière. Estampe
in-8 en larg.

> Cette estampe paraît n'avoir aucun rapport à la France. Je
> n'en place ici l'indication que parce qu'il y en a une épreuve
> dans le Recueil formé par P. de l'Estoile, feuillet xlvi (voir à
> l'année 1589).

Jeton de Renée de France, seconde fille de Louis XII,
et d'Anne de Bretagne, femme de Hercule d'Est, duc
de Ferrare. Petite pl. grav. sur bois. De Fontenay;

1575.
Février 10.

Février 13.

Février 15.

Avril 19.

Mai 27.

Juin 12.

1575.
Juin 12.

Manuel de l'amateur de jetons, p. 419, dans le texte.

> Cette princesse, devenue veuve en 1570, revint en France et revendiqua ses droits sur les successions de son père et de sa mère. Elle reçut des dédommagements.

Portrait de la même. Tableau de l'école française du xvi⁰ siècle. Musée de Versailles, n° 3027.

Portrait de la même. Tableau de l'école française du xvi⁰ siècle. Musée de Versailles, n° 3955.

Portrait de la même. Dessin. Musée du Louvre, dessins, école française, n° 33433.

Médaille pour le mariage de Guillaume, prince d'Orange, comte de Nassau, avec Charlotte de Bourbon, fille du duc de Montpensier. Elle porte leurs bustes. Partie d'une pl. in-8 en haut. Bizot, 1688, à la p. 33*.

> Ce mariage eut lieu le 12 juin 1574. — Suivant S. et L. de Sainte-Marthe.

Juillet 11. Tombeau de Jehan Gaillard et Anthoine Gaillard, son fils, seigneur de Maissey, Montigny, etc., et demoiselle Noline le Grand, son épouse, décédée le 11 juillet 1575, et son mari le 7 juillet 1583, et Catherine Gaillard, fille d'Anthoine Gaillard, décédée le 25 février 1591, à Notre-Dame de Chastillon sur Seine, dans le cimetière. Dessin in-8 en haut, esquissé. Bibliothèque impériale, manuscrits, boetes de l'ordre du Saint-Esprit, Gaillard.

Tombeau de Renat Rieux, à costé du grand autel de   1575.
l'église des Cordeliers de Nantes. Deux dessins in-fol.   Août 25.
en haut. Bibliothèque impériale, miniatures, boetes
de l'ordre du Saint-Esprit, Rieux.

Médaille d'Ernest, duc de Brunsvic, et Dorothée de   Nov. 30.
Lorraine, sa femme. Partie d'une pl. in-fol. en
haut. Calmet ; Histoire de Lorraine, t. V, pl. 1,
n° 19.

Epaulière d'armure en fer noir sur fond d'or, repré-   1575.
sentant des combats, et deux plats en faïence émaillée, par Bernard Palissy, de la collection du Sommerard. Pl. lith. et coloriée in-fol. m° en haut. Du
Sommerard ; Les arts au moyen âge, Album, 4ᵉ série,
pl. 36.

Lit de la moitié du xviᵉ siècle, d'après du Cerceau. Pl.
in-fol. en haut. Willemin, pl. 278.

Porte-lumière représentant un buste d'homme, faïence,
par Bernard Palissy, du xviᵉ siècle, de la collection
du Sommerard. Partie d'une pl. lith. et coloriée in-
fol. m° en larg. Du Sommerard ; Les arts au moyen
âge, Album, 2ᵉ série, pl. 32.

Plat de faïence émaillée, par Bernard Palissy, représentant le jugement de Pâris, de la collection du Sommerard. Pl. lith. et coloriée in-fol. m° en haut. Idem,
Album, 8ᵉ série, pl. 31.

Grande plaque de faïence émaillée du xviᵉ siècle, attribuée à Bernard Palissy, représentant le supplice des
Israélites livrés à la morsure des serpents ; dans la

1575.   bordure on voit des figures jouant de divers instruments. Pl. lith. et coloriée in-fol. m° en haut. Idem,
Album, 7ᵉ série, pl. 38.

Grand plat de poterie émaillée, de Bernard Palissy,
représentant une femme couchée et des enfants, du
xvıᵉ siècle, de la collection de M. le comte de Pour-
talès. Pl. lith. et coloriée in-fol. m° en larg. Idem,
Album, 5ᵉ série, pl. 28 (le texte porte pl. 33).

Grand plat de faïence émaillée de Bernard Palissy, représentant des poissons, reptiles, crustacées, molus-
ques, etc., moulés sur nature, avec leurs couleurs
reproduites par l'émail, de la collection du Sommerard. Pl. lith. et coloriée in-fol. m° en larg. Idem,
Atlas, chap. xvı, pl. 4.

Sacra institutio baptizandi iuxta ritum Romanæ Ecclesiæ.
Parisiis, J. Kerver, 1575. In-8. *Rare.* Ce volume contient :

Quelques figures représentant des sujets relatifs à l'ouvrage. Pl. de diverses grandeurs, grav. sur bois,
dans le texte.

———

Médaille d'Henri III. Petite pl. Luckius; Silloge numismatum, etc., dans le texte, p. 258.

Médaille de François, duc d'Alençon, frère d'Henri III.
Partie d'une pl. in-4 en haut. Pierquin de Gembloux;
Histoire monétaire et philologique du Berry, pl. 8,
n° 15.

Il mourut le 10 juin 1584.

Médaille de Navarre, frappée à Nérac. Partie d'une pl.   1575.
in-fol. en haut. Trésor de numismatique et de glyptique. Médailles françaises, 1re partie, pl. 25, n° 12.

Médaille de Jean-Jacques Boissard, auteur et artiste,
qui mourut le 30 octobre 1602. Partie d'une pl. in-
fol. en haut. Idem, pl. 51, n° 6.

. Ordonnance du Roy Henry III de ce nom sur le faict de
ses monoies (du 31 mai 1575). Paris, Vᵉ Jean Dallier,
1575. In-12, lettres rondes, fig. Cet opuscule contient :

Des monnaies françaises du temps. Petites pl. grav. sur
bois, dans le texte.

——

Monnaie de Henri III, roi de France. Petite pl. grav.
sur bois. Ordonnance, etc., Anvers, 1633, feuillet R, 1.

Monnaie du même. Partie d'une pl. in-fol. en haut. Du
Cange; Glossarium, 1733, t. IV, p. 965, n° 13.

Monnaie du même. Pl. in-4 en haut. Conbrouse, t. III,
pl. 73 *bis*.

> Le catalogue à la fin du volume fait confusion pour cette
> pièce.

Quatre monnaies du même, de l'année 1575. Partie
d'une pl. in-8 en haut. Berry; Études, etc., pl. 58,
nᵒˢ 9, 12; pl. 59, nᵒˢ 4, 5, t. II, p. 460, 462, 467.

Monnaie de Henri II, roi de Navarre, depuis Henri IV,
roi de France. Petite pl. grav. sur bois. Ordonnance, etc., Anvers, 1633, feuillet K, 1.

1575. Deux monnaies du même. Partie d'une pl. in-4 en haut.
Tobiesen Duby ; Monnoies des barons, pl. 21, n°s 2, 3.

> Henri, fils d'Antoine de Bourbon et de Jeanne d'Albret, roi
> de Navarre en 1572, était réellement le IIIe du nom ; mais il
> se nomma comme le IIe, en ne comptant pas Henri Ier le Gras,
> mort en 1274, et en se considérant comme le deuxième de la
> maison d'Albret.

Monnaie du même. Partie d'une pl. in-fol. en haut.
Trésor de numismatique et de glyptique. Histoire par
les monuments de l'art monétaire chez les modernes,
pl. 42, n° 2.

Monnaie de Louis de Bourbon IIe du nom, duc de Montpensier, prince de Dombes. Partie d'une pl. in-4 en
haut. Tobiesen Duby ; Monnoies des barons, pl. 43,
n° 11.

> Il mourut le 23 septembre 1582.

Monnaie du même. Partie d'une pl. in-fol. en haut.
Trésor de numismatique et de glyptique. Histoire par
les monuments de l'art monétaire chez les modernes,
pl. 18, n° 3.

Monnaies de Charles II, duc de Lorraine, frappée à
Nancy. Petite pl. en larg. Cöhler, t. V, p. 193, dans
le texte.

Deux monnaies de Charles II, duc de Lorraine, vulgairement appelé Charles III, ou le grand duc. Partie
d'une pl. in-4 en haut. De Saulcy ; Recherches sur
les monnaies des ducs héréditaires de Lorraine, pl. 21,
n°s 2, 3.

> Il mourut le 14 mai 1608.

Jeton représentant saint Jean–Baptiste. Rev. une in-   1575.
scription non expliquée. Petite pl. grav. sur bois.
Mercure de France, 1748, décembre, 2ᵉ vol., à la
p. 178, dans le texte.

Jeton de Dom. Lentailleur, abbé d'Anchin, près de
Douai. Partie d'une pl. in-8 en haut., lith. Dancoisne
et Delanoy ; Recueil de monnaies — l'histoire de
Douai, pl. 21, n° 3, p. 137.

Jeton de Philippe de Lallaing, gouverneur de Hainaut.
Partie d'une pl. in-8 en haut., lith. Dancoisne et
Delanoy. Recueil de monnaies — l'histoire de Douai,
pl. 21, n° 1, p. 134.

Portrait en pied de Caterine de Bourbon-Vendosme,   1575?
fille de Jaques, bâtard de Vendosme et de Jeanne de
Rubempré, femme de Jean d'Estrées, seigʳ de Val-
lieu et de Cœuvres, maître de l'artillerie de France,
miniature d'un graduel manuscrit du temps, où elle
est représentée, ainsi que ses père et mère. Miniature
in-fol. en haut. Gaignières, t. VIII, 25.

Statuette équestre en argent doré, que l'on peut attribuer à Germain Pilon. Musée du Louvre, bijoux,
n° 850. Comte de Laborde, p. 381.

Partie d'un heaume et haussecol, trouvés dans un château ayant appartenu à Guillaume Fouquet, seigneur
de la Varenne, favori d'Henri IV, qui lui avait fait
présent d'une de ses armures. On peut supposer que
ces restes faisaient partie de cette armure d'Henri IV.
Partie d'une pl. in-fol. en haut. Trésor de numisma-

1575? tique et de glyptique. Recueil général de bas-reliefs et d'ornements, pl. 24, n°s 1. 2.

Verrou en fer, portant un écusson aux armes de Catherine de Médicis, trouvé dans une fouille près de Sens, du cabinet de M. Alfred Lorne. Partie d'une pl. in-fol. en haut. Idem, 2e partie, pl. 27, 1.

Plat en faïence émaillée représentant des ornements, de l'école de Bernard Palissy. Partie d'une pl. in-4 en larg. Brongniart; Traité des arts céramiques, Atlas, pl. 35, n° 1, p. 55.

Dessins d'aiguières, coupes, salières, plateaux brasiers, nef, corbeilles, flambeaux, nécessaires de toilette et fontaine, propresaux orfèvres, bijoutiers, émailleurs et autres metteurs en œuvre. Neuf estampes gravées par René Boyvin, in-8 en larg. Robert-Dumesnil, t. VIII, p. 76.

Plat ovale à reliefs représentant une femme assise, connu sous le nom de plat de la belle Jardinière, de Bernard Palissy, de la collection Sauvageot. Partie d'une pl. in-4 en larg. Brongniart: Traité des arts céramiques, Atlas, pl. 35, n° 2, p. 55.

Vitrail de l'église de Saint-Patrice de Rouen, représentant en divers sujets *le Triomphe de la loi de grâce*, que l'on croit avoir été peint dans le xvie siècle d'après les dessins de Jean Cousin. Deux pl. in-4 en larg. Séances publiques de la Société libre d'émulation de Rouen, 1823, pl. 34.

Vitrail de l'église de Saint-Patrice de Rouen, représen-

tant le Triomphe de la loi de grâce, le péché, le   1575?
diable, la mort et la chair, du xvie siècle, dont le
dessin est attribué à Jean Cousin. *Dess. d'ap. le vi-*
trail par Mˡˡᵉ *Espérance Langlois,* 1823, *grav. par*
E. Hyacinthe Langlois. Deux pl. in-fol. en larg.
Langlois; Essai historique, etc., pl. 3, 4, p. 51 et
suiv.

Vitrail de l'église de Saint-Vincent de Rouen, représentant le miracle opéré par saint Antoine de Padoue,
du xvie siècle. *Dess. par* Mˡˡᵉ *Espérance Langlois,*
grav. par E. H. Langlois. Pl. in-8 en haut. Langlois; Essai historique, etc., pl. 5, p. 68.

1576.

Tombe de Pierre Ogier, devant la chaire du prédica-   1576.
teur, dans la nef de l'église de Saint-Yves de Paris.   Février 13.
Dessin in-8. Recueil Gaignières à Oxford, t. X, f. 64.

Épitaphe de fondation de Pierre Ogier, du 2 avril   Avril 2.
1576; au-dessous de l'inscription est le crucifix et
Pierre Ogier, à genoux, contre le mur à droite, dans
la nef de l'église de Saint-Yves de Paris. Dessin in-
fol. Idem, t. X, f. 53.

  Voir l'article précédent.

Tombeau de Gaspard de Saulx, chevalier de l'ordre et   Juin 29.
maréchal de France, en marbre blanc et noir, du
costé de l'évangile, dans le sanctuaire du chœur de
la Sainte-Chapelle de Dijon en Bourgogne. Dessin

in-fol. en haut. Bibliothèque impériale, manuscrits,
boetes de l'ordre du Saint-Esprit, Saulx.

Memoires de tres-noble et tres-illustre Gaspard de Saulx,
seigneur de Tavannes, mareschal de France, admiral
des mers de levant, gouverneur de Provence, conseiller
du Roy et capitaine de cent hommes d'armes. Sans lieu
ni nom d'imprimeur, ni date. In-fol. Ce volume contient :

Portrait de Gaspard de Saulx, seigr de Tauanes, en
buste, tourné à droite, dans un médaillon sur un
soubassement dans lequel est le nom : *De la Rous-
sierre delin. et sculp.* Pl. petit in-fol. en haut., avant
la dédicace au roi.

> Ces mémoires ont été imprimés en 1653, au château de Lu-
> gny, près d'Autun. Ce livre ne porte ni lieu ni date, et il
> paraît que l'éditeur, n'ayant pu obtenir de privilége, ne fit pas
> mettre l'ouvrage en vente.

Portrait de Gaspard de Saulx, seigneur de Tavannes,
maréchal de France, vu de trois quarts à gauche.
Dessin. Musée du Louvre, dessins, école française,
n° 33517.

Médaille du même. Partie d'une pl. in-fol. en haut.
Trésor de numismatique et de glyptique. Médailles
françaises, 1re partie, pl. 47, n° 7.

Portrait du comte de Brienne, grand maitre des cérémonies de France sous François Ier et Henri II, d'a-
près un tableau de la collection de M. Quintin Cran-
furd à Paris. *Engraved by S. Freeman.* Pl. in-8 en

haut. Dibdin ; A bibliographical — tour, 2ᵉ édition,
t. II, à la p. 296.

> Je ne trouve pas de grand maître des cérémonies de France
> à cette époque.
>
> C'est probablement Jean de Luxembourg, comte de Brienne
> et de Roussy, chevalier de l'ordre du roi, capitaine de cin-
> quante hommes d'armes, qui mourut le 1ᵉʳ juillet 1576, et fut
> enterré à Sancerre. P. Anselme, t. III, p. 730.

Portrait de Maximilien II, empereur d'Allemagne, père
d'Élisabeth d'Autriche, femme de Charles IX, la tête
seule, d'après un dessin aux crayons du temps, de la
bibliothèque Sainte-Geneviève. Pl. in-fol. en haut.,
coloriée. Niel ; Portraits des personnages français, etc.,
1ʳᵉ partie.

> Les premières épreuves portent, par erreur, en haut, à gau-
> che : Henri II, roi de France.
>
> M. Niel a fait une seule exception, dans son recueil, en y
> donnant ce portrait de Maximilien, prince étranger à la France.
> Je crois devoir cependant l'indiquer ici, pour ne pas suppri-
> mer un des portraits de ce remarquable ouvrage.

Les Espagnols et les Allemands mis hors de la ville de
Valenciennes par les troupes des Etats généraux.
Pl. petit in-4 en larg. Baudart, p. 219, dans le texte.

Vue des Etats de Blois ; le roi et tous les assistants y
sont représentés ; dans le champ, lettres de renvoi.
En haut : « Le vray pourtraict de l'assemblée des
Estats tenuz en la ville de Bloys au moys de Decembre, l'an mil cinq cens soixante et seize. » En bas,
explications des lettres de renvoi. « A Paris , chez

1576.
Déc. 6.

Robert le Mangnier, etc., 1577. Estampe grand in-fol. en larg., grav. sur bois. *Très-rare.*

> Cette estampe se trouve placée dans le volume intitulé : L'ordre des estats tenus à Bloys, l'an 1577, le 6 décembre, sous le roy de France et de Pologne Henry III du nom. Paris, Rob. le Mangnier, 1577. In-4. On y joint : La harangue prononcée devant le roy.... par Pierre d'Espinac, archevêque, comte de Lyon. Paris, P. L'Huillier, 1577. In-4.
>
> Ces deux pièces ont été réimprimées à Troyes, sans date. In-8. Manuel de M. Brunet, t. III, p. 571.

Déc. 8.

Jean Casimir, fils de l'électeur palatin, amène au prince de Condé huit mille reitres et six mille Suisses au secours des calvinistes. On voit la marche de ces troupes. En haut, à droite, partie de la ville de Strasbourg. Dans le champ, quelques légendes. Au-dessous, douze vers allemands et la date. Estampe in-4 en larg.

1576.

Figure de Renée de Dainteville, à genoux. Partie d'une pl. in-fol. en haut. Calmet; Notice de la Lorraine, t. II, n° 42.

> Il n'est pas dit d'où ce portrait est tiré.

Arbre généalogique de tous les rois de Naples et de Sicile des diverses dynasties. Les noms sont écrits sur des médaillons. En haut, dédicace au cardinal Ferdinand de Médicis. En bas : *Georgius Tilmanus Germanicus incidebat.* Pl. in-fol. magno en haut. *Rare.*

> Tiré sur une feuille d'un ouvrage italien sur les familles nobles napolitaines.

Médaille de Roger de Saint-Lary, seigneur de. Belle-garde, maréchal de France. Il mourut le 20 décembre 1579. Partie d'une pl. in-fol. en haut. Trésor de numismatique et de glyptique. Médailles françaises, 1ʳᵉ partie, pl. 64, n° 1.

La navigation du Compaignon à la Bouteille, avec le dis-cours des arts et sciences de Maistre Hambrelin. Paris, Claude Micard, 1576. In-16, lettres rondes, fig. Ce vo-lume contient :

Le portrait de maistre Hambrelin. Petit médaillon rond. Au-dessus et au-dessous, en caractères imprimés : Le Compagnon à la Bouteille, grav. sur bois, au feuillet du titre, verso. Une bouteille, sur laquelle on lit une inscription en vers : *O bouteille pleine toute*, etc. In-16 en haut., grav. sur bois, au feuil-let A *ij*, recto.

Quelques figures représentant des sujets relatifs à l'ou-vrage. Petites pl. en larg., grav. sur bois, dans le texte.

Le portrait de maistre Hambrelin, avec le nom. Petit médaillon rond, grav. sur bois, au feuillet 2, recto.

———

Monnaie de Henri III. Petite pl. grav. sur bois. Ordon-nance, etc. Anvers, 1633, feuillet м, 4.

Monnaie du même. Petite pl. grav. sur bois. Idem, feuillet в, 1.

Monnaie du même. Partie d'une pl. in-8 en haut. Berry ; Études, etc., pl. 58, n° 13, t. II, p. 463.

1576. Deux monnaies de Henri II, roi de Navarre, depuis Henri IV, roi de France, dont une avec le buste de la reine. Partie d'une pl. in-4 en haut. Tobiesen Duby ; Monnoies des barons, pl. 21, n°s 4, 6.

Monnaie de Henri II (ou III) (depuis Henri IV, roi de France), et Marguerite, roi et reine de Navarre. Partie d'une pl. in-fol. en haut. Trésor de numismatique et de glyptique. Histoire par les monuments de l'art monétaire chez les modernes, pl. 42, n° 1.

Jetoir portant : SUBDUCENDIS RATIONIBUS. Partie d'une pl. lithogr. in-8 en haut. De Fontenay ; Fragments d'histoire métallique, pl. 21 (texte 12) n° 5, p. 228.

Deux médailles de Louis de Bourbon, IIe du nom, duc de Montpensier, pair de France, prince souverain de Dombes, etc., qui mourut le 23 septembre 1582. Partie d'une pl. in-fol. en haut. Trésor de numismatique et de glyptique. Médailles françaises, 1re partie, pl. 4, 5, n°s 6, 7.

Deux monnaies du même. Partie d'une pl. in-4 en haut. Tobiesen Duby ; Monnoies des barons, pl. 44, n° 6.

Cinquante-trois monnaies de Philippe II, roi d'Espagne, comme comte de Flandre. Chiys, pl. 26 à 31. Supplément, pl. 36.

1577.

Médaille frappée à Vauclause, l'une des seigneuries de
Christophe de Villeneuve, seigneur de Vauclause et de
Barlemont, qui avait empêché l'exécution des ordres
de Charles IX en Provence, pour la Saint-Barthélemy. Partie d'une pl. in-fol. en haut. Trésor de numismatique et de glyptique, Médailles françaises,
1re partie, pl. 22, n° 5.

Portrait de Nicolas de Lorraine, comte de Chaligny, en
pied, entouré de trophées d'armes, tenant le bâton de
commandement et un placet : Au Roy. Médaillon
rond ; autour, le nom. En bas, à droite, le monogramme de Pierre Woeiriot. Estampe, diamètre
in-16. Robert-Dumesnil, t. VII, p. 117.

> Il fut évêque de Metz en 1543, et de Verdun de 1544 à
> 1548.
> Il ne fut jamais ordonné prêtre, quitta ses bénéfices pour se
> marier et mourut le. . . . .

Tombeau de Antoine du Châtelet, IIe du nom, conseiller et grand chambellan du duc de Lorraine, et de
Anne de Beauvau, dame de Passavant, sa femme,
morte le 10 octobre 1579, dans l'église paroissiale
de Martinvelle. *Ravenet sculpsit. Page* 188. Pl. in-fol.
en haut. Calmet ; Histoire généalogique de la maison
du Châtelet, à la p. 188.

Portrait de Louis III, seigneur de la Trémoille, duc de
Thouars. Tableau du xvie siècle. Musée de Versailles,
n° 3130.

Tombe de Pierre Danetz, en pierre, proche la grille du
chœur, devant la chapelle de Saint-Casimir, dans
l'église de l'abbaye de Saint-Germain des Prez de
Paris. Dessin grand in-8. Recueil Gaignières à Oxford,
t. XI, f. 113.

Portrait de Pierre Danès, lecteur royal ou professeur
du collége royal de France, le premier élu et installé,
depuis évêque de Lavaur et ambassadeur du roi au
concile de Trente. *Isac fecit.* Estampe in-4 en haut.
Le collége royal de France, à la p. 19. *Rare.*

Portrait de Blaise de Montluc, mareschal de France, à
mi-corps, la tête couverte d'un chapeau, tenant de
la main gauche son épée. Pl. petit in-4 en haut.
Thevet; Portraits, etc., 1584, à la p. 460, dans le
texte.

Portrait du même, debout, dans une bordure à sujets
et emblèmes. En haut : BLASIUS DE MONLUC POLEMAR-
CHUS. Estampe in-fol. m° en haut. Vulson de la Colombière; Les portraits des hommes illustres, etc., *ε*
au feuillet R.

Portrait du même, debout. En haut, à gauche, ses armoiries. En bas : BLASIVS DE MONLUC POLEMARCHUS.
Estampe in-12 en hauteur. Idem; Les vies des hommes illustres, etc., à la p. 219.

Portrait du même. Partie d'une pl. in-fol. en haut.
Montfaucon, t. V, pl. 35, n° 1.

Portrait en pied du même. *N. Piux. P. A. sculp.* Estampe in-8 en haut., ovale. Velly, Villaret et Garnier;
Portraits, t. II, p. 92.

Portrait du même, en pied, appuyé sur sa canne, de 1577. face. En bas, à gauche, ses armoiries. Au-dessous : Juillet. *Blasij Montluci Franciæ Mareschalli vera effigies.* Estampe petit in-fol. en haut.

Epitaphe de Pierre le Roy ; au-dessus est un tableau Septemb. 28. qui représente le chevalier, à genoux, et saint Pierre, contre le mur, à gauche de l'autel, dans la deuxième chapelle à droite de l'église de Notre-Dame de Nan-tes. Dessin in-8. Recueil Gaignières à Oxford, t. VII, f. 231.

Missa ad postulandam à Deo prolem pro Christianissima Octobre. Regina Franciæ in insigni ecclesia Cornotensi per No-nendium mense Octobri 1577 ex voto eiusdem Reginæ Solemniter celebrata. Manuscrit du xvi⁰ siècle. Petit in-4, parchemin. Bibliothèque impériale, manuscrits, ancien fonds latin, n° 1116ᴬ. Ce volume contient :

Trois miniatures représentant un cartouche dans lequel est une sainte tunique, l'écusson de France et celui de France et Lorraine. — Vaudemont ; Petites pièces, au commencement du texte.

> Miniatures intéressantes pour la circonstance de la célébra-tion de cette neuvaine. La conservation est belle.

Les bourgeois de la ville de Valenciennes, ayant appris Nov. 10. que la garnison allemande s'était alliée avec les Es-pagnols, se soulèvent et chassent les soldats allemands et espagnols. Vue de la ville et des combats. Sur le devant, on lit : VALENCHIENNES. En bas, douze vers allemands et la date, n° 13. Estampe in-4 en larg.

1577.　De tristibus Franciæ libri quatuor. Ex bibliothecæ Lugdu-
　　　nensis codice nunc primum in lucem editi cura et sump-
　　　tibus. L. Cailhava, Lugduni per Ludovicum Perrin, 1840.
　　　In-4, fig., tiré à 120 exemplaires. Ce volume contient :

Trente-neuf figures représentant des faits relatifs aux
　　guerres de religion en France, depuis 1562 jusqu'à
　　1577, copiées d'après trente-neuf dessins coloriés à
　　l'aquarelle, faisant partie d'un manuscrit sur papier,
　　en vers latins, d'un auteur inconnu, contenant envi-
　　ron trois mille vers. In-fol. de 102 pages, de la bi-
　　bliothèque de Lyon, n° 581. Le quarantième dessin
　　manque. Pl. in-8 carrées, lithogr., dans le texte.

　　　Ces dessins sont fort curieux et peuvent former suite et com-
　　plément au recueil de Tortorel et Perrissin.

Philibert de Lorme, architecte du roi Henri II, en buste,
　　de profil, bas-relief en bronze incrusté sur un fond
　　de marbre, par un sculpteur inconnu. Musée du
　　Louvre, sculptures modernes, n° 148.

Portrait de Remy Belleau, poëte, en buste, tourné à
　　gauche J. *Granthome Excudit.* Estampe in-12 en
　　haut.

Portrait du même, en buste, tourné à gauche. Médail-
　　lon ovale. On lit autour : REMY BELLEAU, POETE
　　FRANCOIS. Au-dessous : *E. Granthome excudit.* Es-
　　tampe in-12 en haut.

Portrait du même, en buste, tourné à gauche. Médail-
　　lon ovale ; autour, le nom. En bas : *Jo Radel* (un d
　　pour un b) *Excudit.* Estampe grav. par Jean Rabel,
　　in-16 en haut. Robert-Dumesnil, t. VIII, p. 129.

Tombeau d'une dame de la famille de Créhange, dans   1577.
la chapelle de Hombourg, près Créhange, canton de
Fauquelmont (Moselle). Partie d'une pl. in-4 en
larg. Mémoires de l'Académie impériale de Metz,
34ᵉ année, 1852-1853, 1ʳᵉ partie. G. Boulangé, pl. 2,
n° 2, à la p. 320.

Huit costumes divers français de personnages de la
cour, de marchands et paysans, de l'année 1577.
Huit dessins in-4 en haut. Gaignières, t. XIII, nᵒˢ 2,
4, 5, 8, 9, 16, 18, 22.

Quatorze costumes de personnages français de divers
états. Estampes allemandes, grav. sur bois, coloriées.
Petit in-fol. en haut. Gaignières, t. XIII, nᵒˢ 1, 3, 6,
7, 10, 11 à 15, 17, 19 à 21.

> Ces pièces font partie d'un volume publié à cette époque en
> Allemagne. Je les classe à 1577, parce que les huit dessins
> français représentant aussi des costumes, avec lesquels ils sont
> reliés, portent cette date.

Habitus præcipuorum populorum tum vivorum quam femi-
narum singulari arte depicti. Trachtenbuch Norimbergæ,
hans Weigel, 1577. Petit in-fol. *Rare.* Ce volume contient :

Deux cent dix-neuf feuillets sur lesquels sont des figures de costumes de différents peuples, grav. sur bois,
en partie par Jost Ammon ou Amman.

Omnium pœne gentium imagines. Sculpsit Ab. Bruynus,
1577. In-fol., lettres rondes, fig. Cet ouvrage contient :

Quelques costumes de France, dans les pl. 21, 23, 24
et 26.

1577.　Diversarum gentium armatura equestris, par Hadr. Dam-
man et Abrah. Bruyn. Cologne, Abrah. Bruyn, 1577.
Petit in-4, fig., lettres rondes. Ce volume contient cin-
quante-deux costumes de guerriers à cheval de diverses
nations, parmi lesquels sont :

Deux figures représentant des cavaliers français. Petit
in-4 en haut., pl. n⁰ˢ 16, 17.

Sceau de la ville de Paris. Partie d'une pl. in-fol. en
haut. Calliat ; Hôtel de ville de Paris, à la fin de la
1ʳᵉ partie. = Partie d'une pl. in-fol. en haut. Le
Roux de Lincy ; Histoire de l'hôtel de ville de Paris,
à la p. 148.

Sceau de la ville de Nîmes. Partie d'une pl. in-8 en
haut. Pl. 142, n⁰ 4. Revue archéologique, A. Leleux,
1850. Chaudruc de Chazannes, à la p. 202.

Poids de la ville de Nismes ; on y voit le crocodile en-
chaîné à un palmier, type des médailles antiques de
Nismes et la tour Magne. Au cabinet des médailles
antiques et pierres gravées. Du Mersan ; Histoire du
cabinet des médailles antiques et pierres gravées,
p. 34.

Médaille d'Henri III. Rev. FELICITAS. Petite pl. en larg.
Köhler, t. III, p. 265, dans le texte.

Quatre médailles du même. Partie d'une pl. in-fol. en
haut. Trésor de numismatique et de glyptique. Médailles françaises, 1ʳᵉ partie, pl. 22, n⁰ˢ 2, 4, 6, 10.

Ordonnance du Roy, sur le faict et Reglement general de
ses Monnoyes (du mois de septembre 1577). Paris,

Vᵗ Jean Dalier et Nicolas Roffet, 1577. In-12; lettres
rondes, fig. Ce volume contient :

Un grand nombre de monnaies françaises et étrangères.
Petites pl. grav. sur bois, dans les pages du texte,
29 à 59.

Ordonnance du Roy sur le faict et réglement général de ses
monnoyes. Lyon, Michel Jove, 1577. In-8, fig. Cet
opuscule contient :

Figure représentant des monnaies. Petites pl. grav. sur
bois, dans le texte.

———

Monnaie de Henri III. Partie d'une pl. in-4 en haut.
Thom. Pembrock, p. 4, pl. 31.

Onze monnaies du même. Partie de deux pl. in-fol. en
haut. Trésor de numismatique et de glyptique. Histoire par les monuments de l'art monétaire chez les
modernes, pl. 10, nᵒˢ 9 à 14; pl. 11, nᵒˢ 1, 2, 4,
7, 8.

Quatre monnaies du même. Partie d'une pl. in-4 en
haut. Du Cange; Glossarium, 1840, t. IV, pl. 16,
nᵒˢ 9, 10, 15, 16.

Monnaie du même, piéfort. Pl. in-4 en haut. Conbrouse, t. IV, pl. 200.

Monnaie du même, de l'année 1577. Partie d'une pl.
in-8 en haut. Berry; Études, etc., pl. 59, nᵒ 6, t. II,
p. 467.

Monnaie de Henri II, roi de Navarre, depuis Henri IV;

1577.   roi de France. Petite pl. grav. sur bois. Ordonnance, etc., Anvers, 1633, feuillet d, 1.

Monnaie du même, avec le buste de la reine. Partie
d'une pl. in-4 en haut. Tobiesen Duby; Monnoies
des barons, pl. 21, n° 5.

Monnaie de Louis de Bourbon, prince de Dombes. Petite pl. grav. sur bois. Ordonnance, etc., Anvers,
1633, feuillet r, 1.

Il mourut le 23 septembre 1582.

Deux monnaies du même. Partie d'une pl. in-4 en
haut. Tobiesen Duby; Monnoies des barons, pl. 43,
n°ˢ 12, 13.

Monnaie du même. Partie d'une pl. in 4 en haut. Idem,
pl. 44, n° 4.

Jeton de Jean, comte de Salm, baron de Viviers, grand
maître de Lorraine, gouverneur de Nancy. Partie
d'une pl. in-fol. en haut. Calmet; Histoire de Lorraine, t. V, pl. 2, n° 48.

Jetoir portant : HOC OPUS HIC LABOR. Partie d'une pl.
lith. in-8 en haut. De Fontenay; Fragments d'histoire métallique, pl. 21 (texte 12), n° 18, p. 230.

Monnaie de Guillaume Robert de la Marck, prince de
Sédan, duc de Bouillon. Partie d'une pl. in-8 en
haut. Revue numismatique, 1852, J. Rouyer, pl. 3,
n° 1, p. 44.

Quatre monnaies de Philippe, roi d'Espagne, duc de

Brabant. Petites pl. grav. sur bois. Ordonnance, etc., 1577. Anvers, 1633, feuillet N, 4.

1578.

Tombe de Paul de Mesnil, chanoine, près le septième pilier à droite, dans la nef de l'église de Notre-Dame de Paris. Dessin grand in-4. Recueil Gaignières à Oxford, t. IX, f. 5.

1578. Février 26.

> Le discours d'un cas effroyable et aduanture estrange, ad-
> uenue à un Laquais du Louvre, le XIX iour de Mars
> 1578, etc., a Monsieur Leluau, auvergnat, en vers. Pa-
> ris, Nicolas Poncelet. Petit in-8 de huit feuillets. Cet
> opuscule contient :

Mars 19.

Figure représentant un homme à genoux devant un prélat; derrière lui est un diable. Très-petite pl. en haut., grav. sur bois, sur le titre.

—

Portrait de Louis de Lorraine, cardinal de Guise, évê-que d'Alby, tableau du temps. Dessin in-fol. en haut. Gaignières, t. VIII, 105. = Pl. in-fol. en haut. Montfaucon, t. V, pl. 31.

Mars 29.

> Louis de Lorraine, cardinal de Guise, né le 21 octobre
> 1527, fut :
> Évêque de Troyes (II) du 13 juillet 1545 au 27 juin 1550.
> Évêque d'Alby (III) du . . . . 1550 au . . . . 1561.
> Archevêque de Sens (III) du 9 mai 1561 au . . . .
> 1562.
> Il se démit avant d'avoir pris possession.
> Évêque de Metz (》) du 5 octobre 1568 au 29 mars 1578.
> Il mourut le 29 mars 1578.

IX   15

1578.
Mars 29.

Médaillon sans revers de Louis de Lorraine, premier cardinal de Guise du nom de Louis, évêque de Troyes, d'Alby, archevêque de Sens, évêque de Metz, cardinal en 1553. Partie d'une pl. in-fol. en haut. Trésor de numismatique et de glyptique. Médailles françaises, 1re partie, pl. 49, n° 4.

Médaille du même. Partie d'une pl. in-fol. en haut. Calmet; Histoire de Lorraine, t. II, pl. 6, n° 115.

Médaille du même. Partie d'une pl. in-fol. en larg., lith. De Saulcy; Recherches sur les monnaies des évêques de Metz, pl. 3, n° 94.

> Le texte porte par erreur l'an cxv.

Monnaie de Jacques Praillon, maître-échevin de Metz. Partie d'une pl. in-4 en haut. Robert; Recherches sur les monnaies et les jetons des maîtres-échevins, etc., pl. 1, n° 3, p. 26.

Avril 2.

Les regrets et lamentations de la très haute princesse Izabeau d'Autriche, sur le trépas de Madame Marie, fille de France, par J. de Boissières. Paris, de Montreuil et Jabert, 1578. In-8. Cet ouvrage contient ;

Une estampe qui représente un œil à la cime d'une montagne, une main qui le montre de l'index et un oiseau qui y vôle comme sur sa proie, avec ces paroles : *Haud intuendus splendor summus*, au frontispice. Le Long, t. II, n°s 25, 510.

> Marie Élisabeth de France, fille unique de Charles IX et d'Élisabeth d'Autriche, mourut à l'âge de cinq ans, le 2 avril 1578.

Tombe de Françoise de Selve, femme de Jehan de Se-
vre, au milieu de la nef de l'église des Blancs-Man-
teaux de Paris. Dessin in-8. Recueil Gaignières à
Oxford, t. XII, f. 44.

Figure de Françoise de Selve, femme de Jean de Seurre,
conseiller, notaire et secrétaire du Roi, de ses finances et de sa chambre, sur sa tombe, au milieu de la
nef de l'ancienne église des Blancs-Manteaux de Paris. Dessin in-fol. en haut. Gaignières, t. IX, 69. =
Partie d'une pl. in-4 en haut. Millin; Antiquités nationales, t. IV, n° XLVII, pl. 6, n° 8.

Figure de Philippes de Montespedon, femme du maré-
chal de Montejan, et en secondes noces de Charles
de Bourbon, prince de la Rochesurion, sur son tombeau, près de son second mari, dans l'église de
Beaupreau. Partie d'une pl. in-fol. en haut. Montfaucon, t. V, pl. 29.

Portrait de Philipes de Montespedon, princesse de la
Roche-sur-Yon, tableau du temps. Miniature in-fol.
en haut. Gaignières, t. IX, 22. = Partie d'une pl.
in-fol. en haut. Montfaucon, t. V, pl. 28, n° 2.

Portrait de la même. Tableau de l'école française du
XVIe siècle. Musée de Versailles, n° 3095.

Tombeau de François de Maugiron, favori de Henri III,
à l'église de Saint-Paul à Paris. Estampe in-8 en
haut., grav. sur bois. Rabel; Des antiquitez et singularitez de Paris, dans le texte, fol. 107.

Portrait du même, d'après un dessin aux crayons du

temps. Pl. in-4 en haut., coloriée. Niel ; Portraits des personnages français, etc., 2ᵉ partie.

Tombeau de Jacques de Levis, comte de Quélus, favori d'Henri III, à l'église de Saint-Paul à Paris. Estampe in-8 en haut., grav. sur bois. Rabel ; Les antiquitez et singularitez de Paris, dans le texte, fol. 109, verso.

Portrait du même, d'après un dessin aux crayons du temps. Pl. in-4 en haut., coloriée. Niel ; Portraits des personnages français, etc., 2ᵉ partie.

Portrait du même, en buste, tourné à gauche. En bas : *Mʳ de Queslus, mignon du Roy Henri troisiemes.* Estampe in-12 en haut., grav. à l'eau-forte, par Pierre Brebiette. *Très-rare.*

Copie de cette estampe, *fac-simile* de l'original. Idem.

Tombeau de Paul de Caussade, comte de Saint-Mégrin, favori d'Henri III, à l'église de Saint-Paul à Paris. Estampe in-8 en haut., grav. sur bois. Rabel ; Les antiquitez et curiositez de Paris, dans le texte. fol. 108, verso.

Portrait de Saint-Mégrin, d'après un dessin aux crayons du temps. Pl. in-4 en haut., coloriée. Niel ; Portraits des personnages français, etc., 2ᵉ partie.

Portrait de Paul de Stuer de Caussade, seigneur de Saint-Mégrin, l'un des mignons de Henri III. Tableau de l'école française du xvıᵉ siècle. Musée de Versailles, n° 3139.

L'un des favoris du roi Henri III, en pied, sans indi- 1578.
cation de ce qu'était ce monument. Dessin colorié in- Juillet.
fol. en haut. Gaignières, t. IX, 76. = Partie d'une
pl. in-fol. en larg. Montfaucon, t. V, pl. 47, n° 2.

Tombeaux érigés par Henri III à Maugiron, Saint-Mégrin et Quélus, dans l'église de Saint-Paul de Paris,
en marbre précieux, exécutés par Germain Pilon.
Pl. in-8 en haut. Al. Lenoir; Musée des monuments
français, t. III, pl. 115, n° 456 *bis*.

> Ces tombeaux furent détruits dans une émeute populaire,
> qui eut lieu environ dix ans après leur érection.

Exécution à mort de Monsieur Gosson par ordre du Octobre 26.
seigneur de Cappres, du conseil d'Artois et des eschevins d'Arras. En bas, quatre vers latins; à gauche, 106. Estampe petit in-8 en larg.

Le seigneur de Cappres, le conseil d'Artois et les es-
ceuins d'Arras mettent à mort Monsieur Gosson,
conseiller et député de Son Altesse et de la bour-
geoisie, n° 27. Pl. in-4 en larg.

> Livre armorial des escriptz et Blasons des armes des cheual- Déc. 31.
> liers commandeurs de l'ordre et millice du Sainct Esprit,
> Institué par la Sacrée Maiesté de Treshault, Trespuissant,
> tresezcellant, Tresmagnanime et Tresinüissible Prince
> Henry troisiesme de ce nom, par la grace de Dieu Roy
> de France et de Pollongne, Treschrestien, mon souue-
> rain Seigneur, Aucteur et souuerain dudit Ordre, en
> l'Eglise des Augustins à Paris, apres vespres dictes, le
> dernier iour de Decembre mil cinq cens soixāte dix
> huict, par Martin Courtigier, Sʳ de la Fontaine, herault

d'armes de sadicte Maiesté Tressacrée, du nom et titre de Prouence. Manuscrit sur vélin du XVIᵉ siècle. In-fol., maroquin bleu, de la Bibliothèque impériale, manuscrits. Supplément français, n° 1942. Ce volume contient :

Miniature représentant l'Annonciation. Pièce in-4 en larg., sans bords, au-dessus du titre.

Des lettres initiales peintes représentant des personnages divers, ornements, etc. Pièces de diverses grandeurs, dans le texte.

Miniature représentant un chapitre de l'ordre du Saint-Esprit tenu par le roi Henri III. Pièce in-fol. en haut., après le texte.

Miniature représentant Henri III en pied, en habit de l'ordre. Pièce in-fol. en haut.

Trente miniatures représentant les armoiries de chevaliers créés à Paris le premier jour de l'année 1579. Pièces idem.

Dix-sept miniatures représentant les armoiries de chevaliers d'une autre création de la veille du premier jour de l'an 1579. Pièces idem.

Six miniatures représentant les armoiries de chevaliers d'une autre création faite à Blois le premier jour de l'an 1580. Pièces idem.

Ces miniatures sont d'un travail médiocre ; celle qui représente le chapitre est fort intéressante par les détails du sujet qu'elle représente. La conservation est bonne.

Ce manuscrit était dans la bibliothèque du roi Henri III, et

il en fut distrait en 1589, lorsque la Ligue, après avoir fait à
Paris l'inventaire des meubles du cabinet de Sa Majesté et de
ses livres, le vendit à l'encan devant l'hôtel de ville, avec les
autres effets. Le Long, t. III, n° 40461.

Voir à l'année 1352 les détails relatifs au manuscrit des statuts de l'ordre du Saint-Esprit au droit désir, fondé par Louis Ier
d'Anjou, roi de Naples, de Sicile, etc., en 1352, dont les statuts furent imités par Henri III.

Voir : Le Prince. Tableau historique de la Bibliothèque du
Roi, p. 28 et suiv.

Il existe à la Bibliothèque impériale deux manuscrits de la
même nature, relatifs à des nominations de chevaliers de l'ordre du Saint-Esprit, en 1619, par le roi Louis XIII (Supplément
français, n° 1943), et en 1689, par Louis XIV (Supplément
français, n° 1944).

—

Deux médailles de Henri III relatives à la fondation de
l'ordre du Saint-Esprit, institué en décembre 1578,
et dont le premier chapitre eut lieu le 31 de ce mois.
Partie d'une pl. in-fol. en haut. Trésor de numismatique et de glyptique. Médailles françaises, 1re partie,
pl. 23, n°s 6, 7.

Monument élevé à Jean Bullant, au Musée des monuments français. Partie d'une pl. in-8 en larg. Al. Lenoir ; Musée des monuments français, t. V, pl. 212,
n° 469 (bis).

Le texte est tome IV, page 92.

Médaille de Jean, IIe du nom, marquis d'Épinay, comte
de Durestal, qui mourut à la fin du xvie siècle. Partie d'une pl. in-fol. en haut. Trésor de numismatique et de glyptique. Médailles françaises, 1re partie,
pl. 50, n° 6.

1578.
Déc. 31.

1578.

1578. Médaille de George de Savigny. Partie d'une pl. in-fol.
en haut. Calmet; Histoire de Lorraine, t. V, pl. 2,
n° 50.

Une médaille avec la légende : *Ars jus gubernat,* qui
forme l'anagramme du nom latin du cardinal de
Birague, chancelier de France, de 1573 à 1578.
Partie d'une pl. in-fol. en haut. Trésor de numismatique et de glyptique. Médailles françaises, 1ʳᵉ partie, pl. 21, n° 6.

L'agriculture et maison rustique de maistre Charles Estienne et Jean Liebault. Paris, 1578. In-4, fig. Cet ouvrage contient :

Un petit nombre de figures représentant des détails
relatifs à l'agriculture. Pl. de diverses grandeurs,
grav. sur bois, dans le texte.

Histoires prodigieuses, extraictes de plusieurs fameux auteurs grecs et latins, sacrez et profanes, diuisez en trois
tomes, le premier mis en lumière par P. Boaistuau ; le
second par Claude de Tesserand et le troisième par Fr.
de Belleforest. Paris, J. de Bordeaux, 1578. In-16, 3 to-
mes, 1 vol., fig. *Rare.* Ce volume contient :

Plusieurs figures représentant des sujets des événements
racontés dans l'ouvrage. Petites pl. en larg., grav.
sur bois, dans le texte.

Omnium pene Europæ, Asiæ, Africæ et Americæ gentium
habitus, elegantissime æri incise, etc. Autore Abr. Bruin
ou Bruyn. Antuerp cura Abrah. de Bruin, 1581. In-fol.
Cet ouvrage contient :

Environ cinq cents figures représentant des costumes

des diverses contrées, avec des descriptions en latin   1578.
et en français.

Il y a des reproductions de ces figures du même auteur.

—

Médailles d'Henri III. Partie d'une pl. in-fol. en haut.
Trésor de numismatique et de glyptique. Médailles
françaises, 1re partie, pl. 21, n° 10.

Médaille du même. Partie d'une pl. in-fol. en haut.
Idem, pl. 22, n° 3.

Monnaie de Henri III. Petite pl. grav. sur bois. Ordonnance, etc. Anvers, 1633, feuillet D, 8.

Deux monnaies du même. Petites pl. grav. sur bois.
Idem, feuillet I, 7.

Deux monnaies du même. Partie d'une pl. in-fol. en
haut. Du Cange ; Glossarium, 1733, t. IV, p. 965,
nos 14, 15.

Trois monnaies du même. Partie d'une pl. in-4 en
larg. Idem, 1840, t. IV, pl. 16, nos 13, 14, 18.

Quatre monnaies du même. Partie de deux pl. in-fol.
en haut. Trésor de numismatique et de glyptique.
Histoire par les monuments de l'art monétaire chez
les modernes, pl. 10, n° 15 ; pl. 11 ; nos 3, 5, 6.

Monnaie du même, de l'année 1578. Partie d'une pl.
in-8 en haut. Berry ; Études, etc., pl. 59, n° 7, t. II,
p. 468.

Médaille de Catherine de Lorraine, fille de Nicolas de

1578.

Lorraine, comte de Vaudemont, mariée à Charles III, duc de Lorraine, en 1577 ou 1578. D. Calmet parle de cette médaille comme étant gravée dans les planches n° 17 ; mais elle ne s'y trouve pas. Histoire de Lorraine, t.   , colonne LXXXI.

Monnaie de Louis, II° du nom, duc de Montpensier, prince de Dombes. Partie d'une pl. in-4 en haut. Tobiesen Duby ; Monnoies des barons, pl. 44, n° 1.

Monnaie du même. Petite pl. grav. sur bois. Revue numismatique, 1850. C. Robert, p. 140, dans le texte.

Il mourut le 23 septembre 1582.

Monnaie de Cambray. Petite pl. grav. sur bois. Ordonnance, etc., Anvers, 1633, feuillet L, 8.

Poids de la ville de Caussade. Petite pl. grav. sur bois. Revue de la numismatique belge. Le baron Chaudruc de Chazannes, 2° série, t. III, 1853, p. 421, dans le texte. = Partie d'une pl. in-8 en larg., pl. 181, n° 3. Revue archéologique. A. Leleux, 1852. Le baron Chaudruc de Chazannes, à la p. 15.

Jetoir portant : DISCITE JUSTITIAM MONITI. Partie d'une pl. lith. in-8 en haut. De Fontenay ; Fragments d'histoire métallique, pl. 21 (texte 12), n° 6, p. 228.

Monnaie de Philippe, roi d'Espagne, duc de Brabant. Petite pl. grav. sur bois. Ordonnance, etc. Anvers, 1633, feuillet N, 4.

1579.

Première cérémonie de l'ordre du Saint-Esprit, aux   1579.
Augustins de Paris ; le roi est sur son trône, environné Janvier 1.
de sa cour ; le chevalier qui prête serment est Louis
de Gonzague, prince de Mantoue, duc de Nevers ;
le chancelier de Chiverny tient le livre des Évangiles,
miniature d'un manuscrit du temps. Miniature in-fol.
en haut. Gaignières, t. IX, 50. = Pl. in-fol. en larg.
Montfaucon, t. V, pl. 37.

Grand sceau de l'ordre du Saint-Esprit en cuivre bruni,
représentant le roi Henri III, assis sur son trône, un
chevalier à genoux, prêtant serment, et un troisième
personnage présentant au roi les statuts. Au-dessous :
1579. Au Louvre ; Musée des Souverains. = Estampe
in-8 ronde. Au-dessous : *Jaspar Isac fecit.*

Objets divers formant la décoration de la chapelle de
l'ordre du Saint-Esprit, institué par le roi Henri III,
le 31 décembre 1578, et dont la première cérémonie
eut lieu le 1ᵉʳ janvier 1579, aux Augustins de Paris.
Ces objets consistent principalement en ornements
divers de l'autel et en accessoires qui s'y rapportent.
Ils sont de divers temps et ont subi des restaurations.
Il serait difficile de fixer les époques de la fabrication
de ces objets, et pour quelques-uns d'entre eux,
cette fixation serait entièrement incertaine. Il m'a
donc semblé convenable de les indiquer tous ensemble et de placer cet article à la date de la fondation de l'ordre.

Voici l'indication sommaire de ces divers objets :

Prie-Dieu avec tapis et dais brodés.

Manteaux divers.

Pupitre d'évangile avec tapis brodé.

Autel et dais avec broderies.

Masse d'huissier en argent doré et ciselé.

Camail.

Encensoirs en argent.

Boîte à encens en argent repoussé et doré.

Flacon en argent repoussé et doré.

Paix en argent doré, émaillé, enrichie de grenats.

Deux anges servant de reliquaire en argent doré et repoussé.

Deux plats en argent doré et repoussé.

Deux flambeaux en argent doré et cristal de roche.

Vase pour contenir les hosties, en cristal de roche et
argent doré, repoussé et ciselé.

Calice en argent doré et cristal de roche.

Reliquaire en cuivre doré et ciselé, avec figures et ornements émaillés, perles, saphirs, rubis.

Deux burettes en cristal de roche et argent doré et
émaillé en bleu.

Deux vases pour l'eau et le vin, en argent repoussé et
doré.

Deux vases pour conserver les hosties, en argent battu
et doré.

Croix de cristal de roche et argent ciselé et doré.

Petit bénitier portatif et aspersoir en agate et argent
doré et ciselé.

> Au Louvre ; musée des Souverains. Ces objets proviennent
> de l'ancien garde-meuble de la Couronne et de l'ancien trésor
> du musée du Louvre.

—

Portrait de François de Montmorenci, second duc, fils
d'Anne de Montmorenci, en pied, dans une niche
placée au milieu d'un portique décoré de deux colonnes et d'ornements. In-fol. mᵒ en haut. Schrenck ;
Augustissimorum imperatorum et verissimæ imagines. Au verso, la vie de ce duc, dans un cadre d'ornements, grav. sur bois.

Armure du même. Musée de l'Artillerie. De Saulcy,
nᵒ 123.

Médaille du même. Partie d'une petite pl. Luckius ;
Silloge numismatum, etc., dans le texte, p. 203.

Épée portant les armes de Montmorenci et qui doit
avoir appartenu au connétable Anne (1567) ou à son

1579. frère François de Montmorency, maréchal de France
Mai 5. (1579). Musée de l'artillerie. De Saulcy, n° 947.

Octobre 10. **Tombeau d'Anne de Beauveau**, dame de Passavant,
femme de Théodore d'Harancourt, baron d'Ormes,
et en secondes noces d'Antoine du Châtelet, II⁰ du
nom, avec son second mari, dans l'église paroissiale
de Martinvelle. *Ravenet sculpsit. Page* 188. Pl. in-
fol. en haut. Calmet; Histoire généalogique de la
maison du Châtelet, à la p. 188.

Nov. 18. **Tombe de Hugo de Cambray**, en pierre, dans le cloistre de l'abbaye d'Orcamp. Dessin in-8. Recueil Gaignières à Oxford, t. VI, p. 70.

1579. **Talisman de la reine Catherine de Médicis**, trouvé
après sa mort, du cabinet de l'abbé Fauvel. Petit
médaillon ovale en haut.; les deux côtés. Pl. in-12
en haut.

 Composition représentant la Belgique assise, tournée
à gauche, tendant les mains au duc d'Anjou, qui
porte un bouclier, sur lequel sont un casque, un
sabre et un laurier. Derrière la Belgique, à droite,
est le roi d'Espagne, qui lui présente une souricière;
autres personnages. Au fond, des troupes. En haut,
inscription en flamand. En bas, quarante vers français, en faveur de la cause du duc d'Anjou. Estampe
in-fol. en larg. *Très-rare.*

 Deux portraits de Jacques, seigneur d'Humières et de
Mouchy, marquis d'Ancre, etc., lieutenant civil en
Picardie, chevalier du Saint-Esprit le 31 décembre

1578, à mi-corps. Deux dessins in-fol. en haut. Bibliothèque impériale, manuscrits, boetes de l'ordre du Saint-Esprit, Humières.

Declaration de l'usage du graphomètre, inventé et mis en lumiere par Philippe Danfrie. Paris, Danfrie, 1579. Petit in-4, fig. Ce volume contient :

Des figures représentant des opérations du graphomètre, dont quelques-unes dans des paysages et avec des personnages. Pl. de diverses grandeurs, dans le texte.

La grand nef des fols du monde, avec plusieurs satyres, revue nouvellement et corrigée en infinis lieux. Lyon, Jean d'Ogerolles, 1579. In-4, fig. Ce volume contient :

Un grand nombre de planches représentant des sujets relatifs à l'ouvrage, où l'on voit, presque toujours, des personnages avec le bonnet de fou. Sur le titre est une vignette représentant le vaisseau des fous. Pl. de divers grandeurs, grav. sur bois, dans le texte.

Le blason des fleurs ou sont contenuz plusieurs secrets de Medecine, en vers. Dedié a tres-illustre Princesse, Marguerite de Frãce, Reyne de Nauarre. Paris, Nicolas Bonfous, 1579. In-16, lettres rondes, fig. Ce volume contient :

Une femme assise tenant deux banderolles, sur lesquelles on lit : FLOS FLORUM FLORA. Très-petite pl. en haut., grav. sur bois.

Quelques figures représentant des fleurs. Très-petites

pl. en haut., grav. sur bois, dans le texte. Au-dessous sont des explications en vers. On pourrait regarder ces explications comme une première idée de langage des fleurs.

> La recreation, devis et mignardise amoureuse, contenant plusieurs blasons, menues pensées, verger, ventes et demandes de l'amant à l'amie, et autres propos Amoureux, en prose et en vers. Paris, Nicolas Bonfous, 1579. In-16, lettres rondes, fig. Ce volume contient :

Sept figures représentant des sujets relatifs à l'ouvrage. Très-petites pl. en larg., grav. sur bois, dans le texte.

> Le promptuaire de tout ce qui est advenu plus digne de memoire, depuis la creation du monde iusques à present, etc., par Jean d'ongoys morinien. Paris, Jean de Bordeaux, 1579. In-16, fig. Ce volume contient :

Douze figures représentant des scènes relatives aux occupations de chacun des mois de l'année. Petites pl. en larg., grav. sur bois, en tête de chaque mois, dans le texte.

> Il existe une autre édition contenant aussi douze petites planches en largeur, différentes de celles-ci, laquelle doit être de 1575.

Généalogie, avec armoiries de la maison de Lusignan. En haut : GÉNÉALOGIE DE LA TRES-ILLUSTRE Maison de Lusignan, de France, de Hierusalem, de Cypre et d'Armenie mineure. Les noms sont dans des médaillons ronds. Au bas, à droite, dédicace à Lois de

Lusignan. Paris, Guillaume Chaudière, 1579. Très-
grande estampe in-fol. en haut., en trois feuilles,
grav. sur bois. *Rare*.

Médaille d'Henri III. Partie d'une pl. in-fol. en haut.
Trésor de numismatique et de glyptique. Médailles
françaises, pl. 22, n° 9.

Monnaie de Henri III. Partie d'une pl. in-fol. en haut.
Idem, Histoire par les monuments de l'art monétaire
chez les modernes, pl. 11, n° 9.

Monnaie de Henri III, de l'année 1579. Partie d'une
pl. in-8 en haut. Berry ; Études, etc., pl. 58, n° 5,
t. II, p. 458.

Monnaie de Henri, roi de Navarre, depuis Henri IV,
de l'année 1579. Partie d'une pl. en haut. Berry ;
Études, etc., pl. 62, n° 2, t. II, p. 495.

Treize monnaies des États du comté de Hainaut, frappées de 1577 à 1579. Deux pl. in-4 en haut. Chalon ;
Recherches sur les monnaies des comtes de Hainaut,
pl. 23, 24, n°s 167 à 179, p. 121.

Mereau de l'église de Saint-Merri de Paris. Partie d'une
pl. lith. in-8 en haut. De Fontenay ; Fragments
d'histoire métallique, pl. 15 (texte 6), n. 1, p. 187.
= Petite pl. grav. sur bois. Idem ; Nouvelle étude
de jetons, p. 156, dans le texte. = Petite pl. grav.
sur bois. Idem ; Manuel de l'amateur de jetons,
p. 225, dans le texte.

Jeton relatif à la Ligue, frappé à Sens. Petite pl. grav.

sur bois. De Fontenay; Nouvelle étude de jetons, p. 59, dans le texte. = Petite pl. grav. sur bois. Idem; Manuel de l'amateur de jetons, p. 252, dans le texte.

Jeton relatif à la ville de Dijon. Partie d'une pl. in-4 en haut (de Migieu). Recueil des sceaux du moyen âge, pl. 1*, n° 11. = Petite pl. grav. sur bois. Rossignol; Des libertés de la Bourgogne, p. 64, dans le texte.

Deux mereaux de la Sainte-Chapelle de Dijon. Petites pl. grav. sur bois, De Fontenay; Nouvelle étude de jetons, p. 143, 144, dans le texte.

Mereau de la Sainte-Chapelle de Dijon. Idem; Manuel de l'amateur de jetons, p. 347 dans le texte.

Monnaie de Charles V, empereur, frappée à Besançon. Petite pl. grav. sur bois. Ordonnance, etc., Anvers, 1633, feuillet F, 1.

Jeton de Louis de Gonzague et Henriette de Clèves, duc et duchesse de Nevers. Petite pl. grav. sur bois. De Fontenay; Manuel de l'amateur de jetons, p. 401, dans le texte.

Jeton des mêmes. Petite pl. grav. sur bois. De Soultray; Essai sur la numismatique nivernaise, p. 145, dans le texte.

Cinq monnaies d'argent de Marie Stuart, reine d'Écosse, seule, de . . . . à 1579. Partie d'une pl. in-fol. en

haut. Anderson; Selectus diplomatum et numisma- 1579.
tum Scotiæ thesaurus, pl. 165.

1580.

Tombeau de Pierre du Châtelet, évêque et comte de   1580.
Toul, dans l'église cathédrale de Toul. *F. Aveline* Janvier 25.
sculp. Page 195. Pl. in-fol. en haut. Calmet; Histoire
généalogique de la maison du Châtelet, à la p. 195.

Portrait de Pierre du Chastelet, évêque de Toul, en
buste, tourné à droite. En haut, deux vers latins :
Quo nil, etc. En bas, le nom en latin et le monogramme de Pierre Wœiriot, 1578. Estampe in-8 en
haut. Il y a trois états de cette planche. 1, avant le
trait de burin ci-après; 2, un trait de burin coupe le
chaperon, le fond et partie de l'épaule droite; 3, ce
trait du burin est imparfaitement effacé. Robert-Dumesnil, t. VII, p. 110.

La ville de Diest en Brabant prise d'assaut par les Fran-   Mai.
çais; la garnison allemande est massacrée, et les
bourgeois sauvés. En bas, légende allemande. P. 47,
1. Pl. in-fol. en larg. Khevenhiller, t. I, à la p. 47.

Prise de la ville de Diest en Brabant par les Français.
Vue de l'attaque. En bas, douze vers allemands, l'explication en français et la date, n° 36. Pl. in-4 en
larg.

Médaille de François, duc d'Alençon, pour le traité fait Septemb. 29.
avec lui par les Estats des Pays-Bas. Petite pl. Bizot,
1688, à la p. 46, dans le texte.

1580. Tombe de Henry Godefroy, en pierre, le long de l'é-
Octobre 5. glise, dans le cloistre de l'abbaye de Saint-Denis.
Dessin in-4. Recueil Gaignières à Oxford, t. III, f. 9.

Novemb. 13. Tombeau de Jehan Ocquidem, conseiller au parlement
de Dijon, seigneur de Marœlois, etc., à Dijon, aux
Cordeliers, dans le chœur, du costé de l'épître, près
le pupitre. Dessin in-8 en haut., esquissé. Bibliothèque impériale, manuscrits, boetes de l'ordre du
Saint-Esprit, Ocquidem.

Déc. 25. Tombe de Nicolas Desavenelles, à gauche, dans la nef
de l'église de Saint-Magloire de Paris. Dessin in-8.
Recueil Gaignières à Oxford, t. X, f. 93.

Figure de Nicolas des Avenelles, marchand bourgeois
de Paris, premier capitaine esleu de son quartier,
sur sa tombe, dans la nef de l'église de Saint-Magloire de Paris. Dessin in-fol. en haut. Gaignières,
t. IX, 70.

1580. Médaille de Louise de Lorraine, femme d'Henri III.
Partie d'une pl. in-fol. en haut. Calmet ; Histoire de
Lorraine, t. V, pl. 2, n° 13.

La reine Louise de Lorraine mourut le . . . . janvier 1601.

Deux médailles relatives à François, duc d'Anjou et
d'Alençon, etc., comte de Flandre, fils de Henri II.
Partie d'une pl. petit in-4 en haut. Bizot. Supplément, 1690, à la p. 64.

Médaille du même. Partie d'une pl. in-fol. en haut.

Trésor de numismatique et de glyptique. Médailles   1580.
françaises, 1ᵉ partie, pl. 26, nᵒ 6.

Il mourut le 10 juin 1584.

Tombeau de Jean-Baptiste de Gondi, aux Grands-Augustins de Paris. *J. Mariette del. et sculp.* In-4 en
haut. Corbinelli ; Histoire généalogique de la maison
de Gondi, t. l, à la p. ccxlviij.

Buste de Jean-Baptiste de Gondi, maître d'hôtel de Ca-
therine de Médicis, en marbre, par Barthélemy
Prieur, de son tombeau, aux Grands-Augustins de
Paris. Musée de Versailles, nᵒ 2712.

　　Ce buste a fait partie du musée des Monuments français.

Deux médailles de Philippe Hurault, comte de Chiverny,
garde des sceaux et chancelier de l'ordre du Saint-
Esprit ; il mourut le 23 juillet 1599. Partie d'une pl.
in-fol. en haut. Trésor de numismatique et de glyptique. Médailles françaises, 1ᵉ partie, pl. 48,
nᵒˢ 6, 7.

Clarissimi viri D. Aud. Alciati. Emblemat lib. II. Cum
Seb. Stockhameri in primum librum succinctis commen-
tariolis. Lugduni apud Joan. Tornæsium, 1580. In-12,
lettres rondes, fig. Ce volume contient :

Figures représentant les emblèmes. Petites pl. en larg.
grav. sur bois, dans le texte.

La Venerie de Jacques du Fouilloux, precedee de quelques
notes biographiques et d'une notice bibliographique

(publié par   ). Angers, Charles Le-
bossé, 1844. In-4, fig. Ce volume contient :

Un grand nombre de planches représentant des sujets
relatifs à la nature de l'ouvrage, imitées des éditions
anciennes de l'ouvrage de du Fouilloux. Pl. in-12 en
larg., grav. sur bois, dans le texte.

> Il est à remarquer que l'auteur de cette publication n'indi-
> que pas spécialement l'édition ou les éditions sur lesquelles il
> a copié les planches de son livre.
>
> Je le classe à l'époque des premières et principales éditions
> de cet ouvrage, qui a eu de la célébrité.

———

Neuf personnages différents de l'époque de 1560 à 1580,
sans indications de ce qu'étaient ces monuments.
Deux dessins in-fol. en haut., et sept dessins in-12
en haut. Gaignières, t. IX, 72 à 75.

Deux soldats de la garde de Charles IX et Henri III,
d'après des estampes en bois coloriées, non dési-
gnées. Pl. coloriée in-fol. en haut. Willemin, pl. 250.

Plaque de verrou aux armes et chiffres de Catherine de
Médicis. Partie d'une pl. grav. par le procédé de
A. Collas, in-fol. m° en larg. Du Sommerard; Les
arts au moyen âge, Album, 10° série, pl. 35.

Poudrière de l'infanterie française. Pl. in-fol. en haut.
Skelton; Engraved illustrations of antient arms, t. II,
pl. 123.

Cent dix-sept médailles ou mereaux des innocents et
des fous, de la fin du xv° siècle et du xvi° jusques

vers 1580. Trente et une pl. lith. in-8 en haut. Ri- 1580.
gollot; Monnaies des innocents et des fous, pl. 8 à
33 et 36 à 40, nᵒˢ 1 à 116.

Jeton frappé à Dijon relatif au duc de Mayenne : EGET
ARTE REGENTIS. Petite pl. grav. sur bois. Rossignol ;
Des libertés de la Bourgogne, p. 66, dans le texte.

Jeton frappé à Dijon représentant Archimède . PATET
FALLATIA TANDEM. Petite pl. grav. sur bois. Rossignol ; Des libertés de la Bourgogne, p. 69, dans le
texte.

Jetoir portant : PATET FALLATIA TANDEM. Archimède.
Partie d'une pl. lith. in-8 en haut. De Fontenay ;
Fragments d'histoire métallique, pl. 21 (texte 12),
nᵒ 7, p. 228.

Jetoir du conseiller du roy, general des monnoies. Partie
d'une pl. lith. in-8 en haut. De Fontenay ; Fragments d'histoire métallique, pl. 21 (texte 12), nᵒ 8,
p. 229.

Deux monnaies de Henri II, roi de Navarre, depuis
Henri IV, roi de France. Petites pl. grav. sur bois.
Ordonnance, etc. Anvers, 1633, feuillet M, 4.

Monnaie du même. Partie d'une pl. in-4 en haut. Tobiesen Duby ; Monnoies des barons, pl. 20, nᵒ 11.

Médaille d'Antoine de Bourgogne, IIIᵉ du nom, seigneur   1580.
de Wacken, qui fut tué à la fin du xvıᵉ siècle. Partie
d'une pl. in-fol. en haut. Trésor de numismatique

1580?   et de glyptique. Médailles françaises, 1re partie, pl. 47, n° 5.

> Van-Loon a publié cette médaille qu'il attribue à Antoine de Bourgogne, IIe du nom, mort en 1572, parce qu'il n'avait pas aperçu la date de 1580 qu'elle porte au revers (ce qui n'est pas apparent sur la planche) (Histoire métallique des xvii provinces des Pays-Bas, t. I, p. 148, dans le texte).
>
> Je ne cite pas cette pièce d'après Van Loon, parce que je dois la considérer comme étrangère. Je la rapporte d'après le Trésor de numismatique et de glyptique, qui la donne comme médaille française.

Portrait de Blaise Lescuyer, conseiller d'etat du duc de Lorraine, en buste, tourné à gauche. Médaillon ; autour, le nom ; en bas, la croix de Lorraine et le monogramme de Pierre Wœiriot. Estampe, diamètre in-16. Robert-Dumesnil, t. VII, p. 115.

Portrait de Thierry de La Mothe, sous-gouverneur du Barrois, à mi-corps, tourné à droite, tenant de ses deux mains une tête de mort. Cadre d'ornement et tablette où on lit le nom en latin : Annovu. 37, 1562. Au-dessus, armoiries et un chérubin. Aux côtés, les figures de l'Espérance et de la Crainte. Légendes en latin et en français, le monogramme de Pierre Wœiriot. Estampe in-8 en haut. Il y a deux états de cette planche : 1, avant le nombre 37, à la suite du mot Annovu ; 2, avec ce nombre. Robert-Dumesnil, t. VII, p. 113.

Portrait d'homme inconnu, petit plat en forme de médaillon, de faïence, de l'école de Bernard de Palissy. Au musée de l'hôtel de Cluny, n° 1214.

Prieres du Roy au sainct esprist. Manuscrit sur papier du 1580?
xvie siècle. In-12, vélin. Bibliothèque impériale, manuscrits, fonds de Lavallière, 198 *bis*. Catalogue de la vente,
n° 307.

Ce précieux volume n'est ni écrit ni imprimé ; les caractères, formés avec un *emporte-pièce*, sont percés à jour :
c'est un chef-d'œuvre de patience. Il est formé de
75 feuillets séparés par des feuilles de papier rougeâtre.

Les prières qu'il contient ont été faites pour Henri III et
servaient à ce roi pour les jours de cérémonies de l'ordre
du Saint-Esprit. Ce volume, fait pour Henri III, a appartenu depuis à Henri IV, puis à Louis XIII et peut-être à
Louis XIV. Ce volume contient :

Deux portraits de Henri III, en pied, découpés et
peints sur les deux côtés du vélin de la reliure. In-12
en haut.

Portrait de Louis XIII, à genoux, découpé et peint.
In-12 en haut., dans le texte.

Portrait que l'on peut attribuer à Louis XIV, idem.

Portrait que l'on peut attribuer à Henri IV, idem.

Deux sujets de dévotion, idem.

> Ce volume, infiniment précieux, offre de l'intérêt pour les
> vêtements (Voir : Catalogue de la Vallière, t. I, p. 117). La
> conservation est bonne.

Ceremonies de l'ordre du S. esprit. Manuscrit in-8 de la
bibliothèque de la ville de Lille. G. Hænel, 1580. Ce manuscrit contient :

Des armoiries peintes.

1580?   Le grand Calendrier et Compost des Bergers, composé par
le berger de la grand Montaigne. Paris, Nicol. Bonfons,
S. D. In-4, fig. Cet ouvrage contient :

Un grand nombre de planches représentant des sujets
relatifs à l'ouvrage, de diverses dimensions, grav.
sur bois, dans le texte.

Opera interno alla prattica et Theorica del bene et con
raggione adoperare et maneggiare tutte le sorti di arme.
Dedicata Allo inuittissimo et Christianissimo Enrico III
Re di francia et Polonia da Gio. Antonio Louino Mila-
nese, senza titolo. Manuscrit sur vélin du xvᵉ siècle. In-4,
maroquin rouge. Bibliothèque impériale, manuscrits,
supplément français, n° 696 (ou 7744. 3). Ce volume
contient :

Soixante-dix miniatures représentant les divers manie-
ments d'armes et spécialement de l'épée, composition d'un ou deux personnages. Pièces petit in-4 en
larg., dans le texte.

Miniatures d'un travail très-fin et précieusement exécuté ;
elles offrent beaucoup d'intérêt sous le rapport de la con-
naissance du maniement des armes dans le milieu du xvᵉ siècle.
La conservation est belle.

Ce manuscrit a été sans doute exécuté en Italie et probablement à Milan. Dans sa dédicace, l'auteur expose au roi
Henri III, qu'il lui fait offrir ce volume par un noble gentilhomme milanais, le seigneur Luigi Arluno.

Ces circonstances et l'intérêt de l'ouvrage m'ont porté à le
citer, quoique exécuté hors de France.

—

Quatre statues de femmes en bois bronzé, par Germain
Pilon, qui supportaient jadis la châsse de sainte Geneviève, dans l'église de ce nom, placées depuis au

musée des Monuments français et adaptées au tombeau de Diane de Poitiers. Deux pl. in-8 en haut.,
grav. par C. Normand. London, t. X, n° 19; t. XI,
n° 54.

Deux émaux de Limoges en camaïeu-grisaille, à chairs
teintées avec rehauts d'or, représentant un pasteur
qui défend ses troupeaux contre des animaux féro-
ces, dont l'un est signé A. S., du xvi° siècle. Au
musée de l'hôtel de Cluny, n°ˢ 1066, 1067.

Voir : Comte Léon de Laborde; Notice des émaux, p. 229.

Homme tenant de la main droite son chapeau et de la
gauche un cœur, que viennent béqueter deux oiseaux.
Il a de longues oreilles. A gauche, la figure d'un satyre cornu et ailé. Pl. petit in-4 en haut. Tiré sur une
feuille où on lit en caractères imprimés; en haut :
LE POURTRAICT DE L'HOMME DU TEMPS, et en bas, un
sonnet. Estampe in-fol. en haut.

Homme tenant de la main droite une bourse, et de la
gauche répandant des monnaies. Sa tête est placée
sur un long cou ; il tient dans sa bouche une épée,
à la pointe de laquelle sont des lis. Il a une jambe
d'homme et l'autre de bête. A gauche est une horloge. Pl. petit in-4 en haut., tirée sur une feuille, où
on lit, en caractères imprimés, en haut : « Le pourtraict de l'homme de bien (?) » et en bas, un sonnet
en l'honneur de l'homme de bien. Estampe in-fol.
en haut.

Deux femmes debout; celle à droite est une arracheuse
de dents, qui propose à l'autre de lui tirer une dent;

celle-ci refuse. En bas, les discours de ces femmes en six vers français pour chacune. Estampe in-fol. en haut., grav. sur bois. *Très-rare*.

Cinq femmes et deux hommes se battant et s'arrachant un haut-de-chausse. On lit en haut : Væ tibi si con-sueta colis nunc tecta Priape. En bas, quatre vers français et quatre vers hollandais. *M. de Vos inuent. Jo. Galle excudit. C.* Estampe in-fol. en larg.

> Cette pièce est hollandaise, et je la cite seulement à cause de sa légende en français.

Deux hommes et deux femmes à table. A gauche, un fou ; à droite, une femme fouille dans l'escarcelle d'un des hommes. Au fond, une marchande d'œufs. En bas, deux vers hollandais, deux vers latins et deux vers français : *La marchandise est achetée icy*, etc. *Alubertus ex.* Estampe in-fol. en larg.

> Cette pièce est hollandaise ; je la cite seulement à cause de sa légende française.

Lutrin en cuivre, par Germain Pilon, aux Célestins de Paris. Partie d'une pl. in-4 en haut. Millin ; Anti-quités nationales, t. 1, n° iii, pl. 21, n° 1.

Demi-armure française de la fin du xvie siècle, en fer. Partie d'une pl. in-fol. en haut. Musée des armes rares, anciennes et orientales de S. M. l'Empereur de toutes les Russies. Pl. 103.

Sceau de la cathédrale de Cambrai, antérieur au xviie siè-cle. Partie d'une pl. in-8 en haut., lith., n° 2. Bul-

letin de la commission historique du département du   1580?
Nord, t. II, à la p. 136.

Trois médailles relatives aux associations de la mère
folle de Dijon, et de fous. Pl. lithogr. in–8 en haut.
Rigollot; Monnaies — des innocents et des fous,
pl. 4, nᵒˢ 10 à 12.

Jeton des officiers de la traite foraine de Bourgogne,
sous Henri III. Petite pl. grav. sur bois. De Fontenay; Manuel de l'amateur de jetons, p. 340, dans
le texte.

Jeton frappé à Dijon : PUTEUS AQUARUM VIVENTIUM.
Petite pl. grav. sur bois. Rossignol; Des libertés de
la Bourgogne, p. 65, dans le texte.

1581.

Tombeau de Pierre de Courcelles, mary de Jeanne de   1581.
Loges, sous une arcade, dans la chapelle de Saint-   Janvier 3.
Jean-Baptiste des Seigneurs, en l'église paroissiale de
d'Auvillars. Dessin in-fol. en haut. Bibliothèque impériale, manuscrits, boetes de l'ordre du Saint-Esprit, Courcelles. En bas : Mss. de Paliot à M. le président de Blaisy, t. II, p. 170.

Monnaie du siége de la ville de Steenwyck par les Fran-   Février 23.
çais sur les Espagnols, dont le siége fut levé le 23 février 1581. Partie d'une pl. in-4 en haut. Tobiesen
Duby; Pièces obsidionales, pl. 8, nᵒ 9.

Tombe de Toussaints Barrin..., en pierre, au bas de   Mai 2.

1581.
Mai 2.   l'austel, du costé de l'épistre, dans le sanctuaire de l'église de l'abbaye de Gercy. Dessin grand in-8. Gaignières à Oxford, t. III, f. 49.

Août 18.   La ville de Cambray investie et bloquée par le prince de Parme et délivrée par le duc d'Alençon. Pl. petit in-4 en larg. Baudart, p. 363, dans le texte.

La prise de Cambray par le duc d'Alençon et d'Anjou. En haut : *Cambresi.* En bas, quatre vers latins, 126. Pl. in-8 en larg.

Prise de la ville de Cambray par le duc d'Alençon. Vue de l'armée rangée près de la ville. En bas, six vers flamands, l'explication en français et la date, n° 42. Pl. in-4 en larg.

Médaille triangulaire pour la levée du siége de Cambrai par suite de l'approche du duc d'Alençon. Petite pl. Bizot, 1688, à la p. 49, dans le texte.

Trois monnaies obsidionales du siége de Cambray. Petite pl. Van Loon, t. I, p. 294, dans le texte.

Trois monnaies obsidionales du siége de Cambrai, au nom de François, duc d'Alençon, comme duc de Brabant. Partie d'une pl. in-4 en haut. Tobiesen Duby ; Monnoies des barons, pl. 28, n°s 3 à 5.

Deux monnaies du siége de la ville de Cambray, assiégée par les Espagnols sur les Français, et dont le siége fut levé le 16 août 1581, avec les armes de France et de Cambray. Partie d'une pl. in-4 en

haut. Tobiesen Duby ; Pièces obsidionales, pl. 9,
n°s 1, 2.

Portrait de Guillaume Postel, à mi-corps, vu de face,   Septemb. 6.
la main droite levée et la gauche sur un livre. Pl.
petit in-4 en haut. Thevet; Pourtraits, etc., 1584, à
la p. 588, dans le texte.

Portrait du même, à mi-corps, tourné à droite, forme
ovale; dans un bout de bordure, en haut, le nom.
Au-dessous : *Rabel excudit.* Estampe grav. par Jean
Rabel, in-12 en haut. Il y a deux états de cette plan-
che : 1, celui décrit; 2, le nom de Rabel enlevé.
Robert-Dumesnil, t. VIII, p. 138.

Portrait du même, à mi-corps, de face. *Esme de Bou-*
lonois fecit. Estampe in-4 en haut. Bullart, t. I, p. 297,
dans le texte.

Portrait du même, à mi-corps, tourné à droite. Médaillon ovale in-12 en haut. On lit autour : Guillel-
mus Postellus an. æt. suæ lxxxv.

Balet comique de la Royne, faict aux nopces de Monsieur   Septemb. 24.
le Duc de Joyeuse et de Mademoyselle de Vaudemont,
sa sœur, par Baltasar de Beaujoyeulx, valet de chambre
du Roy, et de la Royne sa mère. Paris, A. le Roy,
N. Ballard et Patisson, 1582. In-4, fig. *Très-rare.* Ce
volume contient les estampes suivantes :

1. L'écusson de Henri III et de la reine, entouré d'un
cordon ; aux quatre angles, le monogramme M couronné. In-4 en haut., au feuillet 1.

2. « Figure de la salle. » La grande salle de Bourbon, ornée de galeries remplies de spectateurs; dans le milieu est un personnage seul, déclamant; le roi et d'autres personnes assises sont sur le devant, vus par le dos. In-4 en haut., recto du feuillet 3.

3. « Figures des sereines. » Trois sirènes. In-4 en larg., verso du feuillet 10.

4. « Figure de la Fontaine. » Une fontaine à deux vasques, sur un soubassement rempli de personnages et traînée par des chevaux marins et des sirènes. In-4 en haut., verso du feuillet 14.

5. « Figure des tritons. » Six tritons tenant des tridents. In-4 en larg., verso du feuillet 16.

6. « Figure des satyres. » Huit satyres jouant de la cornemuse. In-4 en larg., verso du feuillet 31.

7. « Figure du chariot du bois. » Quatre nymphes tenant des arcs, assises sous des arbres. In-4 en haut., recto du feuillet 35.

8. « Figure des quatre vertus. » Quatre femmes tenant divers attributs. In-4 en larg., verso du feuillet 40.

9. « Figure du chariot de Minerve. » Minerve sur un chariot tiré par un lion ailé, allant à droite. In-4 en larg., recto du feuillet 45.

> Le ballet terminé, la reine, les princesses, dames et demoiselles firent aux princes et seigneurs des présents consistant en bijoux d'or qui représentaient des divinités, des animaux marins et autres, ou des objets divers. Ces présents sont figurés

sur les planches suivantes ; en haut de chacune est la légende
ci-après, imprimée en caractères typographiques ; au milieu
est l'estampe représentant la divinité, l'animal ou l'objet dési-
gné dans la légende en lettres capitales ; au-dessous est une
légende latine relative au sujet. Ces pièces sont carrées, d'environ 115 mill..

10. « La Royne présenta au Roy LE DAVPHIN. »
Recto du feuillet 65.

11. « Madame la Princesse de Lorraine à Monsieur de
Mercur, LA SEREINE. » Verso du feuillet 65.

12. « Madame de Mercur à Monsieur de Lorraine,
NEPTVNE. » Recto du feuillet 66.

13. « Madame de Guise à Monsieur de Geneuois,
ARION. » Verso du feuillet 66.

14. « Madame de Neuers à Monsieur de Guise, LE
CHEVAL MARIN. » Recto du feuillet 67.

15. « Madame d'Aumalle au Marquis de Chaussin, LA
BALEINE. » Verso du feuillet 67.

16. « Madame de Ioyeuse au Marquis de Pont, LE
PHYSETER. » Recto du feuillet 68.

17. « Madame la Mareschale de Rez à Monsieur d'Aumale, LE TRITON. » Verso du feuillet 68.

18. « Madame de Larchant à Monsieur de Joyeuse,
LE CORAL. Recto du feuillet 69.

19. Mademoyselle de Pont à Monsieur d'Espernon,
L'HVISTRE. » Verso du feuillet 69.

1581.   20. « Mademoyselle de Bourdeille à Monsieur de
            Neuers, LE XIPHIAS. » Recto du feuillet 70.

         21. « Mademoyselle de Cypierre à Monsieur de
            Luxemboung , L'ESCREVICE. » Verso du feuil-
            let 70.

         22. « Mademoyselle de Victry à Monsieur le bastard,
            LE HIBOV. » Recto du feuillet 71.

         23. « Mademoyselle de Surgeres à Monsieur le Comte
            de Saulx, LE CHEVREVL. » Verso du feuillet 71.

         24. « Mademoyselle de Lauernay à Monsieur le Comte
            de Mauleurier, LE CERF. » Recto du feuillet 72.

         25. « Mademoyselle de Stauay au Comte de Bou-
            chage, LE SANGLIER. » Verso du feuillet 72.

         26. « Mademoyselle de Chaumont à la Royne, mere
            du Roy, APOLLON. » Recto du feuillet 73.

         27· « Mademoyselle de Sainte Mesme à Monsieur le
            Cardinal de Bourbon, LE LIVRE. » Verso du feuil-
            let 73.

> Il paraît certain que toutes ces planches ont été gravées par
> Charles Patin.
>
> Ce curieux et rare volume représente une des fêtes données
> par Henri III, à l'occasion du mariage du duc Anne de Joyeuse,
> un de ses trois favoris, avec Marguerite de Lorraine, sœur de
> la reine. Les Mémoires du temps portent que ces noces coû-
> tèrent au roi plus de douze cent mille écus, outre quatre cent
> mille autres promis au marié ; prodigalités aggravées par les
> honneurs et préséances accordés en cette même occasion à
> l'érection du duché-pairie de Joyeuse en faveur de ce favori.
>
> Ce mariage fut célébré le 24 septembre 1581.

Bal donné à la cour de Henri III, à l'occasion du ma-
riage d'Anne, duc de Joyeuse, avec Marguerite de
Lorraine. Tableau d'un peintre français inconnu.
Musée du Louvre, tableaux, école française, n° 657.

Sep. 24.

Le château de Cambresis assiegé par le duc d'Alencon et
prins par force. Pl. petit in-4 en larg. Baudart, p. 367,
dans le texte.

Septembre.

Prise de Cateau-Cambresis, dont le duc d'Alençon s'em-
para apres avoir pris Cambray ; vue de la ville et de
l'attaque. En bas, dix vers allemands, l'explication
en français et la date, n° 43. Pl. in-4 en larg.

Les États des Pays-Bas ayant fait un traité avec le duc
d'Anjou, par lequel ils le reconnaissent pour leur
souverain, le duc Mathias se retire. En bas, dix vers
flamands et l'explication en français et la date, 44.
Pl. in-4 en larg.

Octobre 29.

La prise de Tournay. *Hyacintus Gimignanus Pistor
inuent. sculp.*, 1647. Pl. in-8 en larg. Strada ; De bello
belgico, 1632-47, t. II, à la p. 147.

Nov. 29.

La prise de la ville de Tournay en 1581. Cette ville est
représentée dans le fond, attaquée par trois colonnes. On distingue au milieu du devant les députés
remettant les clefs de la ville au duc de Parme, qui
est à cheval vers la droite, suivi de plusieurs lanciers
à cheval. Dans le haut, une large banderole avec
l'explication en latin des divers groupes, marqués
par des lettres. A gauche, en bas, sur une grosse
pierre : *Hyacinthus Gimignanus Pistor.*[is] *inuent.*

1581.
Nov. 29.

sculp. 1647. Pl. in-fol. en larg., dans l'ouvrage de Fab. Strada, De bello belgico. Romæ, 1640. Adam Bartsch, v. 20, p. 209.

Monnaie du siége de Tournay, assiégé par le prince de Parme. Petite pl. Bizot; Supplément, 1690, à la p. 92, dans le texte.

Quatre monnaies obsidionales du siége de Tournay. Petite pl. Van Loon, t. I, p. 298, dans le texte.

Trois monnaies du siége de la ville de Tournay, assiégée et prise par les troupes impériales sur les Français. Partie d'une pl. in-4 en haut. Tobiesen Duby; Pièces obsidionales, pl. 9, n°ˢ 3 à 5.

Décembre 5. Surprise tentée sur la ville de Bergen-op-Zoom, par les malcontents, qui furent repoussés par les Français. Vue de l'attaque. En bas, douze vers allemands, l'explication en français et la date, sans numéro. Pl. in-4 en larg.

Comment le prince de Parme, ayant surprins la ville de Bergue zur Zoom, fut contraint de la quitter. Pl. petit in-4 en larg. Baudart, p. 375, dans le texte.

Décembre 6. Tombe de Matheus Pillon, religiosus, en pierre plate, dans le cloistre de l'abbaye de Froidmont. Dessin petit in-8. Recueil Gaignières à Oxford, t. XIV, f. 29.

Décemb. 10. Tombeau de Jehan de Balsac, chambellan de Monsieur, frère du Roy, surintendant de la maison du prince de Condé, etc., dans le sanctuaire de l'église des Célestins de Marcoussy; il est représenté à genoux.

Dessin in-8 en haut. Bibliothèque impériale, manuscrits, boetes de l'ordre du Saint-Esprit, Balsac.

1581.
Déc. 10.

Portrait à genoux de Jean de Balsac, seigneur de Mon-
tagu, d'après un tableau de l'église des Célestins de
Marcoussi. Partie d'une pl. in-fol. en haut. Montfaucon, t. V, pl. 45, n° 2.

Médaille de Jean l'Évêque de La Cassière, grand maitre
de l'ordre de Malte. Partie d'une pl. in-fol. en
haut. Trésor de numismatique et de glyptique. Médailles françaises, 1re partie, pl. 48, n° 1.

Déc. 21.

Tombe de Jacques de Billy, abbé de Saint-Michel de
Chairm, mort le jour de Noël 1581, à droite, près
les chaires des chapiers, dans le chœur de l'église
de Saint-Séverin de Paris. Dessin in-8. Recueil Gaignières à Oxford, t. X, f. 23.

Déc. 25.

Portrait du même, à mi-corps, tenant un livre ouvert.
Pl. petit in-4 en haut. Thevet; Pourtraits, etc., 1584,
à la p. 170, dans le texte.

Portrait du même, à mi-corps, tourné à gauche, lisant.
Estampe petit in-4 en haut.

Médaille relative à l'appel fait par les habitants de
Gand à François de Valois, duc d'Anjou, frère de
Henri III, roi de France. Petite pl. Le Clerc; Expli-
cation historique, etc., n° 74, p. 44, dans le texte.

1581.

L'amoureux passe temps declaré en ioyeuse Poësie, par
plusieurs epistres du Coq a l'Asne, et de l'Asne au

1581.   Coq, en vers. Lyon, Benoist Rigaud. In-16. *Rare.* Ce
           volume contient :

Figure représentant divers personnages derrière une
table, sur laquelle est un livre de musique. Petite pl.
en larg., grav. sur bois, sur le titre.

> Habitus variarum orbis gentium. Habits de nations estrãges.
> Trachten mancherley volcker des erdskreyk. auct. Jac.
> Boissard, 1581. Petit in-fol., fig. Cet ouvrage renferme :

Titre gravé, deux pl. représentant les portraits des de-
moiselles auxquelles le livre est dédié, le portrait de
Boissard et soixante pl. représentant chacune trois
costumes, parmi lesquels quelques costumes français.
In·4 en larg.

> Le blason des armoiries, auquel est montrée la manière de
> laquelle les anciens et modernes ont usé en icelles (par
> Hierome de Bara). Lyon, Barthelemy Vincent, 1581.
> Petit in-fol., fig. Ce volume contient :

Un grand nombre de figures représentant des blasons
et armoiries. Pl. grav. sur bois, dans le texte.

———

Deux plaques, de forme ovale, représentant Suzanne
au bain, en émaux de Limoges, avec la date de
1581, et dont l'une porte le nom du donateur,
M⁶ Jehan Guenin. Au musée de l'hôtel de Cluny,
nᵒˢ 1045, 1046.

> Voir : Comte Léon de Laborde ; Notice des émaux, p. 226.

Médaille relative à François, duc d'Anjou, comte de

Flandre, frappée à Gand. Partie d'une pl. petit in-4
en haut. Bizot; Supplément, 1690, à la p. 68.

Trois médailles du même. Deux petites pl. Van Loon,
t. I, p. 295-296, dans le texte.

Deux médailles triangulaires du même. Partie d'une pl.
in-4 en haut. Tobiesen Duby; Monnoies des barons,
pl. 28, n°s 1, 2. = Idem; Pièces obsidionales. —
Récréations numismatiques, pl. 1, n° 12.

Deux médailles du même. Partie d'une pl. in-fol. en
haut. Trésor de numismatique et de glyptique. Médailles françaises, 1re partie, n°s 1, 5.

Placard signé, de par le roi, par les commissaires Mont-
perlier et Roland, députés, pour la réformation des
monnaies et le décri des espèces étrangères. Imprimé à
Grenoble, le 18 mai 1581, en exécution de l'ordonnance
du mois de septembre 1577. Cet imprimé contient :

Les portraicts de deux monnaies de Louis de Montpensier, prince de Dombes, IIe du nom, et de
soixante-seize monnaies étrangères décriées par l'ordonnance citée. Revue numismatique, 1850, C. Robert, p. 139.

Deux monnaies de Louis de Montpensier, prince de
Dombes, IIe du nom. Deux petites pl. grav. sur bois.
Revue numismatique, 1850. C. Robert, p. 140, 141,
dans le texte.

Copies du placard imprimé à Grenoble, le 18 mai 1581.

1581. Monnaie de Charles IX, roi de France. Petite pl. grav. sur bois. Ordonnance, etc. Anvers, 1633, feuillet P, 2.

Monnaie de Charles III, duc de Lorraine. Petite pl. grav. sur bois. Ordonnance, etc. Anvers, 1633, feuillet N, 1.

Neuf monnaies de Charles II, duc de Lorraine, vulgairement appelé Charles III ou le grand duc. Partie d'une pl. in-4 en haut. De Saulcy; Recherches sur les monnaies des ducs héréditaires de Lorraine, pl. 22, n°s 1 et 3 à 10.

Il mourut le 14 mai 1608.

Jeton de Jean Dufaultrey, maire de Tours. Partie d'une pl. in-8 en haut. Revue numismatique, 1848. E. Cartier, pl. 12, n° 2. p. 219.

1582.

1582.
Janvier. 15. Portrait d'Artus de Cossé, maréchal de France, en pied, la main droite appuyée sur une masse d'armes. Estampe in-4 en haut. Mémoires de Condé, t. IV, p. 310. = Même pl. Velly, Villaret et Garnier; Portraits, t. III, p. 6.

Portrait du même. Tableau de l'école française du XVIe siècle. Musée de Versailles, n° 3154.

Février 10. Portrait de Nicolas de Bauffremont, baron de Senecey. Tableau de l'école française du XVIe siècle. Musée de Versailles, n° 3179.

Les Brabançons n'ayant pas pu faire leur paix avec le 1581.
roi d'Espagne, se rendent, eux et leur pays, au frère Février 19.
du roi de France, le duc d'Alençon. L'arrivée du
duc à Anvers. En bas, huit vers allemands, l'explication en français et la date, sans numéro. Pl. in-4
en larg.

> Il y a des épreuves portant en bas le n° 46 (le 6 à rebours).

La venue du duc d'Alençon à Anvers, où il fut recognu
duc de Brabant. Pl. petit in-4 en larg. Baudart,
p. 379, dans le texte.

> La Joyeuse — et magnifique entrée de Monseigneur Fran-
> coys, fils de France et frere unique du Roy, par la grace
> de Dieu, Duc de Brabant, d'Anjou, Alençon, Berry, etc.,
> en sa tres-renommée ville d'Anvers. A Anvers, Christo-
> phle Plantin, M . D . LXXXII. In-fol., lettres rondes, fig.
> *Rare.* Cet ouvrage contient les estampes suivantes, nu-
> mérotées comme il est indiqué.

Le titre ci-dessus, imprimé sur un frontispice gravé,
représentant un portique aux côtés duquel sont les
figures de Cybèle et de Neptune; en haut, on voit
une figure couchée, et en bas, un lion. In-fol. en
haut.

I. Vue de la ville d'Anvers, entourée des troupes, pour
l'entrée du duc d'Anjou, que l'on voit à gauche,
venant de débarquer. In-fol. en larg., à la p. 15.

II. Théâtre qui était placé près de l'entrée de la ville,
sur lequel on voit le Duc, au moment où le prince
d'Orange lui place sur la tête le chapeau ducal, à la
p. 15.

III. Entrée du Duc dans la ville par un pont sur les fossés. In-fol. en larg., à la p. 25.

IIII. Le chariot de la pucelle d'Anvers ou de l'Alliance. On y voit une femme assise, tournée à gauche, entourée de divers personnages et de drapeaux. In-fol. en larg., à la p. 26.

V. Le Duc, à cheval, allant vers la gauche, sous un dais soutenu par six gentilshommes de la ville. In-fol. en larg., à la p. 27.

VI. Tableau qui était placé près de l'église Saint-George, représentant en trois compartiments des traits de l'histoire de Saül et de David. On lit au-dessus : *Abstulit regni Dominus moderamina Sauli, et*ᵃ. In-fol. en haut., à la p. 27.

VII. Tableau qui était placé au lieu nommé les Trois-Coings, représentant la confédération de David et Jonathan. On lit au-dessus : *Aduersus veluti Saul promis, etc.* In-fol. en haut., à la p. 28.

VIII. Eléphant qui était placé à l'entrée de la Meer-brugge. Il porte sur son dos une tour armée de canons. On lit sur un écriteau, au-devant : *Lunam solebam, et*ᵃ. In-fol. en haut., à la p. 29.

IX. Théâtre qui était placé au coin de Claire-Straat, représentant la ville d'Anvers avec divers personnages. On lit au-dessus : *Gratia nata Deo culta vestita, et*ᵃ. In-fol. en haut., à la p. 30.

X. Arc triomphal qui était placé au pont Sainte-Cathe- 1582.
rine, sur lequel sont placés de chaque côté trois Février 19.
musiciens. On lit sur l'entablement : *Adventui feli-
cissimo, etc.* In-fol. en haut., à la p. 31.

XI. Figure du géant, fondateur d'Anvers, qui était
placé au Grand-Marché ; il est assis, tourné à gauche et tient une lance, avec banderole à l'écusson de
France. In-fol. en haut., à la p. 31.

XII. Théâtre qui était placé au même marché, représentant le trône du Duc et diverses nymphes et vertus. On lit, en haut : FOVET ET DISCVTIT. In-fol.
en larg., à la p. 32.

XIII. Baleine sur laquelle est Neptune, qui était placée
vers la rue nommée Hoogstraet ; devant la baleine,
un piédestal sur lequel on voit un autre Neptune et
deux figures représentant le Commerce et la Navigation. In-fol. en larg., à la p. 32.

XIIII. Arc triomphal, qui était placé au lieu où était
précédemment la porte Saint-Jean. On lit au-dessus :
Exoriens veluti obscuras sol discutit et[a]. In-fol. en
larg., à la p. 33.

XV. Cheval marin, sur lequel est une nymphe représentant la Concorde, qui était placé près de la Monnaye. In-4 en larg., à la p. 34.

XVI. Arc triomphal entre deux obélisques, qui était
placé près de la porte de la Monnaye. On voit dans
la porte de l'arc une colonnade. On lit au-dessus :
Illa potens nimiuq, etc. In-fol. en haut., à la p. 34.

XVII. Colonnade qui était placée dans la rue Saint-
Michel, ornée d'écussons de France et de flambeaux.
In-4 en larg., à la p. 35.

XVIII. Tableau qui était placé à côté de la porte du
palais, où l'on voit un Saint-Esprit rayonnant et
plusieurs personnages. On lit au-dessus : *O sit jus-
titiæ pacisque ut basia, etc.* In-fol. en haut., à la
p. 35.

XIX. Arc à deux portes inégales, qui était placé à l'entrée du palais ; au-dessus, on voit les trois Grâces et
des guerriers, et la légende : *Qui decus antevenis
meritis, virtutib., etc.* In-fol. en haut., à la p. 36.

XX. Deux théâtres dressés près l'hôtel de ville pour
le 22 février, jour de la prestation du serment parti-
culier de la ville d'Anvers, l'un représentant le Parnasse, et l'autre un rocher, à l'entrée duquel sont
des Furies. In-fol. en larg., à la p. 38.

XXI. Vue de la prestation du serment sur la place du
Grand-Marché. On y voit le Duc sur le trône qui
avait été dressé pour cette cérémonie, un grand
nombre de troupes et de peuple. In-fol. en larg., à
la p. 38.

———

L'arrivée du duc d'Alençon à Anvers, pour y prêter le
serment de défendre le pays et les habitants, comme
duc de Brabant. On voit la place d'Anvers et l'arrivée du duc d'Alençon. En bas, huit vers allemands,
l'explication en français et la date, sans numéro. Pl.
in-4 en larg.

Il y a des épreuves portant en bas le n° 47.

L'entrée du duc d'Alençon en la ville d'Anvers. Pl.   1582.
   petit in-4 en larg. Baudart, p. 383, dans le texte.   Février 22.

Serment prêté par le duc d'Alençon, comme duc de
   Brabant, à Anvers. Pl. petit in-4 en larg. Baudart,
   p. 387, dans le texte.

Prestation de serment, sur la place du Marché d'Anvers,
   du duc d'Alençon comme duc élu des Pays-Bas. En
   bas, dix vers allemands, l'explication en français et
   la date, sans numéro. Pl. in-4 en larg.

     Il y a des épreuves portant en bas le n° 48.

Le prince d'Orange blessé d'une arquebusade à Anvers.   Mars 18.
   Pl. petit in-4 en larg. Baudart, p. 389, dans le texte.

Assassinat du prince d'Orange par Jean Jaurine. En bas,
   quatorze vers allemands, l'explication en français
   et la date, sans numéro. Pl. in-4 en larg.

Médaille relative à l'attentat sur le prince d'Orange, par
   Jean Jauregui. Partie d'une pl. in-8 en haut. Bizot,
   1688, à la p. 52*. == Partie d'une pl. petit in-4
   carrée. Le Clerc; Explication historique, etc., n° 77,
   p. 46, dans le texte.

Exposition à Anvers de Jean Jauregui, assassin du   Mars 19.
   prince d'Orange. Pl. petit in-4 en larg. Baudart,
   p. 393, dans le texte.

Exécution d'Antoine Charpentier, prestre, et d'Antoine   Mars 28
   de Venero, cassier, complices de l'assassinat du
   prince d'Orange, à Anvers. Pl. petit in-4 en larg.
   Baudart, p. 399, dans le texte.

1582.
Avril 23.

Prise de la ville d'Ælst par les gens du duc d'Alençon, duc de Brabant. Pl. petit in-4 en larg. Baudart, p. 417, dans le texte.

Avril.

Fêtes et réjouissances dans les pays et villes papistiques après la nouvelle de l'assassinat du prince d'Orange. Pl. petit in-4 en larg. Baudart, p. 397, dans le texte.

Mai 3.

Tombe de Pierre Moreau, chanoine, au-dessus de la grande sacristie, dans l'aisle à droite du chœur de l'église de Notre-Dame de Paris. Dessin grand in-8. Recueil Gaignières à Oxford, t. IX, f. 111.

Mai 6.

Portrait de Charlotte de Bourbon-Montpensier, femme de Guillaume, prince d'Orange. *Carola Borbonia D. G. Prin. Aur.*, etc. *HGolzius fecit.* Pl. in-4 en haut. Adam Bartsch, v. III, p. 55.

Portrait de la même, à mi-corps, tournée à droite. Médaille ovale; autour, le nom et *Æt.* xxxiii. Dans les angles, ornements. Estampe in-16 en haut.

Juillet 5.

Audenarde assiégée et prise par le prince de Parme. Pl. petit in-4 en larg. Baudart, p. 407, dans le texte.

Juillet 26.

Portrait de Philippe Strozzi, colonel général de l'infanterie française, en buste, tourné à gauche. Bordure ovale où est le nom. En bas : *Rabel exc.*, 1583. Estampe grav. par Jean Rabel, in-12 en haut. Robert-Dumesnil, t. VIII, p. 139.

Portrait du même, d'après un dessin aux crayons du temps. Pl. in-fol. en haut., coloriée. Niel; Portraits des personnages français, 2e partie.

Portrait du même, en buste, tourné à droité. Médaillon — 1582.
ovale. Autour, le nom. En bas, quatre vers français : Juillet 26.
Le peintre ingenieus., etc. *Thomas de Leu fecit.* Estampe in-12 en haut.

Portrait du même, en buste, de face. Médaillon ovale.
En bas , le nom. *B. Moncornet excudit.* Estampe
in-8 en haut.

Portrait du même, à mi-corps, tourné à droite ; sans
légendes. Estampe in-4 en haut.

Portrait du même. Tableau du XVIᵉ siècle. Musée de
Versailles, n° 3977.

François Basa, complice de Nicolas de Salcedo, qui Juillet 31.
avait fait un complot pour tuer le duc d'Alençon et
le prince d'Orange à Bruges, et qui s'était tué, est
traîné sous le gibet et pendu. Pl. petit in-4 en larg.
Baudart, p. 413, dans le texte.

La ville de Lire trahie et délivrée au prince de Parme, Août 2.
par Guillaume le Simpel, capitaine escossois. Pl.
petit in-4 en larg. Idem, p. 401, dans le texte.

Escarmouche entre les gens du duc d'Alençon et ceux Août 3.
du prince de Parme, près de la ville de Bergue de
Saint-Winoc. Pl. petit in-4 en larg. Idem, p. 421,
dans le texte.

Le prince de Parme assaillit le camp du duc d'Alençon Août 27.
devant la ville de Gand. Pl. petit in-4 en larg. Idem,
p. 423, dans le texte.

1582.
Sept. 23.   Portrait de Louis de Bourbon, IIe du nom, duc de Montpensier, chevalier du Saint-Esprit lors de l'institution en 1578, mort avant d'avoir été reçu, à mi-corps. Dessin in-fol. en haut. Bibliothèque impériale, manuscrits, boetes de l'ordre du Saint-Esprit, Bourbon.

Sept. 24.   La ville de Lochum, assiégée par le prince de Parme, est délivrée par le comte Guillaume de Nassau et le comte de Hohenlo. Pl. petit in-4 en larg. Baudart, p. 405, dans le texte.

Octobre 22.   Supplice de Nicolas de Salcedo, à Paris, pour avoir fait un complot à l'effet de tuer, à Bruges, le duc d'Alençon et le prince d'Orange. Pl. petit in-4 en larg. Baudart, p. 413, dans le texte.

       P. de l'Estoile dit que Salcedo fut exécuté le 26 octobre.

Nov. 1.   Tombeau de Christophe de Thou, premier président du parlement de Paris, en marbre, à Saint-André des Arts à Paris, dans la troisième chapelle de la nef à main droite, au haut du mur, vis-à-vis l'autel, derrière la chaise du prédicateur, et épitaphe. Deux dessins in-4 en haut. Recueil Gaignières, à la bibliothèque Mazarine, n°s 14, 15. = Deux dessins in-fol. en haut. Bibliothèque impériale, manuscrits, boetes de l'ordre du Saint-Esprit, de Thou.

     Buste du même, sur son tombeau, à l'église Saint-André des Arts à Paris. In-8 en haut., grav. sur bois. Rabel; Les antiquitez et singularitez de Paris, dans le texte, f. 99, verso. = Même planche. Du Breul;

Les antiquitez et choses plus remarquables de Paris,   1582.
dans le texte, f. 51. = Pl. petit in-4 en haut. Du Novembre 1.
Breul ; Le théâtre des antiquités de Paris, p. 347,
dans le texte.

Portrait du même, en buste, de face ; médaillon ovale
   dans une bordure d'ornements et figure, en l'une
   des chapelles de l'église de Saint-André ; légende en
   haut. Estampe in-12 en haut., grav. sur bois.

Buste du même, en marbre, par Barth. Prieur, du
   Musée du Louvre. Partie d'une pl. grav., in-4 en
   larg. De Clarac ; Musée de sculpture, pl. 1128-1121.

Buste du même, en marbre blanc et rouge, par un
   sculpteur inconnu, de son tombeau, dans une chapelle de l'église Saint-André des Arts. Musée du Louvre, sculptures modernes, n° 152. = Moulage en
   plâtre. Musée de Versailles, n° 811.

Portrait du même, à mi-corps, de face. Bordure ovale ;
   autour, le nom. *J. Rabel excudit.* Estampe grav.
   par Jean Rabel, in-16 en haut. Robert-Dumesnil,
   t. VIII, p. 132.

Portrait du même, en buste, de face. Médaillon ovale ;
   autour, le nom. En bas, à gauche : *Morin scul.*
   Estampe in-fol. en haut.

Portrait du même, en buste, de face. Médaillon ovale,
   entouré de figures et d'ornements. En bas : ILLUS-
   TRISS ET AMPLISS. CHRISTOPH DE THOU, etc. Estampe
   in-4 en haut.

1582.
Novembre 1. Portrait du même, à mi-corps. Médaillon ovale in-12 en haut. On lit autour, le nom.

Portrait du même, en buste, tourné à gauche. Médaillon ovale; autour, le nom. En bas : . . . . . . *Excudit*. Estampe in-12 en haut.

Médaille du même. Partie d'une pl. in-fol. en haut. Trésor de numismatique et de glyptique. Médailles françaises, 1re partie, pl. 48, n° 2.

Nov. 25. Discours tres veritable du passage et arriuuee de Messeigneurs les Duc de Montpensier, et Mareschal de Biron, et de leur armée dans le païs bas, etc. Paris, Mathurin Breuille, 1583. In-12 de 22 feuillets, fig. Cet opuscule contient :

Douze représentations de divers corps de troupes. Petites pl. sans bords, grav. sur bois, aux quatre derniers feuillets.

1582. Médaille d'Henri III, pour le renouvellement du traité avec les Suisses. Petite pl. Luckius; Silloge numismatum, etc., dans le texte, p. 289.

Deux médailles d'Henri III et de Catherine de Médicis, relatives au renouvellement de l'alliance avec les Suisses. Partie d'une pl. in-fol. en haut. Trésor de numismatique et de glyptique. Médailles françaises, 1re partie, pl. 23, n°s 4, 5.

Médaille relative à la tentative manquée du duc d'Anjou sur Anvers. Partie d'une pl. in-fol. en haut. Le

Clerc; Explication historique, n° 78, p. 48, dans le 1582
texte.

Six monnaies du siége d'Audenarde par le prince de
Parme. Pl. in-8 en haut. Messager des sciences. —
Société royale — de Gand, 1826, p. 349.

> Le passe-temps de la fortune des dez, ingénieusement com-
> pilé par Me Laurens l'Esprit, pour réponse de vingt
> questions par plusieurs coustumiérement faites et desi-
> rées savoir. Lyon, F. Didier, 1582. Petit in-4, fig. *Rare.*
> Ce volume contient :

Frontispice représentant la Fortune entourée de divers
attributs ou indications de combinaisons. Pl. in-4 en
haut., grav. sur bois, en tête du volume.

Portraits de vingt rois de France de la première race;
médaillons ovales tirés par quatre sur chaque page.
Cinq pages in-4 en haut., grav. sur bois. Ces portraits sont imaginaires.

Plusieurs planches offrant des combinaisons de dez à
jouer et autres. Pl. in-4 en haut., grav. sur bois.

———

Armes de la ville de Paris. Petite pl. en haut. Calliat;
Hôtel de ville de Paris, vignette du titre. = Petite
pl. en haut. Le Roux de Lincy; Histoire de l'hôtel
de ville de Paris, en face du titre.

Monnaie de Henri III. Partie d'une pl. in-4 en haut.
Du Cange; Glossarium, 1840, t. IV, pl. 16, n° 12.

Deux monnaies de Henri III, de l'année 1582. Partie

de deux pl. in-8 en haut. Berry; Études, etc., pl. 58, n° 15; pl. 59, n° 3, t. II, p. 464, 466.

Trois médailles de François de Valois, duc d'Alençon, à l'occasion de son avénement comme duc de Brabant. Deux petites pl. Luckius; Silloge numismatum, etc., dans le texte, p. 283.

Six médailles relatives à l'arrivée du duc d'Alençon dans les Pays-Bas et à sa proclamation à Anvers comme duc de Brabant. Pl. et partie d'une pl. in-8 en haut. Bizot, 1688, aux p. 51 et 52*.

Six médailles en l'honneur de François, duc d'Anjou et d'Alençon, comte de Flandre. Pl. petit in-4 en haut. Bizot, supplément, 1690, à la p. 72.

Cinq médailles relatives aux affaires de la Flandre et au duc d'Anjou. Partie d'une pl. petit in-4 en haut. Bizot, supplément, 1690, à la p. 75.

Médaille de François de Valois, duc d'Anjou, frère de Henri III, duc de Brabant, frappée pour sa prise de possession de sa nouvelle dignité, à Anvers. Partie d'une pl. petit in-4 carrée. Le Clerc; Explication historique, etc., n° 76, p. 46, dans le texte.

Vingt-six médailles du même. Neuf pl. diverses. Van Loon, t. I, p. 303, 304, 305, 306, 315, 316, 317, 319, 323, dans le texte.

Médaille du même. Partie d'une pl. in-fol. en haut. Trésor de numismatique et de glyptique, 1re partie, pl. 26, n° 3.

Monnaie de François, duc d'Alençon, duc de Brabant.
   Petite pl. grav. sur bois. Ordonnance, etc. Anvers,
   1633, feuillet ᴍ, 5.

Vingt-six monnaies et médailles du même. Deux pl. et
   partie de deux autres in-4 en haut. Tobiesen Duby;
   Monnoies des barons, pl. 28, n⁰ˢ 6 à 9; pl. 29,
   n⁰ˢ 1 à 7; pl. 30, n⁰ˢ 1 à 7; pl. 31, n⁰ˢ 1 à 8.

Monnaie du même. Partie d'une pl. in-4 en haut. Tobiesen Duby; Monnoies des barons, supplément,
   pl. 1, n⁰ 16.

Quatre monnaies du même. Partie d'une pl. in-fol. en
   haut. Trésor de numismatique et de glyptique. Histoire par les monuments de l'art monétaire chez les
   modernes, pl. 20, n⁰ˢ 9 à 12.

Monnaie de la ville de Gand, avec la bannière aux
   trois fleurs de lis, allusion au duc d'Alençon. Partie
   d'une pl. in-8 en haut., lith. Den Duyts, n⁰ 246,
   pl. xviiii, n⁰ 111, p. 89, 90.

Six monnaies frappées à Gand, sous François, duc
   d'Alençon. Pl. et partie d'une pl. in-8 lithogr. Den
   Duyts, n⁰ˢ 251 à 256; pl. xx, n⁰ˢ 116 à 119; pl. xxi,
   n⁰ˢ 120, 123, p. 91 à 93.

Monnaie de François, duc d'Alençon, comte de Flandre. Partie d'une pl. in-8 en haut., lithogr. Idem,
   n⁰ 250, pl. xviiii, n⁰ 115, p. 91.

Deux monnaies de Henri II, roi de Navarre, depuis
   Henri IV, roi de France. Partie d'une pl. in-4 en

1582.

haut. Tobiesen Duby; Monnoies des barons, pl. 20, n° 10; pl. 21, n° 1.

Monnaie de Louis de Bourbon, IIe du nom, duc de Montpensier, prince de Dombes. Partie d'une pl. in-4 en haut. Tobiesen Duby; Monnoies des barons, pl. 44, n° 5.

Dix monnaies du même, de diverses années, frappées à Trevoux. Pl. et partie de deux autres in-8 en haut. Montellier; Notice sur les monnaies de Trevoux et de Dombes, pl. 4, n°s 1 à 6; pl. 5, n°s 1 à 3; pl. 11, n° 2.

Mereau de la cathédrale de Limoges, de 1582. Partie d'une pl. in-4 en haut., lith. Tripon; Historique monumental de l'ancienne province de Limousin, n° 85, t. I, à la p. 172.

Mereau du chapitre de l'église de Limoges. Petite pl. grav. sur bois. De Fontenay; Manuel de l'amateur de jetons, p. 210, dans le texte.

Mereau de la cathédrale de Limoges, frappé pendant une vacance du siége épiscopal, avec les armes de Jean II de Mont bas (Monte-basso), évêque de cette ville, mort en 1510, par reconnaissance des bienfaits des deux évêques de ce nom. Partie d'une pl. in-8 en haut. Revue numismatique, 1851. M. Ardant, pl. 11, n° 7, p. 222.

    Attribution douteuse.

Deux jetoirs divers. Partie d'une pl. lith. in-8 en haut.

De Fontenay; Fragments d'histoire métallique, 1582.
pl. 21 (texte 12), n°s 9, 10, p. 229.

Deux monnaies de Philippe II, roi d'Espagne, frappées
à Arras. Partie d'une pl. lith. in-8 en haut. Har-
mand; Histoire monétaire de la province d'Artois,
pl. 6, n°s 70, 71.

1583.

Entrée des Français dans la ville d'Anvers. On voit les   1583.
Français dans la ville. En bas, huit vers allemands,   Janvier 7
l'explication en français et la date, sans numéro.
Pl. in-4 en larg.

Il y a des épreuves portant le n° 53.

Les Français expulsés de la ville d'Anvers. En bas, dix
vers allemands, l'explication en français et la date,
sans numéro. Pl. in-4 en larg.

Il y a des épreuves portant le n° 54.

Vue de la surprise de la ville d'Anvers par les Français,   Janvier 17.
qui en furent aussitôt repoussés. Dans le champ,
lettres de renvoi. En bas, à gauche, vers un cavalier
qui s'enfuit : *Duc d'Aniou.* En haut, à gauche, récit
en flamand, et à droite, explication des lettres de
renvoi. Estampe in-fol. en larg.

Vue de la surprise de la ville d'Anvers par les Français, qui en furent aussitôt repoussés. En bas : *Als*
die Franhosen in Niderland geruffen worden, etc.,
5. Estampe in-fol. en larg.

Vue de la surprise de la ville d'Anvers par les Français, qui en furent aussitôt repoussés. Détails et épi-
sodes de cet événement. Dans le champ, quelques
indications en flamand. En haut : DIE CONTERFAI-
TINGE VENDEN ÆNSLACH, etc. En bas, vue d'une porte
de la ville, plan et explications en latin, français et
flamand. Très-grande estampe en larg. (90 cent.). Les
parties du bas sont des feuillets ajoutés.

Vue de la surprise de la ville d'Anvers par les Français, qui en furent aussitôt repoussés. En haut :
*Disposition de la Bataille qui sest faict en Anvers
contre les Franchois*, etc. En haut, à gauche, explication en flamand. En bas : *Gedruckt tot Antwerpen.*
Estampe in-fol. en larg.

Comme le duc d'Alençon se cuida faire maistre d'Anvers. Deux pl. petit in-4 en larg., Baudart, p. 427,
431, dans le texte.

Le duc d'Alençon ayant attaqué la ville d'Anvers, est
défait et repoussé par les bourgeois de cette ville.
En bas, légende allemande, p. 303, 5. Pl. in-fol. en
larg. Khevenhiller, t. II, à la p. 303.

Portrait d'Antoinette de Bourbon, duchesse de Guise,
tableau du temps. Miniature in-fol. en haut. Gaignières, t. VIII, 104. = Partie d'une pl. in-fol. en
haut. Montfaucon, t. IV, pl. 44, n° 3.

Portrait de la même. Tableau du xvii° siècle. Musée de
Versailles, n° 3979.

Mausolée de Jean de Longueval, baron de Mogeroult,
   gentilhomme servant des rois François Ier, Henri II,
   François II et Charles IX, dans l'église paroissiale de
   Villers-Cotteretz. Partie d'une pl. in-4 en larg., tirée
   avec la suivante sur une feuille in-fol. en haut. Description générale et particulière de la France (De la
   Borde, etc.), t. VI. Valois et comté de Valois, pl. 34,
   n° 2.

1583.
Mars 6.

Procession de pénitents, allant à droite. Très-grande
   estampe in-fol. max° en trois feuilles réunies, grav.
   sur bois.

Mars 25.

   Au mois de mars 1583, le roi Henri III institua une con-
frairie de pénitents ; lui et ses mignons en étaient confrères.
Il fit imprimer la règle de cette confrairie, qu'il nomma :
Congrégation des pénitents de l'Annonciation de Notre-Dame.
Le 25 mars eut lieu la première procession. Le roi y figura
comme simple confrère.
   C'est en regardant passer cette procession qu'un spectateur
fit ce quatrain :

>   Après avoir pillé la France
>   Et tout son peuple dépouillé,
>   N'est-ce pas belle pénitence
>   De se couvrir d'un sac mouillé ?

Prise de la ville d'Eyndoven par le prince de Parme ;
   Bonnivet en était gouverneur. Pl. petit in-4 en larg.
   Baudart, p. 437, dans le texte.

Avril 23.

Deux monnaies obsidionales du siége d'Ypres. Petite
   pl. Van Loon, t. I, p. 329, dans le texte.

Deux monnaies du siége de la ville d'Ypres, assiégée et
   prise par les Espagnols sur les Français. Partie d'une

Avril.

1583.
Avril.

pl. in-4 en haut. Tobiesen Duby; Pièces obsidionales, pl. 9, n°s 9, 10.

Statue agenouillée, en marbre, de Jeanne de Vivone,
fille d'André de Vivone, seigneur de la Chateigneray,
gouverneur de François, dauphin, fils de François Ier,
à l'Ave Maria de Paris. Partie d'une pl. in-8 en larg.
Al. Lenoir; Musée des monuments français, t. III,
pl. 122, n° 109.

Mai 10.

Prise du château de Woude par le maréchal de Biron.
Petite pl. in-4 en larg. Baudart, p. 441, dans le
texte.

Juin 4.

Tombeau de Hyer Burgensis, à costé du chœur à la
closture, sous le colatéral senestre de l'église de
l'abbaye de Saint-Pierre en Mont de Chaalons, et
épitaphe. Deux dessins in-8. Recueil Gaignières à
Oxford, t. XIII, f. 28, 29.

Prise de Westerloo par le comte de Mansfeld. Pl. petit
in-4 en larg. Baudart, p. 443, dans le texte.

Tombeau de Maximilien Vilain, comte ou baron d'Is-
singien, gouverneur et capitaine des villes de Lille,
Douai et Orchies. A Lomme. *L. de Rosny del. VD.
sculp.* Partie d'une pl. in-8 en haut. Pl. lithogr.
Lucien de Rosny; Histoire de Lille, à la p. 171.

Juin 28.

Tombe de Nonus Galeanis Cavel, de pierre, dans le
cloistre de l'abbaye d'Orcamp. Dessin in-16. Recueil
Gaignières à Oxford, t. VI, f. 74.

Août 7.

Tombe de Marguerite de Viellard, morte 7 aout 1583,

et Marie Ru, morte 1 aout 1583, en pierre, proche   1583.
la balustre à gauche, dans le chœur de l'église des   Août 7.
Jacobins de Chartres. Dessin in-8. Recueil Gaignières à Oxford, t. XIV, f. 64.

Figure de Madeleine de la Vien, femme de François   Septemb. 4.
    Maillard, chevalier, seig^r de Bernay et de Richebourg,
    conseiller du roi, trésorier général de France, sur sa
    tombe, dans l'ancienne église des Blancs-Manteaux
    à Paris. Dessin in-fol. en haut. Gaignières, t. IX, 68.

      La table du Recueil de Gaignières, donnée dans la Biblio-
    thèque historique de Le Long, porte l'année 1585.

Tombe de Petrus Chevalier, évêque de Senlis, en   Octobre 30.
    pierre plate, dans le chœur de l'église cathédrale de
    Notre-Dame de Senlis, en bas du sanctuaire, devant
    la chaise épiscopale. Dessin in-8. Recueil Gaignières
    à Oxford, t. VI, f. 4, 5.

Tombeau du cardinal de Birague, à l'église Sainte-Ca-   Nov. 24.
    therine du Val des Escoliers à Paris. Estampe in-8
    en haut., grav. sur bois. Rabel; Les antiquitez et
    singularitez de Paris, dans le texte, fol. 103, verso.
    = Même planche. Du Breul; Les antiquitez et choses
    plus remarquables de Paris, dans le texte, f. 242. =
    Pl. in-8 en haut. Al. Lenoir; Musée des monuments
    français, t. III, pl. 121, n° 108. = Partie d'une pl.
    grand in-4 en haut. De Clarac; Musée de sculptures,
    pl. 362, A. = Musée du Louvre, sculptures moder-
    nes, n° 117.

Épitaphe avec armoiries de René de Birague, cardinal,
    chancelier de France, en marbre, contre le mur,

1583.
Nov. 24. dans la chapelle de Birague, à droite dans la nef de l'église de Sainte-Catherine du Val des Escoliers à Paris. Dessin in-fol. en haut. Bibliothèque impériale, manuscrits, boetes de l'ordre du Saint-Esprit, Birague.

Portrait de René, cardinal de Birague, chancelier de France, à mi-corps, tourné à gauche, devant une table. Pl. petit in-4 en haut. Thevet; Pourtraits, etc., 1584, à la p. 591, dans le texte.

Portrait du même, à genoux. Vitrail des Cordeliers de Paris. Dessin colorié in-fol. en haut. Gaignières, t. X, 4, B.

Portrait du même. *Harrewyn f. aqua forti et sculpsit.* Estampe in-12 en haut. Mémoires pour servir à l'histoire de France, par P. de l'Estoile, édition de 1719, t. I, à la p. 172. = Même planche. Idem, édition de 1720, t. I, 1re partie, à la p. 67.

Portrait du même, à mi-corps, tourné à gauche, lisant; sans légendes. Estampe in-4 en haut.

Portrait du même, en buste, tourné à gauche. En bas, le nom. Estampe in-12 carrée.

Deux médailles du même. Partie d'une pl. in-fol. en haut. Trésor de numismatique et de glyptique. Médailles françaises, 1re partie, pl. 48, nos 4, 5.

1583. Bataille de Steemberg. *Jaccom Cortese fecit et inuentor.* Pl. in-fol. en larg. Strada de bello belgico, 1632-47, t. II, à la p. 193.

Six médailles relatives à l'expulsion de François de
   Valois, duc d'Anjou et d'Alençon, de la Flandre.
   Trois petites pl. Van Loon, t. I, p. 324, 325, 328,
   dans le texte.

Tombe de Joannes Baptista Castellius (Castelli), évêque
   de Modène, nonce de Grégoire XIII près de Henri III,
   dans le chœur à gauche, en entrant par la grande
   porte, dans l'église de Notre-Dame de Paris. Dessin
   grand in-8. Recueil Gaignières à Oxford, t. IX, f. 65.
   = Pl. in-fol. en haut. Tombes éparses dans la cathédrale de Paris. = Pl. in-fol. en haut. (Charpentier). Description — de l'église métropolitaine de
   Paris, à la fin, sans texte. Exemplaire de la Bibliothèque impériale.

Le Passetemps de la fortune des dés, ingénieusement com-
   pilé par maistre Laurens l'Esprit, pour responses de vingt
   questions par plusieurs coustumierement faites et desi-
   rées savoir.... Lyon, Benoist Rigaud, 1583. In-4, fig.
   Ce volume contient :

Figure représentant la Fortune. Petite pl. en haut.,
   grav. sur bois, sur le titre.

Figures représentant des têtes de divers personnages,
   quatre sur chaque feuille. Pl. in-4 en haut., grav.
   sur bois.

Figures représentant des fleurs. Petite pl. grav. sur
   bois, dans le texte.

Figures représentant les constellations. Pl. in-4 en haut.,
   grav. sur bois.

1583.   Figures représentant des personnages isolés. Petites
pl. grav. sur bois, dans le texte.

> La Grand nef des folles, composée suyvant les cinq sens de
> la nature, selon l'Evangile de Monseigneur S. Matthieu,
> des cinq vierges qui ne prindrent point d'huylle avec
> elles pour mettre en leurs lampes. Avec plusieurs addi-
> tions nouvellement adjoustées par le translateur. OEuvre
> non moins utile que recreative. Lyon, Jean d'Ogerolles,
> 1583. In-4, fig. Ce volume contient :

Quelques figures représentant des sujets relatifs à l'ouvrage, dans lesquels on voit des folles. Pl. in-12 en
larg., grav. sur bois, sur le titre et dans le texte.

> Omnia Andreæ Alciati emblemata. Parisiis, 1583. In-8,
> fig. Ce volume contient :

Un grand nombre d'estampes représentant des emblèmes. Petites pl. carrées, grav. sur bois, dans le
texte.

> Omnia Andreæ Alciati V. C. emblemata, cum commenta-
> riis, etc., per Claudium Minœm Diuionensem. Parisiis,
> apud Hieronymum de Marnef et Viduam Gulielmi Cauel-
> lat, 1583. In-8, lettres rondes, fig. Ce volume con-
> tient :

Figures représentant les emblèmes. Petites pl. en larg.,
grav. sur bois, entourées de petites bordures idem,
dans le texte.

> La Chiromancie de Patrice Tricasse des Ceresars, Man-
> touan; traduicte d'italien en francois, revue et corrigee

nouvellement. Paris, Ambroise Drouard, 1583. In-12,   1583.
fig. Ce volume contient :

Figure représentant des mains avec les indications des
inclinations, dispositions, etc. Pl. in-12 en haut.,
grav. sur bois, dans le texte.

Les premieres euvres de Jacques Devaulx, Pillote en la
marine. Au Havre de Grace, l'an M . D . LXXXIII. Manuscrit sur vélin. In-fol. max°, maroquin rouge, de la Bibliothèque impériale, manuscrits, ancien fonds français,
n° 6815³. Colbert, 195. Ce volume contient :

Un grand nombre de miniatures représentant des figures relatives à l'astronomie et à la navigation, sphè-
res, constellations, instruments pour la marine,
cartes maritimes, etc., une vue de la ville du Havre.
Quelques-unes de ces figures contiennent des personnages. Pièces de diverses grandeurs, placées dans
le texte.

Ces miniatures, exécutées avec beaucoup de précision et de
goût, sont particulièrement remarquables sous le rapport de
l'histoire de la navigation. Leur conservation est belle.

Le noble ordre de la Toison d'or, avec les blasons des
chevaliers, jusqu'en 1583. Manuscrit du temps. In-fol.
Bibliothèque des ducs de Bourgogne, n° 10332. Marchal,
t. III, p. 326. Ce volume contient :

Des armoiries peintes.

——

Deux costumes militaires, dessins non désignés. Partie
d'une pl. coloriée in-fol. en haut. Willemin, pl. 249.

1583. Monnaie de Henri III. Partie d'une pl. in-4 en haut.
Du Cange; Glossarium, 1840, t. IV, pl. 16, n° 17.

Monnaie du même, frappée à Avignon, avec le nom
d'un légat d'une autre époque. Partie d'une pl. lith.
in-8 en haut. Revue numismatique, 1839. E. Cartier,
pl. 12, n° 6, p. 275.

Deux monnaies du même, de l'année 1583. Partie
d'une pl. in-8 en haut. Berry, Études, etc., pl. 58,
n°ˢ 7, 11, t. II, p. 459, 461.

Deux jetons de la ville et des maires d'Auxonne, de
l'année 1583. Partie d'une pl. in-4 en haut. Aman-
ton; Recueil des planches, etc., pl. 15.

Jeton de la ville d'Auxonne. Petite pl. grav. sur bois.
De Fontenay; Nouvelle étude de jetons, p. 73, dans
le texte.

Monnaie d'Henri II, roi de Navarre, depuis Henri IV,
roi de France. Partie d'une pl. in-4 en haut. Tobiesen Duby; Monnoies des barons, supplément,
pl. 3, n° 13.

Deux médailles de François, duc d'Anjou et d'Alençon,
comme duc de Brabant. Partie d'une pl. in-4 en
haut. Tobiesen Duby; Monnoies des barons, pl. 31,
n°ˢ 9, 10.

Six médailles relatives aux affaires de la Flandre et au
duc d'Anjou. Pl. in-8 en haut. Bizot, supplément,
1690, à la p. 81.

Monnaie de Charles II, duc de Lorraine, vulgairement   1583.
    appelé Charles III ou le grand duc. Partie d'une pl.
    in-4 en haut. lith. De Saulcy ; Recherches sur les
    monnaies des ducs héréditaires de Lorraine, pl. 22,
    n° 12.

1584.

Dix monnaies décriées. Petites pl. grav. sur bois, ti-   1584.
    rées sur un feuillet au haut duquel est l'ordonnance   Mars 19.
    du 15 septembre 1583, publiée le 19 mars 1584, et
    les indications des monnaies, Feuilles in-fol. en
    haut.

Portrait de Gui du Faur, seigneur de Pibrac ; président   Mai 12.
    au parlement de Paris, poëte, en buste, tourné à
    gauche. Forme ovale avec bout de bordure où est le
    nom. Au-dessous : *J. Rabel excudit*. Estampe gravée
    par Jean Rabel, in-16 en haut. Robert-Dumesnil,
    t. VIII, p. 138.

Portrait du même, en buste, tourné à gauche, dans un
    ovale. *N. de Larmessin sculp.* Estampe in-4 en haut.
    Bullart, t. I, p. 71, dans le texte.

Portrait du même, à mi-corps, tourné à droite. Mé-
    daillon ovale ; autour : LABOR ACTUS IN ORBEM. En
    bas : *Guido Faurus siue Faber*, etc., *J. Auratus*.
    Estampe in-8 en haut.

Portrait du même. Tableau du xvie siècle. Musée de
    Versailles, n° 3184.

Portrait de Paul de Foix, archevêque de Toulouse. Ta-   Mai.
    bleau du xviie siècle. Musée de Versailles, n° 3174.

Portrait en buste de François de France, duc d'Alençon, puis d'Anjou. Tableau à l'huile du temps. Miniature in-fol. en haut. Gaignières, t. IX, 53. =
Partie d'une pl. in-fol. en haut. Montfaucon, t. V,
pl. 40.

Portrait en pied du même. Tableau du temps. Miniature in-fol. en haut. Gaignières, t. IX, 54. = Partie
d'une pl. in-fol. en haut. Montfaucon, t. V, pl. 40.

Portrait du même, d'après un dessin aux crayons du
temps. Pl. in-fol. en haut., coloriée. Niel ; Portraits
des personnages français, etc., 2ᵉ partie.

Portrait du même, en buste, tourné à droite. Médaillon
ovale avec fleurons aux angles. Autour : Franciscus
Francorum regis frater, etc. 1582. Estampe in-12
en haut.

Portrait du même, tourné à gauche, dans un cartouche
orné de deux cariatides. Le nom en latin dessous,
1582-1584, grav. sur bois. Estampe in-12 en haut.

> Ce portrait est placé dans l'histoire des gouverneurs des
> Pays-Bas, imprimé à la suite de l'histoire des anciens Bataves
> de Jacques Duym (Saxo Grammaticus), Leyde, 1606. In-12,
> en hollandais.

Portrait du même, en buste, tourné à droite. Médaillon
ovale. Autour. le nom. En bas : *Rabel excudit.* Estampe in-12 en haut.

Portrait en buste du même. Ovale autour duquel on
lit : Franciscus Valerius dux Andegavensis Bra-
bentiæ, etc., comes Flandriæ. Pl. petit in-4 en haut.
Baudart, p. 377, dans le texte.

Portrait du même, à mi-corps, cuirassé, tourné un peu
à droite. En haut : M^r LE DUC D'ANJOU. En bas, quatre
vers : *C'est icy le portraict de celluy*, etc. J ; G : H :
fe. *P. Gourdelle excu.* Estampe in-8 en haut.

1584.
Juin 10.

Portrait du même, à cheval, tourné à droite. En bas :
Franciscus Valesius, etc., 16, G. Estampe petit in-8
en haut.

Portrait du même, en buste tourné à gauche. Médaillon
rond. Autour, le nom : FRANCISCUS HERCULES HEN-
RICI III FRANCORUM REGIS FRATER DUX ALENCONIUS.
Estampe in-4 carrée.

Portrait du même, en buste, tourné à droite. Médaillon
rond ; autour, le nom : FRANCISCUS etc., M . D . C . IIII.
Estampe in-4 carrée.

> Copie de la précédente.

Portrait du même, en buste, tourné à gauche, *fol.* 178.
Estampe in-12. Strada , de bello belgico. Rome,
1648, t. II, p. 178.

> Les autres portraits de ce volume n'ont pas de rapport à
> l'histoire de France.

Portrait du même, en pied, tenant une masse d'armes,
tourné à gauche. A gauche et à droite, son casque
et sa cuirasse. En bas : FRANCISCUS VALESIUS D. G.
DUX ALENCON, ET BRA., etc. Estampe in-4 en haut.

> Il y a des épreuves sur lesquelles on voit en haut, à droite :
> *fol.* 540.

Portrait du même, en buste, avec une fraise. On lit en

bas : Fraciscus Hercules Valesius dux Andeg. Alençon Brab., etc., Defensor Belgarum. Pl. in-12 en
haut. Belgicarum historiarum epitome, etc., auctore
nobili viro domino Joanno van den Sande. Ultrajecti
apud Joannem a Waesberge, 1652. In-12, fig., à la
p. 19.

Portrait du même. *Harrewyn f : aqua forti et sculpsit.*
Estampe in-12 en haut. Mémoires pour servir à l'histoire de France, par P. de l'Estoile. Édition de 1719,
t. I, à la p. 219. = Même pl. Édition de 1720, t. I,
1re partie, à la p. 47.

Portrait du même. AF. *pinx. Aubert sculp.* Estampe
in-8 en haut. Velly, Villaret et Garnier ; Portraits,
t. III, p. 36.

Portrait du même, en buste, tourné à gauche. En bas :
Franciscus Hercules Henrici III francorum Regis
frater Dux Alenconius. *Antverpiæ apud Petr. de
Iode.* Estampe in-8 en haut.

Portrait du même, en buste, tourné à gauche. En bas,
le nom. *Moncornet ex.* Estampe in-8 en haut.

Portrait du même, en buste, tourné à droite. Médaillon
ovale ; autour : Franciscus Valesius Hen. III Reg.
Franc. frat. Pl. in-16 en haut., grav. sur bois.

Cette petite planche a été placée notamment dans une édition des œuvres de Ronsard.

Portrait du même, en buste, tourné à droite. Médaillon
ovale ; autour, le nom. En bas, deux vers latins :

Ultima francorum Valesi de Stirpe, etc. Estampe
ɩʹin-8 en haut.

1584.
Juin 10.

Portrait du même, à cheval, tourné à droite ; au fond,
le siége d'une ville. En bas : Franciscus Valesius
D. G. Dux Alenconiæ, etc. Estampe petit in-4 en
haut.

Portrait du même, en buste, tourné à gauche, dans un
médaillon rond. On lit autour : *Franciscus Hercules
Henrici III francorum regis frater dux alenconius.*
Pl. ronde in-4.

Portrait du même. Copie d'un original attribué à François Quesnel, par M. Albrier. Musée de Versailles,
n° 3161.

Deux médailles du même. Partie d'une pl. in-fol. en
haut. Trésor de numismatique et de glyptique. Médailles françaises, 1ʳᵉ partie, pl. 26, n°ˢ 2, 4.

Figure de Jaques de Bauquemare, chevalier, premier
président au parlement de Rouen, seigʳ de Bourdeny
et de Varengeville sur la mer, sur son tombeau, dans
la paroisse de Saint-Lô à Rouen. Dessin in-fol. en
haut. Gaignières, t. IX, 66.

Juin 28.

Tombeau de Jacques de Beauquemare, mort le 28 juin
1585, de Marie de Croismare, sa femme, morte le
1ᵉʳ août 1608, avec leurs figures, et de Jean de Beauquemare, mort le 13 novembre 1619, et de Anne de
Hacqueville, sa femme, morte le 5 août 1638. Ce
tombeau est de marbre blanc et noir, contre le mur
à gauche, dans la chapelle de la Vierge, dans l'église

1584.
Juin 28.

de Saint-Lô à Rouen, et trois inscriptions relatives. Deux dessins in-4. Recueil Gaignières à Oxford, t. IV, f. 71.

Juillet 10.

Le prince d'Orange assassiné à Delf par Balthasar Serac (Gerard). En bas, légende allemande. P. 333. 6. Pl. in-fol. en larg. Khevenhiller, t. II, à la p. 383.

Assassinat du prince d'Orange à Delf, par Balthasar Girard. Pl. petit in-4 en larg. Baudart, p. 457, dans le texte.

Portrait de Guillaume VIIIᵉ, prince d'Orange, en buste, dans un médaillon ovale en haut., entouré d'ornements. *Grispiaen van queb fecet*. Pl. in-fol. en haut. De la Pire; Tableau de l'histoire des princes et principauté d'Orange, à la p. 261.

Deux médailles relatives à l'assassinat de Guillaume, prince d'Orange, comte de Nassau, par Balthazard Gerard. Pl. in-8 en haut. Bizot, 1688, à la p. 54, et petite pl., idem, p. 57, dans le texte. = Partie d'une pl. in-fol. en haut. Le Clerc; Explication historique, etc., nᵒˢ 80, 81, p. 48, dans le texte.

Juillet. 14.

Exécution à Delf de Balthasar Girard, assassin du prince d'Orange. Pl. petit in-4 en larg. Baudart, p. 461, dans le texte.

Juillet 27.

Portrait de Anne de Thou, comtesse de Cheverny. Tableau de l'école française du xviᵉ siècle. Musée de Versailles, nᵒ 3225.

Août 3.

Funérailles du prince d'Orange à Delf. Pl. petit in-4 en larg. Baudart, p. 465, dans le texte.

Tombeau de Claude de Moroges, femme de Jaques   1584,
    Bouton, seigneur de Chamilly, etc., mort le 14 août   Nov. 8.
    1561, dans l'église paroissiale de Saint-Pierre et
    Saint-Paul de Chamilly. Pl. in-4 en haut., grav. sur
    bois. Palliot; Histoire généalogique des comtes de
    Chamilly de la maison de Bouton, à la p. 199, dans
    le texte.

> Je crois devoir citer ce tombeau comme tous les autres gra-
> vés dans cet ouvrage, quoiqu'il n'offre que l'inscription et deux
> écussons.

Deux portraits de Henry, seig^r de Lenoncourt et de   Déc. 5.
    Coupevray, maréchal des camps, etc., commandeur
    de l'ordre du Saint-Esprit, le 31 décembre 1580, en
    buste. Dessin in-fol. en haut. Bibliothèque impériale,
    manuscrits, boetes de l'ordre du Saint-Esprit, Lenon-
    court.

Portrait de Jacques, comte de Crussol, duc d'Uzès, seig^r   1584.
    de Lévis, à genoux, vitrail des Cordeliers de Paris.
    Dessin colorié in-fol. en haut. Gaignières, t. X,
    4, c.

Deux portraits de Jacques de Crussol, duc d'Usez, pair
    de France, comte de Crussol, seigneur d'Assier et de
    Florensac, chevalier des ordres du roi à la 1re créa-
    tion, à mi-corps. Deux dessins in-fol. en haut. Bi-
    bliothèque impériale, manuscrits, boetes de l'ordre
    du Saint-Esprit, Crussol.

Portrait de Jacques de Crussol, duc d'Uses, pair de
    France, baron de Crussol, seig^r d'Assier et de Flo-
    rensac, chevalier du Saint-Esprit, le 31 décembre

1578, en pied, près d'une table. Dessin in-fol. en haut. Bibliothèque impériale, manuscrits, boetes de l'ordre du Saint-Esprit, Crussol.

Portrait de Claude de la Baume, cardinal, archevêque de Besançon, en buste. Dessin in-4 en haut. Bibliothèque impériale, manuscrits, boetes de l'ordre du Saint-Esprit, La Baume.

Les emblemes latin francois du seigneur Alciat.... En fin est la vie d'Alciat. La version francoise non encore veue cy devant. Paris, J. Richer, 1584. Petit in-12. Ce volume contient :

Figures représentant des emblèmes. Pl. in-12 carrées, grav. sur bois, dans le texte.

Les Bigarrures du seigneur des Accords (Est. Tabourot). Paris, Richer, 1584. In-16, fig. Ce volume contient :

Figure représentant une tête d'homme, tournée à droite. Au-dessous : *Aeta.* 35, 1584. Au-dessus : A tous accords ; et quatre vers : *Quiconque voit icy le seigneur des Accords*, etc. Petite pl. sans bords, grav. sur bois, au feuillet du titre, verso.

Quelques figures représentant des emblèmes, etc. Très-petites pl. grav. sur bois, dans le texte et à la fin du volume.

Livre de dessins divers faits par un artiste nommé Claveson. Manuscrit sur papier du xxie siècle. Petit in-fol.

parchemin. Bibliothèque de l'Arsenal, manuscrits français, belles-lettres, n° 347 *bis*. Ce volume contient :

Un très-grand nombre de dessins à la plume et au
bistre représentant des sujets divers et de toutes natures. On y trouve des costumes, armes, instruments
de musique, ornements, devises, animaux, animaux
fantastiques, vues de villes, un traité de fortifications.
Dessins sans bords sur presque toutes les pages du
volume, avec des explications en espagnol et en italien.

> Ces dessins, de peu de mérite sous le rapport de l'art, offrent
> de l'intérêt par le grand nombre de particularités curieuses
> que l'on peut y trouver.
>
> A la page 89 se trouve les armoiries, des devises et la signa-
> ture de Claueson, avec la date de 1584.
>
> La conservation est médiocre. C'est un recueil de souvenirs
> fait par un artiste de quelque mérite, comme d'autres volumes
> de la même nature que l'on connaît, et qui sont précisément
> semblables aux *albums* des artistes de nos jours.

Le livre de lingerie, composé par maistre Dominique de
Sera, Italien, etc. Paris, Hierosme de Marnef, et la
veufue de Guillaume Cauéllat, 1584. In-4, fig. Ce volume se compose de :

Frontispice gravé, formant une bordure ; à gauche, une
femme brodant ; à droite, un homme dessinant ; en
bas, femmes occupées à des broderies et à un métier.
Dans le milieu, le titre en caractères imprimés. Pl.
in-4 en haut., grav. sur bois. En tête, le feuillet 2ᵉ
contient une dédicace aux lecteurs.

Vingt-six figures modèles de broderies. Pl. in-4 en
haut., grav. sur bois.

1584.   Un cartouche, dans le milieu, un phœnix ou un aigle;
autour on lit : IN ME MORS IN ME VITA. Pl. in-8 en haut.,
grav. sur bois, au dernier feuillet, verso.

—

Médaille d'Henri III, dont le revers représente une
ruche d'abeilles. Partie d'une pl. in-4 carrée. Chifflet;
Lilium francorum veritate historica, botanica et he-
raldica illustratum, p. 139, dans le texte.

Médaille d'Henri de Lorraine, marquis de Pont. Partie
d'une pl. in-fol. en haut. Calmet; Histoire de Lorraine, t. V, pl. 1, n° 20.

Monnaie de Henri III, de l'année 1584. Partie d'une
pl. in-8 en haut. Berry; Études, etc., pl. 58, n° 14,
t. II, p. 464.

Deux jetons de la ville de Rouen. Petite pl. grav. sur
bois. De Fontenay; Nouvelle étude de jetons, p. 101,
dans le texte. = Petites pl. grav. sur bois. Idem;
Manuel de l'amateur de jetons, p. 233, dans le texte.

Mereau que l'on a attribué à l'abbaye de Cluny. Partie
d'une pl. lith. in-8 en haut. De Fontenay; Fragments
d'histoire métallique, pl. 13 (texte 4), n° 9, p. 179.

Jeton aux armoiries de Dijon. Rev. une ruche d'abeilles. Partie d'une pl. lithog. in-8 en haut. De Fontenay ; Fragments d'histoire métallique , pl. 23
(texte 14), n° 1, p. 235.

Jeton frappé à Dijon. PLEBIS AMOR REGIS CUSTODIA. Petite pl. grav. sur bois. Rossignol; Des libertés de la
Bourgogne, p. 71, dans le texte.

Jeton du cardinal de Granvelle. Petite pl. grav. sur
bois. De Fontenay; Manuel de l'amateur de jetons,
p. 153, dans le texte.

1584.

Deux jetoirs divers. Partie d'une pl. lithog. in-8 en
haut. De Fontenay; Fragments d'histoire métallique,
pl. 21 (texte 12), nᵒˢ 11-12, p. 229.

Monnaie de Henri, roi de Navarre, depuis Henri IV, de
l'année 1584. Partie d'une pl. in-8 en haut. Berry;
Études, etc., pl. 62, nᵒ 3, t. II, p. 496.

Monnaie de Philippe II, roi d'Espagne, frappée à Arras,
Partie d'une pl. lith. in-8 en haut. Hermand; Histoire monétaire de la province d'Artois, pl. 6, nᵒ 73.

Tombeau de Grégoire du Châtelet, baron et seigneur
de Bonnay et de Châtillon en Vosges, dans l'église
de Thous. *A. Humblot del. A. Aveline sculp. Pag.* 71.
Pl. in-fol. en haut. Calmet; Histoire généalogique de
la maison du Châtelet, à la p. 71.

1584?

Patrons pour Brodeurs, Lingieres, Massons, Verriers et
autres gens d'esprit. Paris, la veuue Jean Ruelle. Sans
date. In-4, fig. Ce volume se compose de :

Frontispice gravé. Cartouche orné de figures; dans le
milieu, le titre imprimé. Pl. in-8 en haut., grav. sur
bois. En tête.

Trente-quatre figures modèles de broderies, dans lesquels on voit des animaux. Pl. in-8 en haut., grav.
sur bois.

1585.

Tombe de Florentius Truguet, en pierre plate, dans le cloistre de l'abbaye de Froidemont. Dessin gr. in-8. Recueil Gaignières à Oxford, t. XIV, f. 28.

Avril 10. Monnaie de Grégoire XIII, pape, frappée à Avignon sous le légat Charles Calega Georges. Petite pl. grav. sur bois. Ordonnance, etc. Anvers, 1633. Feuillet R, 1. = Partie d'une pl. lithogr. in-8 en haut. Revue numismatique, 1839, E. Cartier, pl. 12, n° 5, p. 274.

Juin 4. Portrait de Marc Antoine de Muret, jurisconsulte et poëte, en buste, tourné à gauche. Forme ovale, en haut le nom; au-dessous : *J. Rabel excudit.* Estampe gravée par J. Rabel, in-16 en haut. Robert-Dumesnil, t. VIII, p. 138.

Portrait du même, en buste, tourné à droite. *De Larmessin sculp.* Bullart, t. II, p, 190, dans le texte.

Juin 5. Portrait de Georges, cardinal d'Armagnac, en buste, tourné à gauche. En bas, le nom. Estampe in-12 en haut.

Juin 15. Portrait en pied de Jaques de Savoye, duc de Nemours, tableau du temps à l'hôtel de Soissons, à Paris. Miniature in-fol. en haut. Gaignières, t. IX, 56. = Partie d'une pl. in-fol. en larg. Montfaucon, t. V, pl. 42, n° 1.

Portrait de Jacques de Savoie, duc de Nemours, à mi-

corps, tourné à droite. En haut : m. l. duc de   1585.
nemours. En bas, quatre vers français : *Je luy*   Juin 15.
donne, etc., *T. de leu F. Gourdelle ex.* Estampe in-8
en haut.

Portrait du même. Tableau de l'école française du
seizième siècle. Musée de Versailles, n° 3150.

Portrait du même. Idem, idem, n° 3151.

Portrait de Guy de Daillon, comte de Lude et de Pont-   Juillet 11.
gibault, baron d'Illiers, gouverneur général de Poi-
tou, etc., chevalier du Saint-Esprit le 31 décembre
1581. Dessin in-fol. en haut. Bibliothèque impériale,
manuscrits, Boetes de l'ordre du Saint–Esprit;
Daillon.

Figure de Magdeleine de la Viero, femme de François   Septemb. 4.
Maillard, chevalier, seigneur de Bernay; sur son
tombeau aux Blancs-Manteaux de Paris, d'après
Gaignières. Partie d'une pl. in-4 en haut. Millin,
Antiquités nationales, t. IV, n° xlvii, pl. 6, n° 7.

Tapisserie représentant les armes de François de Noailles,   Septemb. 19.
évêque d'Aqs ou Dax, conseiller d'estat, ambassadeur
pour le roy en Angleterre, à Venise, à Rome et à
Constantinople. Dessin in-fol. en larg. Recueil Gaignières à Oxford, t. XVI, f. 15.

     Il cessa d'être évêque de Dax en 1562.

Figure de Bernard Prevost, second président au Parle-   Septem. 22.
ment de Paris, seigneur de Morsan; sur sa tombe
dans le chœur des Célestins de Paris. Dessin in-fol.

en haut. Caignières, t. IX, 64. = Partie d'une pl. in-4 en largeur. Millin, Antiquités nationales, t. I, n° III, pl. 24, n° 1.

Tombe de Bernard Prevost, conseiller au Parlement de Paris, conseiller du roy, etc., mort le 22 septembre 1585, et de Magdeleine Potier, sa femme, morte le . . . . en cuivre jaune, devant le grand autel du côté de l'Évangile, proche la porte de la sacristie, dans le chœur de l'église des Célestins de Paris. Dessin in-fol. en haut. Bibliothèque impériale; manuscrits, Boetes de l'ordre du Saint-Esprit; Prevost.

Octobre 6. Portrait de Charles de Roucy, évêque de Soissons, sur parchemin, et jeton du même. Pl. in-8 en haut. Bulletin de la Société — de Soissons. Clouet, t. I, à la p. 24.

Déc. 27. Épitaphe de Petrus Ronsardus poeta, contre le mur du côté de l'Évangile, proche le grand autel dans le sanctuaire de l'église du prieuré de Saint-Cosme, près Tours. Au-dessus est son buste colorié. Le monument est daté de 1607. Dessin in-8. Recueil Gaignières à Oxford, t. VII, f. 233.

Portrait de Pierre de Ronsard, en buste, tourné à droite, vêtu à l'antique et couronné. Médaillon ovale; autour : ET LAURO ET MYRTO. En bas : *Pierre de Ronsard, prince des poetes francois, mort l'an* 1585. Estampe in-8 en haut.

Frontispice représentant un portique orné de figures,

au haut duquel est un buste de Ronsard. *L. Gaultier*
sculp. Estampe in-16 en haut. Dans les œuvres de
P. de Ronsard. Paris, Nicolas Buon, 1610, in-12.

Frontispice sur lequel est en haut le Parnasse; et des
côtés les statues de Ronsard et de du Bartas, vêtus
en costumes romains et couronnés de lauriers. En
bas les armes de France et Navarre, et un médaillon
représentant un enfant et Jésus-Christ. *L. Gaultier*
sculpsit. Estampe in-4 en haut. Dans le volume
intitulé : Les marguerites poetiques tirees des plus
fameux poetes françois, tant anciens que modernes,
par Esprit Aubert. Lyon, Barthélémy Ancelin, 1613,
in-4.

Frontispice représentant un portique orné de figures,
au haut duquel est un buste de Ronsard. *L. Gaul-*
tier sculp. Estampe in-fol. en haut. Dans les œuvres
de P. de Ronsard. Paris, Nicolas Buon, 1623, in-fol.

Portrait de Pierre de Ronsard, en buste, tourné à
gauche, vêtu à l'antique et couronné. Médaillon
ovale. Autour, le nom; en bas : *J. Grant excud.*
Estampe in-16 en haut.

Portrait du même, en buste, tourné à droite, dans un
ovale. *Esme de Boulonois fecit*. In-4 en haut. Bullart, t. II, p. 343, dans le texte.

Portrait du même. *L. Pinx AD. sculp*. In-12 en haut.
Velly, Villaret et Garnier. Portraits, t. I, p. 66.

Portrait du même, en buste, tourné à droite. Médaillon ovale. Autour, legende grecque; au-dessous,

en caractères imprimés, quatre vers ; *Tel fut Ron-sard*, etc. Estampe in-16 en haut., grav. sur bois.

Ce petit portrait a été placé dans des éditions des œuvres de Ronsard.

Cheminée du château de la Poissonnière, habitation du poëte Ronsard. Pl. lithogr. in-4 en larg. De Petigny, Histoire archéologique du Vendomois, pl. 38, p, 343.

1585. Deux estampes représentant chacune quatre sujets et une figure, relatifs à l'église catholique et à l'église des hérétiques. Planches in-4 carrées, tirées sur une feuille contenant des légendes et une dédicace au cardinal de Guise. Feuille in-fol. magno en larg. *Très-rare.*

La bataille de Covensteyn en 1585. On remarque sur le second plan deux redoutes prises d'assaut par les Espagnols et les Italiens. Une banderole avec l'expli-cation des sujets se voit dans le haut de l'estampe. A gauche, à mi-hauteur de l'estampe : *Hyaci, Gimi-quanus Pistori*[is], *innen, sculp.*, 1647. Pl. in-fol. en larg. Dans l'ouvrage de Fab. Strada, de Bello Belgico, Romæ, 1640. Adam Bartsch, V. 20, p. 210.

Deux vaisseaux chargés de poudre lancés contre le pont construit à Anvers par le duc de Parme, et causant de grands dégâts. En bas, légende allemande. P. 395, 8. Pl. in-fol en larg. Khevenhiller, t. II, à la page 392.

Deux portraits de Philippe de Voluire, marquis de Ruffec, gouverneur d'Angoumois, chevalier du Saint-

Esprit le 31 décembre 1582, en buste. Deux dessins   1585.
in-fol. en haut. Bibliothèque impériale, manuscrits,
Boetes de l'ordre du Saint-Esprit, Voluire.

État et ordre de la sainte Église catholique romaine, où
  sont décrits les origines . . . . . règles, usages et costumes de toutes les personnes ecclésiastiques, des chevaliers et autres, orné de belles figures (par Jost Ammon;
  le texte allemand par J.-A. Lonicerus). Francoforti,
  impensis sig. Feyrabendii, 1585. In-4, fig. Ce volume
  contient :

Figures représentant des religieux de divers ordres,
  un seul par figure. Planches in-12 en haut., sans
  bords, grav. sur bois, dans le texte.

      Ces planches contiennent peu de costumes de religieux
    français.
      Il y a une édition latine de cet ouvrage, de la même date
    et du même éditeur.

OEuvres d'Ambr. Paré. Paris, G. Buon, 1585. In-fol., fig.
  Ce volume contient :

Figures représentant des sujets relatifs à la chirurgie,
  dont quelques-uns avec personnages. Planches de
  diverses grandeurs gravées sur bois, dans le texte.

La fauconnerie de Jean de Franchieres, grand prieur d'A-
  quitaine, de nouueau reueuë, corrigee et augmentee,
  outre les precedentes impressions. Paris, Félix le Mau-
  gnier, 1585. In-4, fig. Ce voulume contient :

Deux chasseurs. Petite pl. en larg. grav. sur bois, sur
  le titre.

1585. Quelques figures représentant chacune un oiseau. Planches in-8 sans bord. dans le texte.

Ces planches ont servi aux éditions subséquentes.

Monnaie de Henri III. Partie d'une pl. in-fol. en haut. Trésor de numismatique et de glyptique, Histoire par les monuments de l'art monétaire chez les modernes, pl. 10, n° 7.

Monnaie de Wiriat Copère, maître échevin de Metz. Partie d'une pl. in-4 en haut. Robert, Recherches sur les monnaies et les jetons des maîtres échevins, etc., pl. 1, n° 2, p. 25.

Jeton portant : Subducendis rationibus. Partie d'une pl. lithogr. in-8 en haut. De Fontenay, Fragments d'histoire métallique, pl. 21 (texte 12), n° 13, p. 229.

Mereau portant : Obit solenel, Petite pl. grav. sur bois. De Fontenay, Nouvelle étude de jetons, p. 131, dans le texte.

Monnaie de Henri II, roi de Navarre, depuis Henri-IV roi de France. Partie d'une pl. in-4 en haut. Tobiesen Duby, Monnaies des barons, pl. 21, n° 9.

Monnaie de Charles II, duc de Lorraine, vulgairement appelé Charles III ou le grand duc. Partie d'une pl. in-4 en haut. lithogr. De Saulcy. Recherches sur les monnaies des ducs héréditaires de Lorraine, pl. 22, n° 2.

Monnaie de Philippe II, roi d'Espagne, frappée à Arras.   1585.
Partie d'une pl. lithogr. in-8 en haut. Hermand,
Histoire monétaire de la province d'Artois, pl. 7,
n° 76.

Tombeau de Louis d'Amboise, comte. . . . .   1585?
d'Ambijoux, etc. . . . .
en pierre, près la porte de la sacristie, à gauche dans
le chœur de l'abbaye de Saint-Laon de Thouars.
Dessin in-fol. en haut. Bibliothèque impériale, manuscrits, Boetes de l'ordre du Saint-Esprit, Amboise.

Il mourut avant l'année 1586.

Portrait de Louis d'Amboise, comte d'Ambyoux, seigneur et baron de Chasteauneuf, etc., chevalier des
ordres du roi le 31 décembre 1583, en buste. Dessin
aux deux crayons. Bibliothèque impériale, manuscrits, Boetes de l'ordre du Saint-Esprit, Amboise.

Mort avant 1586.

Les blasons de vertu, par vertu se surmonte (sic). J. Chartier pinxit Aureliæ (1574), In-4.
Ce volume contient dix estampes gravées par J. Chartier,
dont celle décrite ci-après, et neuf autres représentant
les Vertus, la Force, etc., A à K.

Portrait de J. Chartier, debout dans sa librairie. Il tient
de la main gauche une banderole sur laquelle on
lit : *Symbola virtutum nobis num grata? Quid ipsi
virtutum fructus? Les blasons de vertu, par vertu se
surmonte.* En bas : *J. Chartier prinxit Aureliæ* A.
Estampe in-8 en haut. Robert-Dumesnil, t. V,
p. 52.

1585? . Portrait de Jean Chartier dans son étude, assis, entouré de onze enfants, auxquels il semble donner
une leçon. En bas, à gauche : *J. Chartier excudebat
Aurelia.* Estampe in-8 en haut.

Poignard donné par Marie Stuart à Adam de Blac-
wood. Partie d'une pl. in-4 en haut. lithogr. Mémoires de la Société des Antiquaires de l'ouest,
année 1841, pl. 3.

1586.

1586.   Portrait d'Henri d'Angoulême, fils naturel d'Henri II,
Juin 2.   grand prieur de France; tableau du temps. Miniature in-fol. en haut. Gaignières, t. IX, 55. == Partie
d'une pl. in-fol. en haut. Montfaucon, t. V, pl. 32,
n° 2.

Portrait du même. Tableau de l'école française du seizième siècle, musée de Versailles, n° 3167.

Portrait de Antoine Perrenot, cardinal de Granvelle,
en buste, tourné à gauche. *De Larmessin sculpsit.*
Estampe in-4 en haut. Bullart, t. I, p. 73, dans le
texte.

Devise du même. Deux médaillons ronds. Idem, p. 78,
dans le texte.

Septemb. 21. Sceau du même. Partie d'une pl. in-fol. en haut. Trésor de numismatique et de glyptique. Sceaux des
communes, communautés, évêques, abbés et barons, pl. 7, n° 2.

Médaille du même. Pl. in-12 en larg. Köhler, t. IV, p. 169, dans le texte.

Il fut :

Évêque d'Arras du. . . . . . . 1538 au. . . . . . . 1559.

Archevêque de Malines du. . . . . . 1561 au. . . . . . .
1582.

Archevêque de Besançon du. . . . . . . 1584 au 21 septembre 1586.

Cardinal le 26 février 1561.

Deux portraits de François de la Valette, seigneur de Cornusson et de Parisot, sénéchal de Toulouse, etc., chevalier du Saint-Esprit, le 1er janvier 1584, en buste. Deux dessins in-fol. en haut. Bibliothèque impériale, manuscrits, Boetes de l'ordre du Saint-Esprit, la Valette.

Tombe de Pierre Lyon, marchand apothicaire, mort le 17 décembre 1586, et Marie le Tellier, sa femme, morte. . . . . . . en pierre, devant le crucifix, au milieu de la nef de l'église de Saint-Jacques de la-Boucherie de Paris. Dessin grand in-8. Recueil Gaignières à Oxford, t. XII, f. 2.

Médaille de Catherine de Médicis. Partie d'une pl. in-fol. en haut. Trésor de numismatique et de glyptique. Médailles françaises, première partie, pl. 23, n° 3.

Deux portraits de Antoine Sire de Pons, comte de Marennes, conseiller d'État, etc., chevalier du Saint-Esprit le 31 décembre 1578; à mi-corps. Deux dessins in-fol. en haut. Bibliothèque impériale, manuscrits, Boetes de l'ordre du Saint-Esprit, Pons.

1586.   Figure de Magdelene de Savoye, femme d'Anne, duc de Montmorency, connestable de France, à côté de celle de son mari, mort le 12 novembre 1567, sur leur tombeau dans l'église de Saint-Martin de Montmorency. *S. Picart delineauit et fe.* Pl. in-fol. en haut. Duchesne, Histoire généalogique de la maison de Montmorency, p. 412, dans le texte.

Statue de la même, par Barthélemi Prieur, dans l'abbaye de Saint-Martin de Montmorency. Musée du Louvre, sculptures modernes, n° 144.

Portrait de la même. Tableau de l'école française du seizième siècle. Musée de Versailles, n° 3097.

Portrait de Jaqueline de Rohan, marquise de Rothelin; tableau de Corneille. Miniature in-fol. en haut. Gaignières, t. IX, 18 bis. = Partie d'une pl. in-fol. en haut. Montfaucon, t. V, pl. 44, n° 1.

Portrait de la même. Tableau du seizième siècle. Musée de Versailles, n° 3053.

Courtisan et sa demoiselle sur un cheval, sans indication de ce qu'était ce monument. Dessin colorié in-fol. en haut. Gaignières, t. IX, 77. = Partie d'une pl. in-fol. en larg. Montfaucon, t. V, pl. 47, n° 4,

La table du Recueil de Gaignières, donnée dans la Bibliothèque historique de le Long, porte l'année 1588.

Deux courtisans allant au Louvre sur le même cheval, sans indication de ce qu'était ce monument. Dessin colorié in-fol. en haut. Gaignières, t. IX, 78. =

Partie d'une pl. in-fol. en larg. Montfaucon, t. V, **1586.**
pl. 47, n° 3.

Gentilhomme jouant à la paulme — gentilhomme, sans
indications de ce qu'étaient ces monuments. Deux
dessins coloriés in-fol. en haut. Gaignières, t, IX,
79-80.

.Personnages divers de l'époque de 1586, sans indications de ce qu'étaient ces monuments, ni d'où ils se
trouvaient. Savoir :

Quatre-vingt-quatorze dessins coloriés in-fol. en haut.,
et un au crayon rouge. In-12 en haut. Total, quatre-
vingt-quinze dessins, dont trois portent les indications des années 1584 (n° 153), 1585 (n° 100) et
1589 (n° 157). Gaignières, t. IX, 81 à 175.

Capitaine de la garde du roi, garde du corps, mousquetaire, suisse de la garde du roi, d'après une peinture de 1586. Pl. in-fol. en larg. Montfaucon, t. V,
pl. 48.

Copies, savoir :

Garde du corps, Gaignières, t. IX, 150.

Mousquetaire,   id.   id.   151.

Suisse,   id.   id.   152.

Page du roi Henri III, valet de pied du même roi, laquais du même temps, d'après un tableau de 1586.
Pl. in-fol. en haut. Montfaucon, t. V, pl. 49.

1586.   Copies, savoir :

Page, Gaignières, t. IX, 153.

Valet de pied,   id.   154.

Laquais,   id.   155-156.

Gymnæceum, sive theatrum mulierum, in quo præcipua-
rum omnium per Europam inprimis nationum, gentium,
populorumque cuiuscunque dignitatis, ordinis, status,
conditionis, ætatis, professionis femineos habitus videre
est, artifitiosissimis nunc primum figuris, neque usquam
antehac pari elegantia editis, expressos a Iodoco Ama-
no, etc. Francofurti, impensis Sigismundi Feyerabendi;
1586, In-4. Ce volume se compose de :

Cent vingt-deux estampes représentant des costumes de
femmes de divers pays; chacune est accompagnée de
quatre distiques latins imprimés, deux au-dessus, deux
au-dessous de la pièce. Sans marques, gravées sur
bois. Pl. in-12 en haut. Adam Bartsch, V. IX, p. 370.

Parmi ces pièces, plusieurs représentent des costumes de
femmes françaises.

Les noms, qualitez, armes et blazons de tous les chevaliers,
commandeurs et officiers de l'ordre du Saint-Esprit,
créez par le Roy Henry III, depuis le premier chapitre,
tenu le dernier jour de l'an 1578, jusqu'à sa mort. Par
Jacques Chevillard, historiographe de France.

Tableau représentant les armoiries de ces chevaliers,
dont les dernières sont celles du ixe chapitre de 1586.
Achevé de graver en 1699. Planche de deux feuilles
réunies in-fol. max. en larg. (1re planche des cinq

relatives à l'ordre du Saint-Esprit données par Che-   1586.
villard. Publié en 1699. V. Mercure galant, 1699,
janvier.)

—

Médaille de Henri III, roi de France, frappée dans les
  Provinces-Unies des Pays-Bas, comme marque d'alliance des deux États. Partie d'une pl. in-12 en haut.
  Leclerc, Explication historique, etc., n° 84, 2, p. 50,
  dans le texte.

Monnaie de Henri III. Partie d'une pl. in-fol. en haut.
  Trésor de numismatique et de glyptique, Histoire
  par les monuments de l'art monétaire chez les modernes, pl. 11, n° 12.

Monnaie du même. Partie d'une pl. in-4 en haut. Conbrouse, t. III, pl. 74, n° 1.

> Le catalogue à la fin du volume ne fait pas mention de cette
> planche.

Monnaie du même, de l'année 1586. Partie d'une pl.
  in-8 en haut. Berry, Études, etc., pl. 58, n° 8, t. II,
  p. 459.

Mereau de Pontoise représentant Saint-Melon. Partie
  d'une pl. lith. in-8 en haut. De Fontenay; Fragments
  d'histoire métallique, pl. 15 (texte 6), n° 6, p. 188.
  = Petite pl. grav. sur bois. Idem; Nouvelle étude de
  jetons, p. 161, dans le texte. = Petite pl. grav. sur
  bois. Idem; Manuel de l'amateur de jetons, p. 228,
  dans le texte.

Monnaie de Charles II, duc de Lorraine, vulgairement

appelé Charles III, ou le grand duc. Partie d'une pl. in-4 en haut., lith. De Saulcy ; Recherches sur les monnaies des ducs héréditaires de Lorraine, pl. 22, n° 13.

Monnaie de François de Bourbon-Montpensier, prince de Dombes. Partie d'une pl. in-4 en haut. Poey d'Avant, pl. 19, n° 8, p. 288.

Il mourut le 4 juin 1592.

Monnaie de Sixte V, pape, frappée à Avignon. Partie d'une pl. lith. in 8 en haut. Revue numismatique, 1839. E. Cartier, pl. 12, n° 7, p. 275.

Il mourut le 27 août 1590.

Jeton de Emmanuel, seigneur de Lallaing, près de Douai. Partie d'une pl. in-8 en haut., lith. Dancoisne et Delanoy. Recueil de monnaies — l'histoire de Douai, pl. 21, n° 2, p. 135.

Monnaie de Philippe II, roi d'Espagne, frappée à Arras. Partie d'une pl. lith. in-8 en haut. Hermand ; Histoire monétaire de la province d'Artois, pl. 6, n° 72.

Trois monnaies de Philippe II, roi d'Espagne, frappées à Arras. Partie de deux pl. lith. in-8 en haut. Idem, pl. 6-7, n°ˢ 77 à 79.

1587.

La mort de la Royne d'Escosse douairiere de France : où est contenu le vray discours de la procedure des Anglois à l'execution d'icelle, etc. Paris, Pierre Minier (sur une

des planches), 1588. In-12, fig. *Très-rare.* Ce volume   1587.
contient :   Février 18.

La croix avec une banderole sur laquelle est : In hoc
signo vinces. Petite pl. carrée, grav. sur bois, à la
fin de l'avis au lecteur, verso.

« Comme la Royne d'Escosse reçut son arrest de mort
par le grand prevost de la Royne d'Angleterre. » Au-
dessous de ce titre, figure représentant Marie Stuart,
assise, entourée de quelques personnages, à laquelle
le prevost lit son arrêt. Pl. in-12 en larg., grav. sur
bois. Au-dessous, quatre vers. Feuille petit in-4 en
haut., à la p. 12.

« Comme la Royne ayant receu son arrest de mort sur
le soir se mit en prieres, etc. » Au-dessous de ce
titre, figure représentant la reine à genoux près de
son lit; à gauche, divers personnages. Pl. in-12 en
larg., grav. sur bois. Au-dessous, quatre vers, feuille
petit in-4 en haut., à la p. 18.

« Comme le prevost et archers vindrent le matin pour
mener ladite royne au suplice, etc. » Au-dessous de
ce titre, figure représentant Marie Stuart conduite au
supplice par deux archers et le prevost. Elle s'appuie
sur son confesseur et est suivie de deux dames. Pl.
in-12 en larg., grav. sur bois. Au-dessous, quatre
vers, feuille petit in-4 en haut., à la p. 28.

« Comme la Royne fut decapitee. » Au-dessous de ce
titre, figure représentant le moment de l'exécution
de Marie Stuart. Pl. in-12 en larg., grav. sur bois.

Au-dessus, quatre vers et : à Paris, de l'imprimerie de Pierre Menier, feuille petit in-4 en haut., à la p. 112.

La mort de la Royne d'Escosse, Douairiere de France, où est contenu le vray Discours de la procedure des Angloys à l'Execution d'icelle, etc. Sans lieu ni nom d'imprimeur, 1588. In-12. *Très-rare.* Ce volume contient :

Jésus-Christ sur la croix, au bas de laquelle est une femme agenouillée. Au-dessous : « Exaltasti super terram, etc. » Pl. in-12 en haut., grav. sur bois, à la fin de l'avis au lecteur, verso.

Pour les divers ouvrages sur la mort de Marie Stuart, voir le Manuel du libraire de M. Brunet, t. III, p. 465.

Vue du tombeau de Marie Stuart, reine d'Écosse, dans la chapelle de Henri VII, à Westminster. Pl. petit in-fol. en haut. Chalmers, t. II, à la p. 455.

Portrait en pied de Marie Stuart, reine d'Écosse, femme de François II, tableau du temps. Miniature in-fol. en haut. Gaignières, t. IX, 4. = Partie d'une pl. in-fol. en haut. Montfaucon, t. V, pl. 14, n° 3.

Portrait de la même, à genoux, vitrail des Cordeliers à Paris. Dessin colorié in-fol. en haut. Gaignières, t. IX, 4 *bis*.

Portrait de la même, jeune et avant son mariage, à mi-corps, d'après un dessin aux crayons du temps, de la bibliothèque Sainte-Geneviève. Pl. in-fol. en haut.,

coloriée. Niel; Portraits des personnages français, etc.,
1ʳᵉ partie.

Portrait de la même, tableau au château de Hampton-
court. Pl. in-fol. en haut., coloriée. Niel; Portraits
des personnages français, etc., 1ʳᵉ partie.

Portrait de la même, en costume de veuve, à mi-corps,
d'après un dessin aux crayons du temps, de la bibliothèque Sainte-Geneviève. Pl. in-fol. en haut., coloriée. Niel; Portraits des personnages français, etc.,
1ʳᵉ partie.

Portrait de la même, à mi-corps, tournée à gauche.
Médaillon ovale, petit in-4 en haut. On lit autour :
MARIA SCOTIÆ REGINA ERANCORUM REGIS CONJUX ANNO
1559.

Portrait de la même, à mi-corps, tournée à gauche.
Bordure ovale portant le nom. En bas : *Jo. Rabel
excudit.* Estampe gravée par Jean Rabel, in-12 en
haut. Robert-Dumesnil, t. VIII, p. 137.

Portrait de la même, en coiffure de veuve, en buste,
de face; à gauche, dans le champ, son écusson. En
bas : Maria Scotorum Regina. *Ætatis* 44. *An°* 1583.
Estampe grand in-4 en haut. *Très-rare.*

Portrait de la même, debout, dans une église, près
d'un prie-Dieu. Deux anges de chaque côté, tenant
chacun deux écussons, la couronnent. Elle tient un
crucifix, et à ses pieds on voit quatre couronnes. En

bas, une légende commençant par : MARIA SCOTIÆ
ET GALLIÆ, etc. In-4 en larg. *Très-rare.*

Portrait de la même, en coiffure de veuve, en buste,
tournée à droite. Médaillon ovale. Autour, légendes
latines. Dans le champ, les armoiries et le nom.
Dans les deux angles du bas, l'exécution de la reine,
et son corps étendu. Pм. *Jan Bussem*[s] : *exc* : Estampe in-4 en haut., tirée sur une feuille contenant
des côtés et en bas des légendes en allemand et en
latin. Jn Cölln bey Johan Büchsenmacher, 1589.
Feuille in-fol. en larg. *Très-rare.*

Portrait de la même, en coiffure de veuve, en buste,
tournée à gauche. Médaillon ovale. Dans les angles,
en haut, deux anges présentant des couronnes, et en
bas, l'exécution de la reine, et le bourreau présentant sa tête. Aux côtés du médaillon, les figures de
la Charité et de la Foi. En bas, vingt vers latins, si-
gnés *G. C*[r]. *Scotus.* Aucun nom d'artiste. Estampe
in-fol. en haut.

> Ce portrait est attribué à Jerôme Vierix.
> C'est le plus beau portrait qui ait été gravé de Marie Stuart.

Inscriptiones historicæ regum Scotorum continuata anno-
rum serie a Fergurio primo regni conditore ad nostra
tempora : Joh. Jourtono authore. Amsteldami C. Clæs-
sonius, 1602. In-4, portraits. *Très-rare.* Dans ce volume
se trouve :

Portrait de Marie Stuart. En bas : Maria reg. Scotorum.
Au-dessous, en caractères imprimés : Maria regina

An. Christ. 1543 et deux vers : Fortunæ imperio, etc.
Estampe in-4 en haut.

Portrait de Marie Stuart, en coiffure de veuve, en buste,
tournée à droite. En bas : MARIA STUARYA SCOTIA
REGINA GALLIÆ DOTARIA. En haut, à droite, *fig.* 3.
Estampe in-12 en haut.

Portrait de la même, en coiffure de veuve, en buste,
tournée à gauche. Médaillon ovale ; en bas : *Maria
Stuarta Scotiæ Regina Galliæ dotaria.* En haut, à
droite : *fol.* 746. Estampe in-12 en haut.

Portrait de la même, en buste, tournée à droite. Médaillon ovale orné, En bas : MARIA STUARTA Regina
Scot. *qualis ad judices processit. Sos. Laets ab Ar-
chès f. Vlexād. Bonet sc.* Estampe in-12 en haut.

The love letters of mary, queen of Scots, to J. Carl of
Rothwell. . . . . explained by state papers and the
writings of Buchanan, Goodale, Robertson, etc., by
H. Campbell. London, s. d,, in-8 port. Ce volume
contient :

Portrait de Marie Stuart à mi-corps, d'après un tableau
du palais de S. James, gravé par Neele et Swedley.
Pl. in-4 en haut., en tête du volume.

Portrait de Marie Stuart à mi-corps, tourné à gauche,
d'après un dessin de Janet, de la collection du comte
de Carlisle. *Thoˢ Ryder Colnaghi,* et Cº. Estampe in-
fol. en haut., coloriée.

Portrait de la même, d'après des originaux du temps.

1587.
Février 18.

Rob. Cooper sculpt. Pl. in-8 en haut. Chalmers, t. 1, en tête du volume.

> Inscriptiones historicæ regum Scotorum continuata anno-
> rum serie a Fergusio primo regni conditore ad nostra
> tempora. Joh. Joustono abredoneure Scoto, authore, etc.
> Amsteldami, corn. Clæssonius Andreæ Hartio, 1604.
> In-4, fig. Ce volume contient, parmi les portraits des
> rois d'Écosse :

Portrait de Marie Stuart à mi-corps, tournée à gauche,
couverte d'un grand voile ouvert, dans un cadre
ovale, en hauteur. En bas : MARIA REG. SCOTORUM.
Et en caractères imprimés : MARIA REGINA, *an. Christ.*
1543. Au-dessous : Fortunæ imperio major, etc.
Estampe in-4 en haut., feuillet K, 2.

Portrait de Marie Stuart, en buste, en coiffure de
veuve, tournée à gauche. Médaillon ovale. En bas :
MARIE STVART REINE D'ESCOSSE, VEVFFE DE FRANCOIS
SECOND. *B. Moncornet excudit.* Estampe in-8 en
hauteur.

Portrait de la même, en pied. Médaillon ovale. Autour : MARIA SCOT. GAL. ANGL. IBER. REGINA. Estampe
in-16 en haut.

Portrait de la même, en buste, en coiffure de veuve,
tournée à droite. Médaillon ovale. Au-dessous :
MARIA STUART D. G. *Scotiæ regina et Douag. Galliæ.*
Estampe in-12 en haut.

Portrait de la même, en coiffure de veuve, à mi-corps,

tournée à droite, la main gauche sur un petit cous-   1587.
sin. En bas : Maria Scotorum regina. *C. Dauid fecit.*   Février 18.
Estampe in-12 en haut. *Très-rare.*

Portrait de la même. Médaillon sur un soubassement
d'enroulements. Au-dessous, en caractères imprimés,
un quatrain : L'aveugle *passion*, etc. Estampe petit
in-fol. en haut. Mézerai, Histoire de France, t. II,
p. 808, dans le texte.

Portrait de la même, en coiffure de veuve, en buste,
tournée à droite. Médaillon ovale, sur lequel, en
haut : Maria Stuart; et en bas : *Reyna de Escocia.*
Au-dessous, n° 2, page   : *En casa de Bousquet.*
Estampe petit in-4 en haut. *Rare.*

Portrait de la même, à mi-corps, de face, tenant un
éventail. Médaillon ovale. Autour, le nom. En bas,
à droite : $\frac{P}{ME}$. Estampe in-4 en haut. *Très-rare.*

Portrait de la même, en buste, en coiffure de veuve,
tournée à droite. Médaillon ovale. Autour, le nom. En
bas, quatre vers français : *Et les belles beautez,* etc.
Tho. de leu F. et ex. Estampe in-8 en haut. *Rare.*

Extrait de la même, en buste, tourné à droite. En bas :
Maria Stuart D. G. *Scotiæ Regina et Douag. Galliæ,
fol.* 466. Pl. in-12 en haut. Strada, de bello belgico, Romæ, 1648, t. II, p. 466.

De vita et rebus gestis Serenissimæ principis Scotorum
reginæ Franciæ dotariæ quæ scriptis tradidere autores
sedecim. A Samuel Iebb. Londini, Jacob Woodman et

David. Lyon, 1725. In-fol., 2 vol., fig. Cet ouvrage contient :

Portrait de Marie Stuart, vue jusqu'aux genoux, tournée à droite, tenant deux fleurs dans la main droite. *Georgius Vertue Londini sculpsit*, 1725. Estampe in-fol. en haut., en tête du premier volume.

Portrait de Marie Stuart en buste, vue de face dans un ovale. En bas : *Ex collec. R. Mead. in aur. incidit G. Vertue.* Estampe in-16 en haut. T. II. p. 1, dans le texte.

An examination of the letters said to be written by mary queen of Scots to James Earl of Bothwell — by Walter Goodall. Edimburg. T. and W. Ruddimans, 1754. In-8, 2 vol. Cet ouvrage contient :

Portrait de Marie Stuart, à mi-corps, de face, la tête tournée à droite, dans un médaillon ovale. En haut, deux écussons. En bas : MARIA SCOTORUM REGINA. *G. Vertue sculp.* Estampe in-8 en haut., en tête du premier volume.

—

Portrait de Marie Stuart, reine de France et d'Écosse. *Harrewyn f. aqua forti et sculpsit.* Estampe in-12 en haut. Mémoires pour servir à l'histoire de France, par P. de l'Estoile. Édition de 1719, t. I, à la page 257.

Portrait de la même. *AP. Piux. T. de L. en sculp.* Estampe in-8 en haut. Velly, Villaret et Garnier, Portraits, t. III, p. 8.

Portrait de la même à mi-corps, d'après un tableau de   1587.
la collection du comte de Morton. Estampe in-fol.   Février 18
en haut. Lodge, Portraits of illustrious personages,
t. II.

Médaillon représentant Marie Stuart à mi-corps, d'a-
près un original du temps. *Silvester sculp.* Petite
planche ronde. Chalmers, t. III, sur le titre.

Médaillon représentant la même, d'après un original
du temps. *London — published by Joh Murray.*
Estampe in-8 en haut. Chalmers, t. III, en tête du
volume.

Portrait de la même, d'après un original du temps.
P. Paillon piux. L. Scriven sculp. Estampe in-12 en
haut. Chalmers, t. II, en tête du volume.

Portrait de la même. Tableau du temps, de la collection du château d'Eu. Copie par M. Serrur. Musée
de Versailles, n° 3118.

Portrait de la même, du temps, dans une chapelle de
la cathédrale d'Anvers. Copie par M. Albrier. Musée
de Versailles, n° 3146.

Trois médailles de Marie Stuart, femme de François II.
Partie d'une pl. petit in-fol. en haut. Mezerai, Histoire de France, t, II, p. 806, dans le texte.

Médaille de la même. Petite planche. Köhler, t. V,
p. 235, dans le texte.

Médaille de la même, avec la date de 1555, d'après un original dú temps. *R. Cooper S.* Très-petite planche ronde. Chalmers, t. I, sur le titre.

Médaille de la même, d'après un original du temps. *Silvester sculp.* Très-petite planche ronde, Chalmers, t. II, à la fin.

Trois portraits de la même. Camées Sardouyx, au cabinet des médailles, antiques et pierres gravées. Du Mersan. Histoire du cabinet des médailles, antiques et pierres gravées, n° 467 à 469, p. 122.

Buste de la même. Camée sur coquille, du cabinet de France. Partie d'une pl. in-fol. en haut. Trésor de numismatique et de glyptique, Recueil général de bas-reliefs et d'ornements, pl. 16, n° 10.

Portrait d'une princesse italienne, en buste de profil, tourné à droite. Camée d'Agate Onyx, à deux couches, attribue à Marie Stuart (Du Mersan, Notice, n° 467), attribution qui ne peut pas être adoptée. Collection des camées et pierres gravées de la Bibliothèque impériale. Voir Chabouillet, Catalogue — des camées et pierres gravées de la Bibliothèque impériale, n° 385, p. 73.

Portrait de femme, en buste, tourné à gauche. Camée d'Agate Onyx, à deux couches, monture en or, attribué à Marie Stuart (Du Mersan, Notice, n° 468), attribution qui ne peut pas être adoptée. Collection des camées et pierres gravées de la Bibliothèque impériale. Voir Chabouillet, Catalogue — des camées et pierres gravées de la Bibliothèque impériale, n° 386, p. 73.

Vingt emblèmes relatifs à Marie Stuart, comme reine d'Écosse et comme reine de France, tirés de monuments du temps. Partie d'une planche et trois planches in-fol. en haut. Anderson, Selectus diplomatum et numismatum Scotiæ Thesaurus, pl. 177 à 180.

Tombe de François Philippes, abbé de l'abbaye de Saint-Vincent, ordre de Saint-Benoît en la ville de Metz, à droite du pupitre dans le chœur de l'église des Mathurins de Paris. Dessin grand in-8. Recueil Gaignières à Oxford, t. II, f. 16.

Mars 18.

Portrait de Charles d'Angennes, cardinal de Rambouillet. Tableau du xviiᵉ siècle. Musée de Versailles, n° 3180.

Mars 23.

Tableau représentant René Rousseau, sieur de la Parisière, contre le mur dans la chapelle, à gauche du grand autel, de l'église des Cordeliers de Poitiers. Dessin in-4. Recueil Gaignières à Oxford, t. XVI, f. 78.

Juillet 27.

Tombeau de Catherine de Nogaret, femme de Henry, duc de Joyeuse, de marbre blanc et noir et de bronze; elle est représentée à genoux, du côté de l'épître, entre deux piliers, derrière le chœur de l'église des cordeliers du grand couvent, de Paris. Dessin in-fol. Recueil Gaignières à Oxford, t. XI, f. 12. = Trois dessins in-fol. en haut. Bibliothèque impériale, manuscrits, Boetes de l'ordre du Saint-Esprit, Joyeuse.

Août 12.

1587.
Août 12.

= Partie d'une pl. in-8 en larg. Al. Lenoir, Musée des monuments français, t. III, pl. 122, n° 100. = Musée de Versailles, n° 2726.

Octobre 8. Représentation d'un hareng jetant des flammes par sa bouche, pris en mer le 8 octobre 1587, et présenté au roi de Danemark. Pl. in-4 en larg.

> Cette estampe n'a aucun rapport à la France. Je n'en place ici l'indication que parce qu'il y en a une épreuve dans le Recueil formé par P. de l'Estoile, feuillet XLIV. (Voir à l'année 1589.)

Octobre 20. La bataille de Mourgon ou de Coutras, où périt Anne, duc de Joyeuse. Vue de la bataille. En bas, quatorze vers allemands, et la date. Sans numéro. Pl. in-4 en largeur.

Médaille d'Henri, roi de Navarre, pour la bataille de Coutras contre le duc de Joyeuse, qui y perdit la vie. Petite planche. Luckins, Silloge Numismatum, etc., dans le texte, p. 304.

> La légende porte HEN. III.

Portrait en pied d'Anne, duc de Joyeuse, vêtu en vert, sans indication d'où ce monument existait. Dessin colorié in-fol. en haut. Gaignières, t. IX, 60. = Partie d'une pl. in-fol. en haut. Montfaucon, t. V, pl. 46, n° 1.

Portrait du même, vêtu en noir, appuyé sur un fauteuil, sans indication d'où ce monument existait. Dessin colorié in-fol. en haut. Gaignières, t. IX, 61.

Partie d'une pl. in-fol. en haut. Montfaucon, t. V, pl. 46, n° 2.

Portrait du même, à genoux. Vitrail des Cordeliers de Paris. Dessin colorié in-fol. en haut. Gaignières, t. X, 4, D.

Portrait du même, d'après un dessin aux crayons du temps. Pl. in-fol. en haut. coloriée. Niel, Portraits des personnages français, etc., 2ᵉ partie.

Portrait du même, en buste, tourné un peu à droite. Forme ovale avec bordure par en haut, où est le nom. *Rabel excu.* Estampe gravée par Jean Rabel, in-12 en haut. Robert-Dumesnil, t. VIII, p. 136.

Portrait du même, en buste, tourné à droite. Médaillon ovale. En bas, le nom. *B. Moncornet excudit.* Estampe in-8 en haut.

Portrait du même. *Harrewyn f. aqua forti et sculp.* Estampe in-12 en haut. Mémoires pour servir à l'histoire de France, par P. de l'Estoile. Édition de 1719, t. I, à la page 166. = Même planche. Journal de Henry III. Édition de 1720, t. I, 1ʳᵉ partie, à la page 44.

Portrait du même. *Æ. piux. Gaillard sculp.* Estampe in-8 en haut. Velly, Villaret et Garnier, Portraits, t. III, p. 17.

Portrait du même, en buste, tourné à droite. Médaillon ovale. Autour, le nom. En bas, à droite : *Re. Hogenbergius fe.* Estampe in-12 en haut.

Portrait du même, en buste, tourné à droite. Médaillon ovale. Autour, le nom. En bas, deux vers : *Dux* ANNÆ *Viges tali*, etc. Pl. in-8 en haut. Estampe tirée sur une feuille sur laquelle sont en caractères imprimés : en haut, le nom ; en bas, six vers latins. Feuille in-4.

Portrait du même, en buste, tourné à gauche. Médaillon ovale. Aucune légende. Estampe in-12 en haut.

C'est une épreuve avant toutes légendes d'un beau portrait.

Portrait de Anne, duc de Joyeuse, à cheval. Tableau de l'école française du XVIIᵉ siècle. Musée de Versailles, nº 3173.

Médaille d'Anne de Joyeuse, duc, pair, amiral de France. Partie d'une pl. in-fol. en haut. Trésor de numismatique et de glyptique. Médailles françaises, 1ʳᵉ partie, pl. 49, nº 1.

Jeton frappé à Dijon, relatif à la mort du duc de Joyeuse. MELIUS MELIORA SECUTIS. Petite planche gravée sur bois. Rossignol, Des libertés de la Bourgogne, p. 72, dans le texte.

Deux portraits de Louis de Champagne, comte de la Suze, chevalier du Saint-Esprit le 31 décembre 1585, tué à la bataille de Coutras, en buste. Deux dessins in-fol. en haut. Bibliothèque impériale, manuscrits, Boetes de l'ordre du Saint-Esprit, Champagne.

Octobre 29. Figure de Charles de Vaudemont, cardinal de Lor-

raine, sur son tombeau, dans l'église des Cordeliers 1587.
de Nancy. Partie d'une pl. in-fol. en larg. lithogr. Octobre 29.
Grille de Beuzelin. Statistique monumentale, pl. 4,
n° 6. = Moulage en plâtre. Musée de Versailles,
n° 1316.

Portrait de Charles de Lorraine, cardinal de Vaudé-
mont, évêque et comte de Toul, commandeur de
l'ordre du Saint-Esprit le 31 décembre 1583, en
buste. Dessin in-fol. en haut. Bibliothèque impériale, manuscrits, Boetes de l'ordre du Saint-Esprit,
Lorraine.

Le combat d'Aulneau dans le pays chartrain, où le duc Nov. 21.
de Guise bat les calvinistes. Vue du combat. En
haut : Aulneaw. En bas, seize vers flamands et la
date. Sans numéro. Pl. in-4 en larg.

La bataille d'Aulneau. En haut : Aulneaw. En bas,
légende allemande. P. 562, 11. Pl. in-fol. en larg.
Khevenhiller, t. II, à la page 562.

Deux portraits de Jean Blosset, baron de Torcy, lieu- Nov. 26.
tenant général au gouvernement de Paris et Isle de
France, chevalier du Saint-Esprit le 31 décembre
1578, en buste. Deux dessins in-fol. en haut. Bibliothèque impériale, manuscrits, Boetes de l'ordre du
Saint-Esprit, Blosset.

Portrait de René de Rochechouard, baron de Morte- 1587.
mar, seigneur de Montpipeau, etc., chevalier du
Saint-Esprit le 31 décembre 1580. Dessin in-fol. en

haut. Bibliothèque impériale, manuscrits, Boetes de
l'ordre du Saint-Esprit, Rochechouard.   •

Prise de la ville d'Oudenarde. En haut, l'explication
en latin. N° 168. Estampe de Jacques Courtois, dit
le Bourguiguo. In-fol. en larg. Strada de bello belgico, t. II, à la page 168. Robert-Dumesnil, t. I,
p. 206.

LE POVRTRAIT DE LA DEFAITTE DES SVISSES EN DAVPHINE
PAR MONSIEVR DE LA VALETTE. Cette bataille à vue
d'oiseau entre Grenoble et Aiguebelle. *A Paris, à
Saint-Germain-des-Prés, rue de Seine, à l'enseigne
de la Croix blanche.* Estampe in-fol. en larg. *Rare.*

L'histoire de sa vie a été écrite par M. Girard.

Deux portraits de François de La Baume, comte de
Suze, gouverneur de Provence, chevalier du Saint-
Esprit le 31 décembre 1581, en buste. Deux dessins
in-fol. en haut. Bibliothèque impériale, manuscrits,
Boetes de l'ordre du Saint-Esprit, La Baume.

Mausolée de deux dames d'honneur de Marie Stuart,
dans la composition duquel est un portrait peint de
cette reine, dans l'église de Saint-André à Anvers.
Pl. in-8 en haut. Messager des sciences, etc., Gand,
t. III, 1835, p. 89.

Ce monument a été élevé après l'année 1620.

On a attribué le portrait de la reine à Van Dyck, mais sans
aucun motif fondé.

Tombeau de Wirich de Créhange, dans la chapelle de
Hombourg, près Créhange, canton de Fauquelmont

(Moselle). Partie d'une pl. in-4 en larg. Mémoires de 1587.
l'Académie impériale de Metz, 34ᵉ année, 1852-
1853, 1ʳᵉ partie. G. Boulangé, pl. II, nᵒ 3, à la
page 320.

Tombeau de René de Rochechouard. . . . .
de Mortemard, mort le. . . . . . . 1587, et de
Jeanne de Saulx, sa femme, à. . . . .
Quatre dessins in-fol. en haut. Bibliothèque impé-
riale, manuscrits, Boetes de l'ordre du Saint-Esprit,
Rochechouard.

Médaille de Fiacre Malaquin, âgé de trente-sept ans, personnage inconnu. Partie d'une pl. in-fol. en haut.
Trésor de numismatique et de glyptique, Médailles
françaises, 1ʳᵉ partie, pl. 49, nᵒ 5.

Jean de la Barrière, abbé des Feuillants, à la tête de
ses religieux, présente à Henri III le plan du monas-
tère qu'il faisait bâtir à Paris; bas-relief de Jean
Goujon, placé au portail des Feuillants de la rue
Saint-Honoré de Paris. Partie d'une pl. in-4 en larg.
Milliu, Antiquités nationales, t. I, nᵒ v, pl. 10,
nᵒ 1.

Chapelle sépulchrale de frère Élion d'Amoncourt, abbé
de Saint-Martin de Troyes, prieur de Fouchères,
dans l'église de Fouchères. Il mourut en 1587.
Pl. in-fol. en haut. lithogr. Arnaud, Voyage — dans
le département de l'Aube, pl. III, p. 24.

Deux volets d'un retable en bois sculpté, représentant
le *Credo* en action, provenant de l'abbaye de Saint-

1587, Riquier, portant la date de 1587. Deux pl. lithogr.
et coloriées in-fol. m° en haut. Du Sommerard, Les
arts au moyen âge, album, 3ᵉ série, pl. 31, 32. ⸺
Au musée de l'hôtel de Cluny, n° 228.

Généalogie de la royale maison de Valois; au-dessous
de ce titre on voit toute cette généalogie, dont les
noms sont placés dans des médaillons ronds. En
haut, à droite, petit sujet représentant deux couronnes surmontées d'une autre portée par deux anges,
un portrait de Henri III, médaillon ovale en hauteur
et ses armoiries. En bas, une figure de saint Louis
en pied, une dédicace à Henri III par F. E. de Lusignan, et une autre dédicace en vers de Jan Édouard
du Monin P. P. Composé par R. P. F. Estienne de
Cypre, de la très-illustre maison de Lusignan, de
l'ordre des frères prêcheurs, à Paris, par Jean Le
Clerc, etc., 1587. Très-grande pièce in-fol. magno
en hauteur de divers morceaux, gravée sur bois.

L'ancienne noblesse de la tres haute conté de Flandres,
avecque leurs armes blasonnez comme on soulait ancien-
nement porter. Manuscrit de l'année 1587. In-4, de la
bibliothèque des ducs de Bourgogne, n° 5820. Marchal,
t. III, p. 134. Ce volume contient :

Des armoiries.

Tableaux accomplis de tous les arts liberaux contenans
brievement et clerement par singuliere methode de doc-
trine, une generale et sommaire partition des dicts arts,
amassez et reduicts en ordre pour le soulagement et
profit de la Jeunesse, par Christofle de Savigny, sei-

gneur dudict lieu et de Priment en Retelois. Paris, Jean
et Francois de Gourmont freres, 1587. In-fol., fig. Ce
volume contient :

Frontispice d'ornements avec des armoiries et les marques des Gourmont et le titre ci-dessus. Pièce in-fol.
en haut., grav. sur bois, en tête du volume.

Figure représentant Ludovic de Gonzague, duc de Ni-
vernois et Rhetelois, prince de Mantoue et pair de
France, assis, auquel l'auteur présente son livre.
Médaillon ovale en haut ; aux angles, des ornements.
Pl. in-fol. en haut., grav. sur bois, au feuillet 2,
recto.

Figures formant tableaux des diverses sciences, avec
attributs, représentant des personnages allégoriques
et sujets divers, accompagnés de légendes. Pl. in-fol,
en haut., grav. sur bois.

> Il y a une édition de 1619 avec les mêmes planches.
> On attribue le dessin de ces planches à Jean Cousin.

. Emblemata Andreæ Alciati J. C. Clariss. Latino gallica, etc.
Paris, Jean Richer, 1587, lettres rondes. In-12, fig. Ce
volume contient :

Figures représentant les emblèmes. Pl. in-16, carrées,
grav. sur bois, dans le texte.

> Les singuliers et nouveaux pourtraicts pour les ouvrages de
> lingerie, etc., dedie à la Royne. Paris, Jean le Clerc le
> ieune, 1587. In-4, fig. *Rare.* Ce volume contient :

Figures représentant des ouvrages de point coupé. Pl.

1587.   petit in-4 en haut., grav. sur bois. Suit un titre sem-
              blable au premier, sans indication de la dédicace, et

Figures représentant des ouvrages de broderies, dont
    plusieurs sont figurés. Pl. de diverses grandeurs,
    grav. sur bois.

    Recherches de plusieurs singularités par Francoys Merlin,
        controlleur general de la maison de feu madame Marie
        Elizabeth, fille unique de feu Roy Charles dernier que
        Dieu absolue. — Portraictes et escrites par Jacques Cel-
        lier, demourant a Reims. — Commence le xe septembre
        mil v ^{e} quatre vingtz et sept. Manuscrit sur papier du
        xvie siècle. In-fol., maroquin rouge. Bibliothèque im-
        périale, manuscrits, supplément français, n° 153. Ce
        volume contient :

Cartouche dessiné à la plume, contenant le titre du
    volume. Pièce petit in-fol. en haut.

Autre cartouche idem, contenant une dédicace au roy
    signée Francoys Merlin. Pièce in-4 en haut., au feuil-
    let 2.

Une très-grande quantité de dessins à la plume et au
    bistre, représentant des objets très-variés de diverses
    natures, compositions de personnages, costumes,
    édifices, détails d'architecture, ornementations, por-
    tiques, trophées, armoiries, cartouches, instruments
    de musique, orgues, instruments d'astronomie, etc.
    Ces dessins, placés sur toutes les pages, au recto,
    sont accompagnés de quelques légendes; mais il ne

se trouve aucun texte dans ce volume. Pièces in-fol. en haut., dont quelques-unes sont doubles.

Ces dessins, œuvres d'un artiste de talent, sont très-curieux par le nombre considérable d'objets divers relatifs aux notions auxquelles ces nombreuses représentations se rapportent.

La conservation est bonne.

Les triomphes de l'abbaye des Conards, sous le resveur en decimes fagot abbé des Conards, contenant les criees et proclamations faites depuis son advenement jusques à l'an present; plus l'ingenieuse lessiue qu'ils ont conardement monstree aux jours gras en l'an MDXL. Rouen, Loys Petit, 1587. Petit in-8, fig. *Rare.* Ce volume contient :

Figure représentant un homme tenant un bâton, au haut duquel est un moulin à vent, assis dans un char traîné par divers personnages tenant des flambeaux, allant à droite. Pl. in-12 en larg., grav. sur bois, au feuillet dernier, verso.

« Briefve description des diverses cruautez que les catholiques endurent en Angleterre pour la foy. » Suit un texte. Une feuille in-fol. en haut. A la suite sont :

Cinq figures représentant diverses souffrances et des supplices infligés aux catholiques en Angleterre. Pl. in-4 en larg., avec titres au-dessus et texte au-dessous. In-fol. en haut. *Rare.*

Il y a des épreuves de ces pièces dans le recueil formé par P. de l'Estoile, feuillets II, III, IV. (Voir à l'année 1589.)

Sur le feuillet II, il est écrit à la marge, de la main de P. de l'Estoile :

« On apeloit ce beau liure lé tableau de madame de Motpensier pour ce que, par son conseil et exhortement, fust mis un tableau dans le cimetiere de Saint-Seurin à Paris, la veille de la Saint-Jean de l'an 1587, auquel estoient peints et représentés toutes ces cruautes affin que le Peuple passant par la s'esmeust et s'animast toujours de plus en plus contre les Huguenos et Politiques qu'on apeloit, baptizans de ce nom les meilleurs serviteurs du Roy. Dont Sa Maiesté auertie cōmāda a sa Cour de Parlement de le faire oster. Ce quelle fist de nuit, et a petit bruit, crainte de sedition et en fust establi commissaire Monsⁱ Anrous, Conseiller de la grand chambre et Marguillier de l'église Saint-Seurin sa paroisse, qui de grand catholique qu'il estoit deuint par la grand Heretique et Politique ayant esté diffamé pour tel par ceux de la Ligue, mesme par un Sonnet iniurieus contre ceux de la Cour de Parlement qu'ils publierent et afficherent par les rues adressé audit Arnoux qu'ils degradent de noblesse et l'apelent un vilain fils de masson (*sic*). »

Theatrum crudelitatum hæreticorum nostri tempori (auctore Rich. Versetegan) Antuerpiæ Ladr. Hubert, 1587. In-4. Cet ouvrage contient :

Trente planches et le frontispice.

Il y a des réimpressions et des traductions de cet ouvrage de 1588, 1604 et 1607.

Médaille d'Henri de Lorraine, duc de Guise. Petite pl. Luckius ; Silloge numismatum, etc., dans le texte, p. 305.

Médaille représentant la paix. PAX QUÆRITUR ARMIS. Petite pl. Luckius ; Silloge numismatum, etc., dans le texte, p. 305.

Médaille de Charles de Lorraine, fils du prince Nicolas de Lorraine, comte de Vaudemont. Partie d'une pl.

in-fol. en haut. Calmet; Histoire de Lorraine, t. V, 1587.
pl. II, n° 32.

Monnaie de Henri III. Partie d'une pl. in-fol. en haut.
Trésor de numismatique et de glyptique. Histoire par
les monuments de l'art monétaire chez les modernes,
pl. 11, n° 10.

Deux monnaies du même. Partie d'une pl. in-4 en
haut. Du Cange; Glossarium, 1840, t. IV, pl. 16,
n° 8, 11.

Monnaie du même, de l'année 1587. Partie d'une pl.
in-8 en haut. Berry. Études, etc., pl. 58, n° 10,
t. II, p. 460.

Neuf monnaies royales du comté de Hainaut, frappées
de 1581 à 1587. Pl. in-4 en haut. Châlon; Recherches sur les monnaies des comtes de Hainaut, pl. 25,
n°s 180 à 188, p. 124.

Mereau du chapitre de la cathédrale d'Autun. Petite pl.
grav. sur bois. De Fontenay; Fragments d'histoire
métallique, p. 157, dans le texte. = Petite pl. grav.
sur bois. Mémoires de la Société éduenne, 1845.
J. de Fontenay, p. 103, dans le texte.

Deux mereaux de la cathédrale d'Autun, dont l'un seulement porte cette date. Deux petites pl. grav. sur
bois. Revue numismatique, 1847. A. Barthélemy,
p. 304, dans le texte. = Petites pl. grav. sur bois.
De Fontenay; Nouvelle étude de jetons, p. 137, dans
le texte.

1587.　Monnaie de Henri II, roi de Navarre, depuis Henri IV, roi de France. Partie d'une pl. in-4 en haut. Tobiesen Duby; Monnoies des barons, pl. 21, n° 8.

Monnaie de Henri IV, de l'année 1587. Partie d'une pl. in-8 en haut. Berry; Etudes, etc., pl. 61, n° 3, t. II, p. 491.

Deux monnaies de François de Bourbon, duc de Montpensier, prince de Dombes. Partie d'une pl. in-4 en haut. Tobiesen Duby; Monnoies des barons, pl. 44, n°ˢ 7, 8.

Il mourut le 4 juin 1592.

Cinq monnaies de Charles II, duc de Lorraine, vulgairement appelé Charles III ou le grand duc. Partie d'une pl. in-4 en haut., lithogr. De Saulcy; Recherches sur les monnaies des ducs héréditaires de Lorraine, pl. 23, n°ˢ 1 à 4 et 8.

Monnaie de Guillaume-Robert de la Mark, duc de Bouillon. Partie d'une pl. in-4 en haut. Poey d'Avant, pl. 21, n° 4, p. 340. Le texte porte, par erreur, 1588.

Trois monnaies de Philippe II, roi d'Espagne, frappées à Arras. Partie de deux pl. lithogr. in-8 en haut. Hermand; Histoire monétaire de la province d'Artois, pl. 6, 8, n°ˢ 80, 82, 84. = Partie d'une pl. lith. in-8 en haut. Idem, pl. 7, n° 74.

Monnaie de Sixte V, pape, frappée à Avignon. Partie d'une pl. lith. in-8 en haut. Revue numismatique, 1839. E. Cartier, pl. 12, n° 8, p. 275.

Médaillon en bronze coulé que l'on croit relatif à un   1587?
vœu adressé, probablement en août 1590, par les
Parisiens assiégés, à Notre-Dame de Lorette, mais qui
paraît plus certainement relatif au rétablissement de
l'ordre de Saint-Georges, qui avait été créé par le
pape Paul III, et que Sixte V rétablit. Pl. in-8 en
haut., lith. Mémoires de la Société royale des sciences, lettres et arts de Nancy, 1847, p. 1 à 16.

1588:

Fondation faite par Louis de Gonzague, duc de Nevers,   1588.
et Henriette de Clèves, son épouse, par acte du   Février 14.
14 février 1588, pour marier chaque année soixante
filles dans leurs terres. Composition représentant le
duc et la duchesse et d'autres personnages. Estampe
in-fol. mag° en larg. *Très-rare.*

> Il y a une planche qui accompagne celle-là et qui représente
> les armoiries de ce prince et de cette princesse. Pièce in-4 en
> largeur.
> Il existe un volume in-4, relatif à cette fondation. Voir :
> (Van Praet) Catalogue des livres imprimés sur vélin de la
> Bibliothèque du roi, t. II, p. 95.

Portrait de Henri 1er de Bourbon, prince de Condé.   Mars 5.
L. E. *pinx. Aubert sculp.* Estampe in-8 en haut.
Velly, Villaret et Garnier; Portraits, t. III, p. 31.

Portrait du même, tableau du temps, au château de
Chantilly. Copie par M. Cassei. Musée de Versailles,
n° 3163.

Portrait de Bon Broué, président aux enquêtes du par-   Mars.

1588.
Mars.

lement de Paris, d'après son tombeau, aux Augustins de Paris. On lit autour : SIC OCULOS PRÆSES, SIC ORA BROÆE FEREBAS, CURIÆ AMOR, CLERI LAUS, INOPUM QUE SALUS. *Thomas de Leu fecit.* Estampe in-4 en haut. De Breul; Le théâtre des antiquités de Paris, p. 561, dans le texte.

Mai 17.

Coppie d'une lettre escrite au Roy, et extraict d'une autre aux Princes et seigneurs François, le 17 . iour de May dernier. Par Monseigneur le Duc de Guyse, Pair et Grand Maistre de France. Paris, sur la coppie de Didier Millot, 1588. In-12 de huit feuillets. *Rare.* Cet opuscule contient :

Portrait du duc de Guise, tourné à droite, buste. On lit autour : HENRI DE LORRAI. DUX DE GUYSE, PAIR ET G. DE F. Petite pl. ovale en haut., grav. sur bois, sur le titre.

Il y a une autre édition semblable, avec le même portrait, portant : Jouxte la coppie de Didier Millot.
Il y a aussi des éditions sans le portrait.

Juillet 21.

Médaille de Henri III, relative à la paix simulée du 21 juillet 1588, entre le roi et le duc de Guise. Partie d'une pl. in-fol. en haut. Trésor de numismatique et de glyptique. Médailles françaises, 1re partie, pl. 23, n° 8.

Cette paix fut faite par l'édit de réunion, portant, entre autres choses, qu'avenant la mort du Roi sans enfants mâles, on ne lui donnera pour successeur aucun prince hérétique ou fauteur d'hérésie.

Juillet 24. **Monnaie obsidionale de Jametz, assiégée par Charles,**

duc de Lorraine, et prise par le marquis de Pont,　　1588.
son fils, en 1589. Partie d'une pl. in-12 en larg.　Juillet 24.
Klotz; Historia numorum obsidionalium, pl. 2,
p. 103. = Partie d'une pl. in-4 en haut. Tobiesen
Duby; Pièces obsidionales, pl. 23, n° 4 (texte, pl. 13
par erreur).

Trois monnaies du siége de la ville et du château de
Jametz, assiégée et prise par les troupes du duc de
Lorraine, Charles III, sur la duchesse de Bouillon.
Pl. lith. grand in-8 en haut. Revue de la numisma-
tique francoise, 1836. De Saulcy, pl. 7, n°s 1 à 3,
p. 273.

Les pénitens du Roi Henri III. Pl. formée de deux　Août 2.
feuilles in-fol. en larg., grav. sur bois. *Rare*.

> Il y a cinq épreuves de ces feuilles, coloriées, dans le Recueil
> formé par P. de l'Estoile, feuillets ɪv, v, vɪ. (Voir à l'année
> 1589, à la fin.)

Sceau de Madeleine de Vendosme, abbesse de Saint-　Août 25.
Étienne de Soissons. Petite pl. grav. sur bois. Société de sphragistique. L'abbé F. A. Denis, t. I, p. 53,
dans le texte.

Vue d'une colonne dédiée au duc de Mayenne, gouver-　Octobre 12.
neur de Bourgogne; elle est surmontée d'une figure
de la Justice et a un piédestal orné de plusieurs
figures; dans le champ, des vers. On lit en bas :
Hug. Sambin, architecte dijonnois, inuenteur, le
12 Doctobre. Estampe in-fol. mag° en haut. *Très-
rare*.

1588. Médaillon sans revers de Jean Daurat ou Dorat, poëte.
Nov. 1. Partie d'une pl. in-fol. en haut. Trésor de numismatique et de glyptique. Médailles françaises, 1re partie,
pl. 49, n° 2.

Nov. 24. Deux portraits de François de Mandelot, seig^r de Pacy,
Perne et de Vivaux, et chevalier du Saint-Esprit, le
31 décembre 1582, à mi-corps. Deux dessins in-fol.
en haut. Bibliothèque impériale, manuscrits, Boetes
de l'ordre du Saint-Esprit, Mandelot.

Déc. 23. L'assassinat du duc de Guise. Le Roi, Henri III, est
debout à gauche, au milieu est le duc de Guise, re-
cevant un coup de poignard ; quatres gardes du roi.
On lit sous la figure du roi : *Rex Gallie*, sous le personnage qui tue le duc : *Monsigneur Cognat*, et sous
le duc : *Henr. de Lorraine dux de Guise*. Au-dessous
des personnages, la date. En haut, le titre, et en bas,
trente-quatre vers en allemand. Estampe in-fol. en
larg. *Très-rare*.

« Pourtraict et description du massacre proditoirement
commis au cabinet et par l'autorité du Roy, pendant
les Estats à Blois, en la personne de Henri de Lorraine, etc. » Au-dessous de ce titre imprimé, estampe
représentant le duc de Guise, couché et percé de
plusieurs coups de poignards et hallebardes. Estampe
in-8 en larg. longue, grav. sur bois. Au-dessous de
la pl. est un récit en caractères imprimés. Feuille in-
fol. en haut. *Très-rare*.

Assassinat du duc de Guise, par cinq gardes du roi ;
au fond, à gauche, le duc mort ; à droite, le roi et

quelques gardes. Estampe petit in-fol. en larg., grav.
sur bois. *Très-rare.*

« En ceste figure Henry de Vallois faict assassiner tra-
hittrement monsieur le duc de Guise puis le montre
a monsieur le cardinal son frere. » Au-dessous de ce
titre, estampe représentant l'assassinat du duc de
Guise par cinq hommes armés; dans le fond, le roi
et autres personnages. En bas, des vers en trois colonnes, grav. sur bois. In-fol. mag° en larg. *Très-
rare.*

> Il y a une épreuve *de* cette estampe dans le Recueil formé
> par P. de l'Estoile, feuillet vii. (Voir à l'année 1589, à la fin.)

Portrait de Henri de Lorraine, duc de Guise le Balafré,
à genoux, entre deux prie-Dieu. Vitrail aux Cordeliers de Paris. Dessin colorié in-fol. en haut. Gaignières, t. IX, 26, B. = Dessin colorié in-fol en
haut. Idem, t. IX, 26, C.

Portrait en buste du même, d'après un tableau du
temps. Partie d'une pl. in-fol. en larg. Montfaucon,
t. V, pl. 42, n° 2.

Portrait du même, jeune, en buste. Dessin aux deux
crayons, in-fol. en haut. Bibliothèque impériale, manuscrits, Boetes de l'ordre du Saint-Esprit, Lorraine.

> Ce portrait est douteux.

Portrait du même. Estampe ovale en haut., grav. sur
bois. Vignette du titre de l'opuscule intitulé : Les re-

grets et lamentations faites par Mme de Guyse sur le
trespas de feu M. de Guyse, son espoux, S. I., 1858,
In-8, fig. *Rare.*

———

Portrait du même, en buste, tourné à gauche. Médaillon
ovale. Dans les angles, en haut, deux anges présentant des couronnes, et en bas, l'assassinat du duc et
le moment où on le traîne vers le bûcher où son
corps fut brûlé. Aux côtés du médaillon, les figures
de la Charité et de la Foi. En bas, trente-six vers
latins en l'honneur du duc. Aucun nom d'artiste.
Estampe in-fol. en haut. *Très-rare*

> Ce portrait est attribué à Viérix. L'entourage du médaillon
> est le même que dans le portrait de Marie Stuart, également
> attribué à cet artiste ; mais ce portrait du duc de Guise est
> moins finement exécuté.

Portrait du même, à mi-corps, tenant une épée, tourné
à gauche. Médaillon ovale ; autour : *Anno ætatis
suæ vigesimo quinto.* En bas, quatre vers : *Ce vaillant prince armé,* etc. *Osmant Want Fe et.* Estampe
in-12 en haut.

Portrait du même, en pied, dans une niche placée au
milieu d'un portail décoré de deux colonnes et d'ornements. Estampe in-fol. m° en haut. Schrenck;
Augustissimorum imperatorum, etc., verissimæ imagines. Au verso, la vie de ce prince dans un cadre
d'ornement, grav. sur bois.

Portrait du même. Estampe grav. par Étienne Delaune.
Très-rare.

Portrait du même, à mi-corps, tenant une épée, tourné   1588.
à droite. Médaillon ovale; autour : Anno etatis suæ   Déc. 23.
vigesimo quinto, En bas, quatre vers : *Ce vaillant
prince armé*, etc. Estampe in-12 en haut.

Portrait du même, à mi-corps, tourné à droite. Il tient
un grand bouclier, sur lequel est représenté un
combat. En bas, quatre vers : *La vertu, la grandeur*, etc. Estampe in-8 en haut.

Portrait du même, en buste, tourné à droite. Médaillon
ovale; autour le nom, en bas quatre vers : *D'un
Prince valeureus*, etc. P. A. Estampe in-8 en haut.

Portrait du même, à mi-corps, tourné à droite, appuyé
sur un bouclier représentant une bataille. En haut,
le nom. Estampe in-12 en haut.

Portrait du même, en pied, tenant un bâton de commandement. A ses pieds, sont des parties d'armures.
Sans aucune légende. Pièce non terminée. Estampe
petit in-fol. ed haut.

Portrait du même, en buste, tourné à droite. Médaillon ovale. Autour : henri de lorraine dux de guise
pair et g. m. d. f. Pl. in-12 en haut.

Portrait du même, en buste, tourné à droite. Médaillon ovale. Autour, le nom. En bas : Henricus *uixit
tali dux* Guisius *ove*, etc. Estampe in-8 en haut.

Portrait du même, à mi-corps, tourné à droite. Médaillon ovale. Autour, le nom. En bas, quatre vers :
La terre se sentait, etc. Estampe in-8 en haut.

1588.
Déc. 23.

Portrait du même, en buste, tourné à gauche. Médaillon ovale, les angles remplis d'ornements. Autour, HENRI DE LORRAINE DUX DE GUISE PAIR ET G. M. D. F. Estampe in-12 en haut.

Portrait du même. *Dumoutier del. C. Dupuis sculp.* Estampe in-8 en haut. Velly, Villaret et Garnier, Portraits, t. III, p. 24.

Portrait du même, en buste, tourné à droite. Médaillon ovale. En bas : *Heinrich hertzog zu Guisa.* Estampe in-8 en haut.

Portrait du même. *Harrewyn f. aqua forti et sculpsit.* Estampe in-12 en haut. Mémoires pour servir à l'histoire de France, par P. de l'Estoile, édition de 1719. t. I, à la page 259. = Même planche. Journal — de Henry III. Édition de 1720, t. I, 1ᵒ partie, à la page 162.

Portrait du même, à genoux. Vitrail à l'église du château de Vincennes. Partie d'une pl. in-4 en haut. Millin, Antiquités nationales, t. II, n° x, pl. 9, n° 4.

Portrait du même. Tableau de l'école française du xviᵉ siècle. Musée de Versailles. n° 3138.

Portrait du même. Tableau du xviiᵉ siècle, de l'ancienne galerie des Guise au château de Joinville. Musée de Versailles, n° 3168.

Portrait du même. Tableau du xviiᵒ siècle, de la galerie des Guise au château de Joinville. Musée de Versailles, n° 4004.

Statue du même, à genoux, dans l'Église d'Eu. Moulage en plâtre. Musée de Versailles, n° 2714,

> La detestation des cruautez sanguinaires et abominables de
> Henry Deualé (de Valois), en forme de regrets sur la
> mort et cruel assassinat par luy commis et perpetré en la
> personne de tres haut et puissant prince Henry de Lor-
> raine, duc de Guise, etc., en vers. Paris, D. Binet, 1589.
> Petit in-8 de 8 feuillets. Cet opuscule contient :

Les armoiries du duc de Guise. Pl. in-16 grav. sur bois,
sur le titre.

Portrait de Henri III, en buste, presque de face, un
peu tourné à gauche. Médaillon ovale. Pl. in-12 en
haut., ovale gravé sur bois. On lit au-dessus, en
caractères imprimés :

> Anagramme.
> Henry de Valois.
> De Gaulois ruine.

Et au-dessous, un sonnet au lecteur, à la page 15,
feuillet dernier.

———

Armure attribuée à Henri de Lorraine, prince de Joinville, puis duc de Guise, surnommé *le Balafré*.
Musée de l'artillerie, de Saulcy, n° 135.

> Pleurs et soupirs lamentables de Madame de Guise sur la
> mort et assassinat fait à son espoux Monseigneur le duc
> de Guyse, etc. Paris, François le Jeune. Sans date. Petit
> in-8 de huit feuillets. Cet opuscule contient :

Portrait de la duchesse de Guise, de face. Pl. in-16
carrée, gravée sur bois, sur le titre.

1588.
Déc. 24.

Cruauté plus que barbare, infidellement perpetrée par Henry de Valois. . . . . . . en la personne du cardinal de Guise. 1589. Placard in-4, sur lequel est :

Une estampe gravée sur bois, représentant la mort du cardinal de Guise. Manuel du libraire, etc., t. I, p. 811.

Les cruautez sanguinaires exercees enuers feu monseigneur le cardinal de Guise, Pair de France et archevesque de Reims, etc., sans nom de lieu ni d'imprimeur, 1589. In-12, 16 pages. Cet opuscule contient :

Portrait du cardinal de Guise, en buste, tourné à droite, dans un médaillon ovale en hauteur. On lit autour : LOVIS DE LORRAINE CARDI. DE GUISE ARCHE. DE REINS. Planche In-12 gravé sur bois, sur le titre.

« Le martire cruel du Reuerendissime cardinal de Guise. Soubz l'inhumain tirant Henry de Vallois. » Au-dessous de ce titre, planche représentant l'assassinat du cardinal de Guise par cinq hommes armés; dans le fond, le roi et d'autres personnages. En bas, des vers en trois colonnes. Grav. sur bois, in-fol. magno en largeur. Très-rare.

Il y a une épreuve de celte estampe dans le Recueil formé par P. de l'Estoile, feuillet vIII. (Voir à l'année 1589, à la fin.)

Les regrets de Madame de Nemours sur la mort de Messeigneurs de Guyse ses enfants. L. O. T. H. Hubert Velu, 1589. Sans lieu. Petit in-8 de 8 feuillets. Cet opuscule contient :

Portrait de Madame de Nemours, en buste, de face,

tournée un peu à droite. Pl. in-12 en haut., ovale, gravé sur bois, sur le titre.

Portrait du cardinal de Lorraine, en buste, tourné à droite. Médaillon ovale. On lit autour : Louis de Lorraine Cardi. de Guise arche. d. Reins. Estampe in-12 en haut. ovale grav. sur bois, au feuillet dernier blanc, recto.

> Proposition faicte par nostre sainct pere le Pape au consistoire tenu à Rome le vingt-septiesme janvier 1589, sur le sacrilége et assassinat, commis en la personne de defunct Illustrissime et Reuerendissime Cardinal de Guyse, Archeuesque et Duc de Reims, Legat nay du Sainct Siege, et premier Pair de France. Sans lieu, 1589. In-12 de huit feuillets, dont un blanc. Lettres rondes. Cet opuscule contient :

Portrait en buste du cardinal de Guyse. On lit autour : Louis de Lorraine Cardi. de Guise arche. de Reins (*sic*). Pl. in-16 ovale, grav. sur bois, sur le titre.

———

Portrait de Louis de Lorraine, cardinal de Guise, archevêque de Reims, à genoux. Vitrail dans le chœur de l'église des Cordeliers de Paris. Dessin colorié in-fol. en haut. Gaignières, t. IX, 26 A.

Portrait en buste du même, d'après un tableau à l'ancienne salle de Saint-Denis. Pl. in-fol. en haut. Montfaucon, t. V, pl. 43.

Portrait du même en buste, tourné à droite. Médaillon ovale. Estampe gravée sur bois. Ce portrait est placé sur le titre de l'opuscule suivant : Les cruautez sanguinaires exercees envers feu Monseigneur le cardinal de Guise, pair de France et archevesque de Reims, etc., 1589. In-12, 8 feuillets.

Portrait du même, à mi-corps, tourné gauce. En haut, le nom. En bas, quatre vers : *C'est ici le portraict*, etc. P. *Gourdelle excudit*, 1588. A. *Vallee fe.* Estampe in-12 en haut. Robert-Dumesnil, t. VIII, p. 168.

Portrait du même. En haut : *Rorata fecit Harrewyn f. aqua forti et sculp.* Estampe in-12 en haut. Mémoires pour servir à l'histoire de France, par P. de l'Estoile, édition de 1719, t. I, à la page 261. = Même planche. Journal — de Henry III, édition de 1720, t. I, 1re partie, à la page 102.

Portrait du même. *Æ piux Gaillard sculp.* Estamp. In-8 en haut. Velly, Villaret et Garnier, Portraits, t. III, p. 48.

Portrait du même, en buste, tourné à droite. Médaillon ovale. Autour le nom. Au-dessous, quatre vers : *Dedans le circuit*, etc. P. A. Estampe in-12 en haut.

Portrait du même. Tableau du xviie siècle, de la galerie des Guises au château de Joinville. Musée de Versailles, n° 3170.

Le martire des deux freres, contenant au vray toutes les particularitez plus notables des massacres et assassinats commis ès personnes de tres-haults, tres-puissans et tres-chrestiens Princes, Meisseigneurs le Reuerendissime Cardinal de Guyse, Archeuesque de Reims, et de Mon-

seigneur le Duc de Guyse, Pairs de France, par Henry
de Valois, à la face des Etats dernieremēt tenus à Bloys.
La ou l'on verra les figures au vif des deux martirs.
Reueu et augmenté, etc., recorrige de nouueau. Sans
lieu ni nom d'imprimeur. In-12 de 29 feuillets. *Rare.*
Cet opuscule contient :

Figure représentant le Christ en croix ; à gauche le cardinal, et à droite le duc de Guyse à genoux ; près
d'eux le chapeau de cardinal et la couronne de duc,
et deux cœurs percés chacun d'un poignard. Pl. petit
in-12 carrée grav. sur bois, sur le titre.

Portrait du duc de Guyse en pied, avec une flèche
dans le cœur. Pl. petit in-12 en haut. grav. sur bois,
au feuillet 15, verso, dans le texte.

Portrait du cardinal de Guyse, en pied, avec une flèche
dans le cœur. Pl. petit in-12 en haut., gravée sur
bois, au feuillet 21, verso, dans le texte.

On lit au feuillet 1, verso : « Anagrame de l'autheur, Y
presche le salut ; » et au feuillet 27, recto : « Autre anagrame
de l'autheur, La richesse peult. »

Le martire des deux freres, contenant au vray toutes les
particularitez des massacres et assassinats commis es personnes de Messeigneurs le cardinal de Guyse et le duc
de Guyse. 1589, sans lieu ni nom d'imprimeur. Petit
in-8. *Rare.* Cet opuscule contient :

Portrait du duc de Guise en buste, tourné à droite.
Médaillon ovale. On lit autour : Henri de Lorrai.
dux de Guise pair et G. M. d. F. Pl. in-12 en haut.
ovale grav. sur bois, sur le titre.

Portrait du cardinal de Guise, en buste, tourné droite.
Médaillon ovale. On lit autour : Louis de Lorraine
cardi. de Guise arche. d. Reins. Pl. in-12 en haut.,
ovale grav. sur bois. . . . . . .

Figure divisée en deux parties : celle d'en haut représente l'assassinat du duc de Guise; celle du bas, le
duc couché; quelques personnages. Pl. in-12 en
haut. grav. sur bois, à la page 31, dans le texte.

Figure représentant l'assassinat du cardinal de Guise
par des gardes. Pl. in-12 en haut. grav. sur bois, à
la page 41, dans le texte.

—

L'assassinat des deux messieurs de Guise par Henri III,
roi de France, et la brûlure de leurs corps. Estampe
in-fol. en larg. grav. sur bois. Légendes en allemand,
en caractères imprimés; au-dessus un titre, et au-
dessous long récit en vers. *Nürenberg Rey Lucks
Mayr.* Feuille in-fol. mag. en larg. *Rare.*

Assassinat du duc de Guise et du cardinal de Lorraine
son frère par le roi Henri III, à gauche; à droite, la
brûlure des deux corps. En haut : *Blois.* En bas,
titre en allemand, 1589. Estampe in-4 en larg.
Rare.

L'assassinat du duc de Guise et de son frère le cardinal
de Guise, dans deux salles d'édifices, à la droite, à
Blois, les 23 et 24 décembre 1588. Au fond, à gauche, un échafaud sur lequel on tranche la tête à
deux de leurs complices. En haut, à gauche, explication et la date en latin. En bas, quatre vers latins

et quatre vers allemands. Sans numéro. Pl. in-4 en
larg. *Rare.*

1588.
Déc. 24.

Le duc de Guise et le cardinal de Guise debout; au
milieu un squelette couronné qui les frappe chacun
d'une flèche. Estampe in-12 en larg. grav. sur bois.
Au-dessous, en caractères imprimés : Tumbeau sur
le trespas et assassinat, etc., et longue légende en
vers. A Paris, pour Jean Guerin. Pièce in-fol. en
hauteur.

Mort du duc de Guise et du cardinal son frère. En bas,
légende allemande. P. 675, 12. Pl. in-fol. en larg.
Khevenhiller, t. III, à la page 676.

Histoire au vray du meurtre et assassinat proditoirement
cōmis au cabinet d'un roy perfide et barbare, en la personne de Monsieur le duc de Guise, protecteur et deffen-
seur de l'Eglise catholique et du royaume de France :
ensemble du massacre aussi perpetré en la personne du
cardinal son frere, sacré et dedié à Dieu, etc. 1589, sans
lieu ni nom d'imprimeur. In-12 de 61 pages et un feuillet blanc. Cet opuscule contient :

Portrait du duc de Guise en buste, tourné un peu à
droite. On lit autour : HENRI DE LORRAI. DUX DE
GUISE PAIR ET G. M. D. F. Pl. petit in-12 ovale en
haut. grav. sur bois, à la page 49, dans le texte.

Figure représentant le duc de Guise couché, percé de
plusieurs poignards; à droite une main tenant une
épée. Pl. in-8 en larg. grav. sur bois. Au-dessus on
lit en caractères imprimés : REPRESENTATION DE LA
CRUELLE, etc., entre les p. 50 et 51, dans le texte.

1588.
Déc. 24.

Figure représentant le cardinal de Guise couché, percé de plusieurs hallebardes. Pl. in-8 en larg. grav. sur bois. Au-dessus on lit en caractères imprimés : Représentation de la cruelle, etc. Entre les pages 60 et 61, dans le texte.

> Oraison funebre sur la mort de Monseigneur le duc de Guise et de Monsieur l'illustrissime cardinal son frère. 1589, sans lieu ni nom d'imprimeur. Petit in-8 de huit feuillets. *Rare*. Cet opuscule contient :

Portrait du duc de Guise en buste, tourné à droite. Médaillon ovale. On lit autour : Henri de Lorrai. dux de Guise pair et G. M. d. F. Pl. in-12 en haut. ovale grav. sur bois, sur le titre.

———

Estampe représentant le duc de Guise et le cardinal de Lorraine; entre eux est la mort qui les perce chacun d'une flèche. Pl. in-8 en larg. grav. sur bois. Au-dessous, on lit en caractères imprimés : Tumbeau sur le trespas, et, assassinat commis aux personnes de Messeigneurs de Guyse à Blois, le xxiij^e et xxiiij^e décembre 1588. Au-dessous, des vers français. En bas : à Paris, pour Jean Guerin, etc., feuille in-fol. en haut. *Très-rare*.

« Le soufflement et conseil diabolique Depernon à Henry de Vallois, pour saccager les catholiques. ». Au-dessous de ce titre, planche représentant Henri III; derrière lui Jehan Despernō, qui lui souffle dans l'oreille avec un soufflet. A gauche, on voit le cardinal de Bourbon et d'autres personnages; à droite, les cadávres sans têtes et couchés du duc de Guise

et du cardinal de Guise. A gauche, dans le fond, le
château de Blois. En bas, des vers en trois colonnes.
Estampe grav. sur bois, in-fol. magno en largeur.
Très-rare.

Il y a une épreuve de cette estampe dans le Recueil formé
par P. de l'Estoile, feuillet viii. (Voir à l'année 1589, à la fin.)

Quelle différence y a entre un roy et un tyran. Histoire au
vray du meurtre et assassinat perfidement et proditoirement commis au cabinet du roy en la personne de M. le
duc de Guise, et par apres de M. le cardinal son frere.
Sans titre, ni lieu, ni nom d'imprimeur, ni date. Petit
in-8 de soixante et une pages, fig. Cet opuscule contient :

Portrait du duc de Guise en buste, tourné à droite.
Médaillon ovale. On lit autour : Henri de Lorrai.
dux de Guise pair et G. M. d. F. Pl. in-12 en haut.,
ovale grav. sur bois. Au-dessus, en caractères imprimés : Pourtraict de monsieur de Guise, estant vif.
A la page 49.

Figure représentant le duc de Guise couché et percé de
plusieurs poignards et hallebardes. Pl. in-8 en larg.,
longue, grav. sur bois. Au-dessus, en caractères imprimés : Représentation de la cruelle et barbare
recompense, etc. A la page 55.

Figure représentant le cardinal de Guise couché et
percé de plusieurs poignards et hallebardes. Pl. in-8
en larg., longue, grav. sur bois. Au-dessus, en caractères imprimés : Représentation de la cruelle
mort, etc. A la page 61.

1588.
Déc. 24.

La vie et innocence des deux freres, contenant un ample discours, par lequel l'on pourra aysement rembarrer ceux qui taschent a estaindre leur renom. Paris, Anthoyne de Breuil, 1589, in-8, lettres rondes. Cet opuscule contient :

Figure représentant Jésus-Christ en croix ; le cardinal de Guise et le duc de Guise sont à genoux de chaque côté. Pl. in-12 carrée grav. sur bois, sur le titre.

Apologie aux rapsodeurs de la mort de tres-valeureux et tres-catholiques princes Loys de Lorraine, cardinal, et Henry, duc de Guyse, suyvie d'une élégie, et tombeaux d'iceux, par Pierre Vossot. Paris, Pierre Mercier. Sans date. Petit in-8 de six feuillets. Cet opuscule contient :

Figure représentant le duc de Guise couché et percé de plusieurs poignards et hallebardes. Estampe in-8 en larg. grav. sur bois. Au-dessus, en caractères imprimés : Cruauté plus que barbare, etc. Au-dessous, légende imprimée. Feuille in-fol. en haut.

———

« Démonstration de l'assemblée publique des Estats tenuz en la ville et chasteau de Blois, soubs le perfide Henry de Vallois, et comme ayant communié auec messeigneurs de Guyse, il les fait massacrer à coups de poignards. » Au-dessous de ce titre, estampe représentant les trois scènes des États, de la communion et de l'assassinat. En bas : A Paris, par Nicolas le Roy et Francois Gence, etc. Grav. sur bois. In-fol. mag. en larg. *Très-rare,*

Il y a une épreuve de cette estampe dans le Recueil formé par P. de l'Estoile, feuillet vii. (Voir à l'année 1589, à la fin.)

« Comme les deux princes morts sont mis sur une
table, auec la remonstrance de Madame de Nemours
à Henry de Vallois, et l'emprisonnement de messieurs les princes catholiques. » Au-dessous de ce
titre, estampe représentant le duc de Guise et le cardinal de Guise, nuds, couchés sur une table, auprès
de laquelle sont Henri III et Madame de Nemours.
A droite les princes emmenés prisonniers. En bas,
des vers en trois colonnes. A Paris, par François
Gence, etc. Grav. sur bois. In-fol. magno en larg.
Très-rare.

Il y a une épreuve de cette estampe dans le Recueil formé
par P. de l'Estoile, feuillet ix. (Voir à l'année 1589, à la fin.)

D'après une note manuscrite du Recueil formé par P. de l'Estoile, et écrite par lui, cette estampe était jointe à un écrit imprimé alors sous ce titre : « Les choses horribles contenues en
une lettre enuoiee à Henri de Valois par un enfant de Paris,
le 28 janvier 1589, sur la copie qui a este trouvee en ceste
ville de Paris pres l'orloge du Palais. Pour Jacques Grégoire,
imprimeur.

« Comme Henry faict mettre en pieces les corps des
deux Princes martyrs, puis les faict ietter en feu pour
les consommer en cendre. » Au-dessous de ce titre,
estampe représentant Henri III assis sur son trône,
et des hommes qui coupent par morceaux les cadavres du duc de Guise et du cardinal de Guise, et
placent ces membres dans une cheminée enflammée.
Grav. sur bois. Au-dessous, des vers imprimés en
deux colonnes. In-4 en larg. *Très-rare.*

Il y a une épreuve de cette estampe dans le Recueil formé
par P. de l'Estoile, feuillet ix. (Voir à l'année 1589, à la fin.)

« Les effigies de feux Monsieur de Guise et Monsieur le
cardinal son frere, massacrez à Bloys, pour soutenir
l'Église catholique et la loy de nostre Sauueur Jesu-
Christ. » Au-dessous de ce titre, une estampe représentant le crucifix entouré de tous ses attributs ; dessous, huit vers. En bas, les corps couchés du duc de
Guise et du cardinal de Guise. Au-dessous : A Paris,
par Jacques Lalouette, etc. Grav. sur bois. In-fol.
magno en haut. *Très-rare.*

> Il y a une épreuve de cette estampe, coloriée, dans le Re-
> cueil formé par P. de l'Estoile, feuillet x. (Voir à l'année 1589,
> à la fin.)
>
> A côté de cette épreuve, il est écrit à la marge, de la main
> de P. de l'Estoile : « Portées aux processions de Paris et
> ailleurs, l'an 1589, en janvier et féburier, ou les garcōs et filles,
> hōmes et femmes, se trouuoient pesle mesle, la plus part nuds
> et en chemises, encore qu'il fist très-froid estant rasté (?) à
> ceste sotte et. . . . . déuotion par les prédicateurs, principa-
> lement les femmes, preschant ordinairement nostre mᵉ Guin-
> cestre, que Dieu auoit pour agréables les petits pieds blancs
> et douillets des femmes ; ce que je ne croirois si ie ne l'avois
> oui. »

« Tumbeau sur le trespas et assassinat commis aux personnes de Messeigneurs de Guyse a Blois le xxiijᵉ et
xxiiijᵉ decembre 1588. » Au-dessus de ce titre, une
estampe représentant la mort frappant de deux flèches
le duc de Guise et le cardinal de Guise, debout de
chaque côté. In-8 en larg. grav. sur bois. En bas,
des vers imprimés en deux colonnes. A Paris, pour
Jean Guerin, etc., feuille in-fol. en haut. *Très-rare.*

> Il y a une épreuve de cette estampe dans le Recueil formé
> par P. de l'Estoile, feuillet x. (Voir à l'année 1589, à la fin.)

Discours deplorable du meurtre et assassinat, traditoire- ment et inhumainement commis et perpétré en la ville de Blois, les Estatz tenant, de tres-haut, tres-puissant et tres-catholique feu Henry de Lorraine, duc de Guyse, per, etc., grād maistre de France, le vendredy vingt trois- siesme iour de decembre, 1588. Jouxte, la copie imprimé a Orleans, 1588. Sans lieu ni nom d'imprimeur. In-8 de huit feuillets, lettres rondes. *Rare.* Cet opuscule con- tient :

1588. déc. 24

Figure représentant le duc de Guise couché et percé de plusieurs poignards et hallebardes. Estampe in-8 en larg., longue grav. sur bois. Au-dessus et au-des- sous, des légendes en caractères imprimés. Feuille petit in-fol. en haut., à la fin du volume.

Figure représentant le cardinal de Guise couché et percé de plusieurs poignards et hallebardes. Estampe, idem, idem.

———

« Le vray portraict dun homme, lequel s'est apparu a Henry de Valois dedans le chasteau de Blois. » Au-dessous de ce titre est une figure représentant un homme debout, tenant une croix au-dessus de sa tête : Penitētiam agite ; à droite, une tour. Pl. in-4 en haut. grav. sur bois. Des côtés et en bas sont des vers français imprimés. Feuille in-fol. en haut. *Rare.*

Il y a une épreuve de cette feuille dans le Recueil formé par P. de l'Estoile, feuillet xiv. (Voir à l'année 1589, à la fin.)

« Le faux mufle decouvert du grand hypocrite de la France, contenant les faicts plus memorables par lui exercez enuers les catholiques en ces derniers temps. » Au-dessous de ce titre, estampe représentant un personnage connu (Henri III) tenant un chapelet. A droite, le duc de Guise assassiné, couché à terre, et le cardinal de Guise entouré de cinq hommes armés qui l'assassinent. Grav. sur bois. In-4 en larg. Au-dessous et à côté, des vers imprimés divisés en vingt sixains. Feuille in-fol. en haut. *Très-rare.*

Il y a une épreuve de cette estampe dans le Recueil formé par P. de l'Estoile, feuillet ix. (Voir à l'année 1589, à la fin.)

Estampe représentant le duc d'Epernon et un diable. Pl. in-4 en larg., étroite grav. sur bois. Au-dessous, en caractères imprimés : Les propos tenus à Loches entre Jean Despernon et son diable familier, etc., et des vers. En bas : A Paris, pour Anthoine du Brueil, etc. Feuille in-fol. en haut. *Très-rare.*

Theatrum Crudelitatum Hæreticorum nostri Temporis (auctore Rich. Verstegan), Antverpiæ Ad. Hubert, 1588. In-4, fig. Ce volume contient :

Des figures représentant des scènes de cruautés exercées par les huguenots sur les catholiques en Angleterre, France et Belgique. Celles relatives à la France sont au nombre de onze. Parmi celles relatives à l'Angleterre, on remarque l'exécution de la reine Marie Stuart. Pl. in-8 en larg., dans le texte.

Il existe une édition antérieure de 1587.
Ces planches ont servi depuis à une édition française de cet ouvrage, donnée par le même en 1607.

La prise de la ville de Bonn par le prince de Chimay.

Au haut de l'estampe, une banderole avec l'explication en latin des divers sujets marqués par lettres
dans l'estampe. En bas, à droite : *Jons miele fecit et
Juuentor*. Estampe in-fol. en larg., dans l'ouvrage
de Fab. Strada, De bello Belgico, Romæ, 1640.
Extrémement rare. Adam Bartsch, V. 1, p. 342.

Prise de la ville de l'Écluse. En haut, l'explication en
latin, n° 367. En bas, à droite : *Jaccomo Cortese fecit
et inuenit*. Estampe in-fol. en larg. Strada, De bello
Belgico, t. II, à la page 367. Robert-Dumesnil, t. I,
p. 207.

Tableau représentant messire Joseph Lebascle à genoux,
contre le mur à gauche, au troisième pilier, à la chapelle Sainte-Catherine, dans l'église paroissiale de
Saint-Didier de Poitiers. Dessin in-4 carré. Recueil
Gaignières à Oxford, t. XVI, f. 76.

Deux portraits de Christophle des Ursins, seigneur de
la Chapelle, marquis de Traisnel, etc., lieutenant
général de l'Isle-de-France, chevalier du Saint-Esprit
le 31 décembre 1578, à mi-corps. Deux dessins in-
fol. en haut. Bibliothèque impériale, manuscrits,
Boetes de l'ordre du Saint-Esprit, Ursins.

Emblematum liber. Emblêmes latins de J.-J. Boissard, avec
l'interprétation françoise de J. Pierre Joly Messin. Metis
excudebat Abrah. Faber, 1588, petit in-4, fig. Ce volume contient :

Frontispice gravé, représentant un portique d'architecture, avec les statues d'Apollon et de Minerve. Petit in-8 en haut.

Portrait d'André de la Route, écuyer du roi et mestre de camp à Metz, à mi-corps, tourné à droite, sa main posée sur son casque. Bordure ovale, sur laquelle légende grecque. Au-dessous, quatre vers français : *Comme le chef*, etc. Estampe gravée par Alexandre Vallée, in-12 en haut.

Portrait de J.-J. Boissard, en buste, tourné à droite. Il est placé sur des livres et environné de figures en pied, Minerve et Mercure. Le nom et légendes grecques et latines. Estampe gravée par Alexandre Vallée. In-12 en haut. (III, 90$^{mill.}$). Il y a deux états de cette planche : 1. celui décrit, 2. les vers et les mots du bas ont été ôtés; la planche n'est plus que de 66$^{mill.}$ de hauteur.

Quarante-quatre estampes représentant des emblèmes divers, gravées par Alexandre Vallée. In-12 en larg. Robert-Dumesnil, t. VIII, p. 145.

———

Chaire du prédicateur, par Germain Pilon, au couvent des Grands-Augustins de Paris. Partie d'une pl. in-4 en larg. Millin, Antiquités nationales, t. III, n° xxv, pl. 2, n°s 2, 3, 4, 5.

Le texte porte par erreur n°s 2, 4, 5, 6.

Les singuliers et nouveaux pourtraicts du seigneur Federic de Vinciolo Venitien, pour toutes sortes d'ouvrages de lingerie — de rechef et pour la troisième fois augmen-

tez, etc. Paris, Jean Le Clerc le jeune, 1588, petit in-4, 1588.
fig. *Rare.* Ce volume contient :

Frontispice gravé, cadre orné de deux figures de femmes
tenant des broderies, anges, armoiries. Dans le milieu, le titre en caractères imprimés. Pl. in-4 en haut.
grav. sur bois, en tête du volume.

Portrait d'Henri III en buste. Autour, dans le haut :
HENRI III, D. G. FRANC. ET POLON. REX. Pl. ovale
in-16 grav. sur bois, dans une couronne d'olivier.
En bas, un quatrain, en caractères imprimés : Peintre afin que ton art, etc. Le tout, petit in-4 en
haut., au feuillet du titre, verso.

Portrait de Louise de Lorraine, femme de Henri III,
en buste. Autour, dans le haut : LODOICA LOTHARINGA.
FR. RI. Pl. ovale in-16 grav. sur bois; dans la même
couronne que le portrait précédent. En bas, un quatrain en caractères imprimés : Trois dieux furent par-
reins, etc. Le tout, petit in-4 en haut., au feuillet 2ᵉ,
verso.

Trente figures de point coupé et de broderies. Au-
dessus sont des explications du travail en une ligne
imprimée. Planches de diverses formes in-4 grav. sur
bois.

Suit un titre semblable au premier et cinquante figures
de broderies. Planches de diverses formes grav. sur
bois; une est en deux morceaux.

———

Médaille d'Henri III, probablement relative à la défaite

des reîtres en 1588. Partie d'une pl. in-fol. en haut. Trésor de numismatique et de glyptique. Médailles françaises, 1re partie, pl. 22, n° 8.

Deux monnaies de Henri III. Partie de deux pl. in-fol. en haut. Trésor de numismatique et de glyptique, Histoire par les monuments de l'art monétaire chez les modernes, pl. 10, n° 8, pl. 11, n° 11.

Monnaie du même, de l'année 1588. Partie d'une pl. in-8 en haut. Berry, Études, etc., pl. 58, n° 4, t. II, p. 457,

Jeton relatif à la ligue, frappé en Bourgogne. Petite planche grav. sur bois. De Fontenay, Manuel de l'amateur de jetons, p. 251, dans le texte.

Jetoir de la Saulnerie de Salins, de Philippe II. Petite pl. grav. sur bois. De Fontenay ; Manuel de l'amateur de jetons, p. 388, dans le texte.

Jetoir de la cour des comptes. Partie d'une pl. lithogr. in-8 en haut. De Fontenay ; Fragments d'histoire métallique, pl. 6, n° 8.

Jetoir portant : SUBDUCENDIS RATIONIBUS. Partie d'une pl. lithogr. in-8 en haut. De Fontenay : Fragments d'histoire métallique, pl. 21 (texte 12), n° 14, p. 230.

Mereau de l'abbaye de Saint-Martin des Champs. Partie d'une pl. lithogr. in-8 en haut. De Fontenay ; Fragments d'histoire métallique, pl. 13 (texte 4), n° 4,

1588.

p. 177. = Petite pl. grav. sur bois. Idem ; Nouvelle
étude de jetons, p. 156, dans le texte. = Petite pl.
grav. sur bois. Idem ; Manuel de l'amateur de jetons,
p. 70, dans le texte.

Mereau probablement de Gray. Partie d'une pl. lithogr.
in-8 en haut. De Fontenay ; Fragments d'histoire
métallique, pl. 17 (texte 8), n° 8, p. 202.

Quatre monnaies de Charles II, duc de Lorraine, vulgairement appelé Charles III ou le grand duc. Partie
d'une pl. in-4 en haut., lith. De Saulcy ; Recherches
sur les monnaies des ducs hérédidaires de Lorraine,
pl. 23, n°s 5, 10, 12, 13.

Médaille de la ville de Strasbourg relative à son alliance
avec Zurich et Berne. Pl. in-16, en larg. Köhler,
t. II, p. 273, dans le texte.

Monnaie de Henri d'Albret, roi de Navarre, seigneur
de Béarn, depuis Henri IV. Partie d'une pl. lithogr.
in-8 en haut. Revue numismatique, 1841. E. Cartier,
pl. 14, n° 13, p. 281.

Monnaie de Henri, roi de Navarre, depuis Henri IV,
sans année. Partie d'une pl. in-8 en haut. Berry ;
Études, etc., pl. 61, n° 2, t. II, p. 488.

Monnaie de François de Bourbon, duc de Montpensier,
prince de Dombes. Partie d'une pl. in-4 en haut.
Tobiesen Duby ; Monnoies des barons, pl. 44, n° 9.

Deux monnaies de Guillaume-Robert de la Mark duc de
Bouillon, prince de Sedan. Partie d'une pl. in-4 en

1588.　　haut. Tobiesen Duby; Monnoies des barons, supplément, pl. 4, n°s 11, 12.

1588?　　Bal à la cour de Henri III. Tableau d'un peintre français inconnu. Musée du Louvre, tableaux, école française, n° 656.

Deux monnaies de Henri de Bourbon, roi de Navarre, depuis Henri IV, roi de France. Partie d'une pl. in-4 en haut. Tobiesen Duby ; Monnoies des barons, pl. 108, n°s 5, 6.

1589.

1589.　　Portrait en buste de Catherine de Médicis, femme de
Janvier 5.　Henri II, vêtue de noir, tableau du temps. Miniature in-fol. en haut. Gaignières, t. VIII, 94. = Partie d'une pl. in-fol. en haut. Montfaucon, t. V, pl. 9, n° 4.

Portrait en pied de la même, vêtue en noir, tableau du temps. Miniature in-fol. en haut. Gaignières, t. VIII, 95. = Partie d'une pl. in-fol. en haut. Montfaucon, t. V, pl. IX, n° 3.

Portrait de la même, à genoux devant un prie-Dieu, vitrail des Cordeliers de Paris. Dessin colorié en haut. Gaignières, t. VIII, 95 *bis*.

Portrait en pied de la même, tenant par la main Charles IX, jeune, vitrail de la chapelle de Saint-Eustache dans l'église de Saint-Étienne de Beauvais. Dessin in-fol. en haut. Gaignières, t. IX, 13,

Figure de la même, en marbre blanc, posée sur bronze,   1589.
dans la chapelle de Valois, dans l'église de l'abbaye   Janvier 5.
de Saint-Denis. Dessin in-8. Recueil Gaignières, à
Oxford, t. II, f. 54.

Portrait de la même, jeune, à mi-corps, d'après un
dessin aux crayons du temps, de la bibliothèque
Sainte-Geneviève. Pl. in-fol. en haut, coloriée, Niel ;
Portraits des personnages français, etc., 1re série.

Portrait de la même, vieille, en coiffure de veuve, à
mi-corps, d'après un dessin aux crayons du temps,
de la bibliothèque Sainte-Geneviève. Pl. in-fol. en
haut., coloriée. Idem, 1re série.

Portrait de la même, à genoux, vitrail au couvent des
Grands-Augustins de Paris. Partie d'une pl. in-4 en
haut. Millin ; Antiquités nationales, t. III, n° xxv,
pl. 11, n° 2.

Figure de la même, d'après les monuments du temps,
à côté d'Henri II. Ovale in-12 en haut., grav. sur
bois, Du Tillet ; Recueil des roys de France, p. 245,
dans le texte.

Portrait de la même, en buste, tête vue de trois quarts,
tournée à gauche, tableau de l'école des Clouet.
Musée du Louvre, tableaux, école française, n° 124.

Portrait de la même, tableau de l'école française du
xvie siècle. Musée de Versailles, n° 3085.

Portrait de là même. Tableau du temps, au Musée du

Louvre. Copie par de Creuze. Musée de Versailles, n° 3143.

Portrait de la même. Tableau de l'école française du xvi⁰ siècle. Musée de Versailles, n° 3982.

Statue de la même, à côté de son mari, sur leur tombeau, dans l'église de l'abbaye de Saint-Denis. *Alex. le Blond delin. Pet. Giffard Sculp.* Pl. in-fol. carrée. Felibien; Histoire de l'abbaye royale de Saint-Denys, à la p. 565. = Pl. in-8 en larg., grav. par C. Normand. Laudon, t. VIII, n. 56. = Pl. in-8 en haut. Guilhermy; Monographie — de Saint-Denis, à la p. 140.

Médaillon en marbre représentant Catherine de Médicis sous la figure de Junon, accompagnée du paon, provenant d'Anet, de la collection du Sommerard. Partie d'une pl. lithogr. et coloriée in-fol. m⁰ en larg. Du Sommerard; Les arts au moyen âge, Atlas, chap. v, pl. 13. = Au Musée de l'hôtel de Cluny, n° 107.

Catherine de Médicis. Sardoine intaille, grav. Au cabinet des médailles, antiques et pierres gravées. Du Mersan; Histoire du cabinet des médailles, antiques et pierres gravées, n° 894, p. 105. Mariette, n° 125.

Portrait de Catherine de Médicis, en buste, tournée à gauche. Bordure dans laquelle est le nom. Estampe grav. par Jean Rabel, in-16 en haut. Robert-Dumesnil, t. VIII, p. 130.

Portrait de la même, en buste, tournée à droite. Médaillon ovale; autour, le nom. En bas : *Thomaes de leu fe. Rabel excu.* Estampe in-12 en haut.

Il y a des épreuves, antérieures à celle-ci, sans les noms, en bas.

Portrait de la même, en buste, tournée à droite. Médaillon ovale, entouré d'ornements. Autour, le nom. En bas : *Nicolo Nelli* 1567. Estampe in-4 en haut. Imagines quorumdam, etc. Zolterij formis.

Portrait de la même, assise à une table, tournée à droite, les mains posées sur un livre. Bordure riche. Dans la marge, le nom, 1579. A droite : M. DUVAL F. Estampe in-12 en haut. Robert-Dumesnil, t. V, p. 59.

Portrait de la même, à mi-corps, tournée à gauche, les mains sur un livre. En bas : KATHARINA REGINA, etc. H. W. (Jerome Wierix). Estampe in-8 en haut.

Portrait de la même, en buste, tournée à droite. Médaillon ovale, Autour, le nom. En bas, quatre vers : *Tous les siecles passez*, etc. *Tho. de l. Fe et ex.* (*de Leu*). Estampe in-8 en haut.

Portrait de la même, en coiffure de veuve, à mi-corps, tournée à gauche. En haut : LA R^{ne} MERE DU ROY. Estampe petit in-8 en haut.

Portrait de la même, à mi-corps, tenant un éventail, tournée à gauche. Dans le champ, à gauche, son écusson. En haut, en rond : KATHERINA REGINA FRANCORUM. Médaillon ovale. Estampe in-fol. en haut., grav. sur bois. *Très-rare.*

1589.
Janvier 5.

Portrait de la même, à cheval, assise, allant à gauche. En haut, à gauche : . . . . . INA DE MEDICI MOGLIE . . . . . HENRICO II RE DI FRANCIA. Estampe in-fol. en haut., grav. sur bois. *Très-rare.*

> L'épreuve de ma collection est tirée au revers d'un jeu semblable au jeu de l'oie. On lit en haut : Nuovo et piacevole givco..... Et en bas : In Padova por Gio, Batista Corzatti.

Portrait de la même, à mi-corps, tournée à droite, les mains sur un coussin. Au fond, une vue. En haut, le nom en français et en allemand. Estampe in-8 en haut., grav. sur bois.

Portrait de la même. *Harrewyn f.* Estampe in-12 en haut. Mémoires pour servir à l'histoire de France par P. de l'Estoile, édition de 1719, t. I, à la p. 285. = Même planche. Journal — de Henry III, édition de 1720, t. I, 2ᵉ partie, à la p. 344.

Portrait de la même, en pied, tenant un gant dans sa main gauche. Estampe in-4 en haut. Mémoires de Condé, t. III, p. 213. = Même pl. Velly, Villaret et Garnier : Portraits, t. III, p. 11.

Portrait de la même. *Th. de Leu fecit.* Estampe in-8 en haut. Velly, Villaret et Garnier ; Portraits, t. II, p. 84.

Portrait de la même. Médaillon sur un soubassement orné de deux cornes d'abondance. *De son portrait conservé chez M. Fleury.* Estampe petit in-fol. en haut. Au-dessous, en caractères imprimés, un qua-

train : Qu'est-ce *que ne fit point*, etc. Mézerai; His-   1589.
toire de France, t. II, p. 732, dans le texte.   Janvier 5.

Portrait d'une femme inconnue, de face. Buste avec une
grande collerette. Pierre grav. intaille en grenat, donnée par Mariette comme une femme inconnue (t. II,
tête n° 125), attribué à Catherine de Médicis par Du
Mersan (p. 105, n° 894). Collection des camées et
pierres gravées de la Bibliothèque impériale. Voir :
Chabouillet ; Catalogue — des camées et pierres gravées de la Bibliothèque impériale, n° 2492, p. 342.

Sceau de Catherine de Médicis. Partie d'une pl. in-fol.
en haut. Trésor de numismatique et de glyptique.
Sceaux des rois et reines de France, pl. 16, n° 2.

Médaille de Catherine de Médicis, Rev. Lacrime hinc,
hinc dolor. Partie d'une pl. in-8 en haut. Luckius ;
Silloge numismatum, etc., dans le texte, p. 196.

Médaille de la même. Rev. François II, Charles IX et
Henri III. Pl. in-12 en larg. Köhler, t. IV, p. 257,
dans le texte.

Médaille de la même, frappée à Cambrai, après la mort
d'Henri II. Partie d'une pl. in-fol. en haut. Du Molinet ; Le cabinet de la bibliothèque de Sainte-Geneviève, pl. 35, n° 10.

Médaille de la même. Partie d'une pl. petit in-fol.
en haut. Mézerai ; Histoire de France, t. II, p. 722,
dans le texte.

1589. Six médailles de la même. Pl. petit in-fol. en haut.
Janvier 5.   Idem, t. II, p. 736, dans le texte.

Médaille de la même. Rev. Ses trois fils rois. Partie d'une pl. in-4 en haut. Thom. Pembrock, p. 4, pl. 35. = Pl. in-8 en larg. Daniel, t. VIII, p. 361, en vignette.

Médaille de la même. Partie d'une pl. in-fol. en haut. Tresor de numismatique et de glyptique. Médailles françaises, 1ʳᵉ partie, pl· 12, n° 3.

Médaille de la même. Partie d'une pl. in-fol. en haut. Idem, pl. 18, n° 1.

Médaille de la même. Rev. François II, Charles IX et Henri III. Partie d'une pl. in-fol. en haut. Idem, pl. 20, n° 6

Médaillon de la même. Partie d'une pl. in-fol. en haut. Idem, pl. 21, n° 2.

Médaille de la même. Partie d'une pl. in-fol. en haut. Idem, pl. 21, n° 3.

Médaille de la même. Partie d'une pl. in-fol. en haut. Idem, pl. 21, n° 11.

Médaille de la même. Partie d'une pl. in-fol. en haut. Idem, pl. 22, n° 1.

Médaille de la même. Partie d'une pl. in-fol. en haut. Idem, pl. 22, n° 7.

Médaillon de la même, sans revers. Partie d'une pl. in-fol. en haut. Idem, pl. 23, n° 1.

Médaille de la même. Rev. le chiffre composé de H et
deux D ou plutôt deux C. Petite pl. grav. sur bois.
Revue numismatique, 1841. Ch. Lenormant, p. 424,
dans le texte.

1589.
Janvier 5.

> L'auteur de cet article cherche à établir que ce chiffre,
> composé de la lettre H et de deux D, si fréquent dans les mo-
> numents du règne de Henri II, et que l'on a toujours regardé
> comme allusif à l'affection de ce roi pour Diane de Poitiers, se
> compose réellement de la lettre H et de deux C, et que, con-
> séquemment, il signifie Henri et Catherine.

Talisman magique et superstitieux de la reine Catherine de Médicis, que l'on croyait avoir été trouvé
chez elle à sa mort, avec texte explicatif. Estampe
in-12 en haut. Journal de Henri III, par P. de l'Estoile, édition de 1744, t. II, à la page 160.

Talisman ou médaille ayant appartenu à Catherine de
Médecis. Estampe in-12 en larg. Prosper Marchand,
Dictionnaire historique, 1758, t. I, p. 166.

> Longs détails sur ce talisman, pour lequel il a été donné six
> diverses explications. Idem, p. 164 et suiv.

Dissertation sur un talisman du xvie siècle, decouvert pres
de Bayeux, par Ed. Lambert. Bayeux, Saint-Ange Duvant
fils et Cie, 1849, in-8 de 32 pages. Cet opuscule contient :

Figures représentant les deux côtés d'un talisman ovale,
représentant des figures et des inscriptions. Petites
planches ovales en haut. grav. sur bois, sur le titre,
répétées p. 9, dans le texte.

> Ce talisman fut trouvé le 8 juin 1848 sur la terre de Baussy,
> commune de Saint-Loup, près Bayeux.

Il est presque entièrement semblable à celui qui a été l'objet de diverses controverses et d'explications différentes à la fin du xvııe siècle et au commencement du xvıııe. Voir ci-après.

Médaille insolente adressée par les huguenots à Henry III, roy de France, au commencement de son règne, avant son mariage. Pl. in-12 en larg. Mémoires pour l'histoire des sciences et des beaux arts. Trevoux, décembre, 1704, p. 2117. = Répétée avril 1705, p. 706, avec une autre explication.

Cette prétendue médaille est un talisman gravé des deux côtés avec figures et légendes diverses. Il était en la possession du président de Mesme, et l'auteur de l'article du Journal de Trévoux dit que Bayle s'est trompé en annonçant que cette médaille n'existait pas.

Ce talisman avait été confié par Catherine de Médicis à M. de Mesme, dans une boîte d'acier fermée à clef, comme dépôt du plus riche trésor qu'elle eût dans le monde, avec ordre de ne l'ouvrir jamais et de ne le donner à personne sans commandement signé de sa propre main. Après la mort de la reine et de M. de Mesme, les enfants de celui-ci ouvrirent la boîte et n'y trouvèrent que ce talisman (L'art d'assassiner les rois enseigné par les jésuites à Louis XIV et Jacques II, Londres, 1696.)

Bayle traita ce récit de conte (OEuvres diverses, édition de 1737, t. III, p. 600).

Les éditeurs du Journal de Trévoux s'occupèrent de cette discussion. On retrouva la médaille ou le talisman chez M. le président de Mesme. Ce journal en donna la figure. Un anonyme l'expliqua comme représentant Henri II et Catherine de Médicis (décembre 1704, p. 2127).

Le journal de Trévoux donna ensuite une nouvelle dissertation d'un autre anonyme. Cet auteur prétend que c'est une médaille insolente adressée par les huguenots à Henri III, roi de France, au commencement de son règne.

Enfin le père Menestrier fut consulté. Il exposa que ce monument n'était pas une médaille, mais un talisman; qu'il avait

été, non pas frappé, mais moulé; que Catherine de Médicis ne
l'avait pas fait faire, et enfin que l'on n'y voyait aucune appa-
rence de culte rendu au démon. Il ajouta que ce talisman avait
probablement été fait par Jean Fernel, premier médecin de
Henri II, et donné par lui à la reine Catherine de Médicis
(Journal de Trévoux, avril 1705).

1589:
Janvier 5.

Les éditeurs de la Satyre Menippée (Dupuy et Le Duchat)
firent sur ces explications des observations critiques. Ils les
terminèrent en établissant que ce talisman, qu'ils nomment
médaille, aurait été fait en 1552, 1553, ou au commencement
de 1554 (Satyre Menippée, Ratisbonne (Bruxelles), 1709, t. II,
p. 423).

Extrait de : Dissertation sur un talisman du xvie siècle, par
Ed. Lambert, ci-avant cité.

Arbalète de Catherine de Médicis, en bois d'ébène
sculpté, avec ornements. Au Louvre, musée des souverains.

Provenant du musée d'artillerie.

Signes merveilleux apparuz sur la ville et chasteau de Blois,
en la presence du roy et l'assistance du peuple, ensemble
les signes et comette à Paris, le 12 janvier 1589. Sans
lieu ni nom d'imprimeur, 1589, in-8. Cet opuscule contient :

Janvier 12.

Figure représentant une campagne avec des person-
nages. En haut, à droite, des signes dans le ciel.
Estampe in-12 carrée grav. sur bois, sur le titre.
Répétée au feuillet dernier, verso.

Proposition faicte par nostre sainct pere le Pape au consis-
toire tenu a Rome le vingt-septiesme janvier 1589, sur
le sacrilege et assassinat commis en la personne de def-
funct illustrissime et reuerendissime cardinal de Guyse,

Janvier 27.

1589.
Janvier 27.

archeuesque et. duc de Reims. (Paris), Guill. Boyau, re-
lieur, 1589. Petit in-8 de huit feuillets. Cet opuscule
contient :

Portrait du cardinal de Guise en buste, tourné à droite.
Médaillon ovale. On lit autour : Louis de Lorraine
card. de Guise arche. d. Reins. Estampe in-12 en
haut., ovale, grav. sur bois, sur le titre.

Janvier?

Lettres d'unyon pour estre enuoyés par toute la chrestienté
touchant le meurtre et assassinat de monsieur le duc de
Guyse et monsieur le cardinal de Guyse son frere, etc.,
1589, sans lieu ni nom d'imprimeur, in-8. Cet opuscule
contient :

Portrait du duc de Guise en buste, tourné à droite. Médaillon ovale. On lit autour : Henri de Lorrai. dux
de Guise pair et q. m. de F. Estampe in-12 en haut.
grav. sur bois, ovale, au feuillet du titre, verso.

Les armes du duc de Guise. Estampe in-12 grav. sur
bois, au feuillet dernier blanc, recto.

—

Février 10.

Portrait de Jean-Étienne Duranti, premier président au
Parlement de Toulouse. Tableau du xviie siècle, musée de Versailles, n° 4012.

Juin.

Portrait d'Anne de Courtenay, femme de Maximilien
de Béthune, duc de Sully. *Van Schuppen faciebat,*
1660. Estampe in-fol. en haut. Du Bouchet, Histoire
généalogique de la maison royale de Courtenay. A la
page 320, dans le texte.

Portrait de Christophe Plantin, imprimeur, en buste, tourné à droite. *E. de Boulonois fecit.* Estampe in-4 en haut. Bullart, t. II, p. 257, dans le texte.

Portrait du même en buste, tourné à gauche. En bas, le nom et quatre vers latins. E. 4. Estampe in-8 en hauteur.

Jacques Clément présentant un papier à Henri III avant de l'assassiner. On lit sur ce papier : *Sire li vous plaira d'entendre* (?) *que ceux de Paris sont tousiours en arme.* Le moine est à gauche ; le roi, prenant le papier, est à droite ; derrière lui sont quatre personnages. Toutes ces figures sont à mi-corps. Estampe in-4 en larg. *Rare.*

Assassinat de Henri III par Jacques Clément. Le roi est debout au milieu, prenant le papier que le moine lui présente ; celui-ci est à gauche, à genoux, donnant le coup de poignard. Derrière, deux personnages ; à droite, un chien ; au fond, le roi dans son lit. Au-dessous : VERA EFFIGIES FR. JACOBI CLEMENT, etc., 3 lignes. Estampe in-4 en haut. *Très-rare.*

L'assassinat de Henri III par Jacques Clément. Dessin à la plume lavé de bistre. Musée du Louvre, Dessins, École française, n° 33 542.

Assassinat de Henri III par Jacques Clément ; six seigneurs ou gardes. En caractères imprimés, en haut : Ici se voit cōm Hēry de Vallois, etc. En bas, douze vers : Henry de Valloys, grand tiran de la France, etc. Estampe petit in-fol. en larg. grav. sur bois.

Assassinat de Henri III par Jacques Clément, à gauche.
On voit à droite Jacques Clément renversé et percé
par les hallebardes de deux gardes. En bas, six vers :
Moyse suiuāt le mandement de Dieu, etc., 1589.
Estampe in-fol. en larg.

Assassinat de Henri III par Jacques Clément. Médaillon
ovale; dans les angles, scènes du supplice du régicide. Estampe in-12 en haut. grav. sur bois.

Estampe divisée en quatre compartiments, représentant : 1. Jacques Clément confessant et communiant;
2. l'assassinat d'Henri III; 3. sa mort; 4. l'exécution
de J. Clément. Inscription dans le champ. En bas,
douze vers allemands et sept vers français. Estampe
petit in-fol. en larg. *Rare.*

Estampe divisée en quatre compartiments, représentant : 1. Jacques Clément remettant une lettre à un
politique; 2. J. Clément confessant et communiant;
3. il présente un papier au roi; 4. il vient d'assassiner le roi et est blessé par un garde. Légendes en
haut et dans le champ, et en bas vingt vers en allemand. Estampe in-4 en larg. *Rare.*

Estampe divisée en quatre compartiments, représentant : 1. Jacques Clément confessant et communiant;
2. l'assassinat d'Henri III; 3. sa mort; 4. l'exécution
de J. Clément. En bas, titre en deux lignes en allemand. Estampe in-fol. en larg. *Rare.*

Estampe divisée en quatre compartiments, représentant la communion de Jacques Clément, l'assassinat

de Henri III, sa mort, l'exécution de J. Clément.   1589.
En bas, légende allemande. P. 747, 13, pl. in-fol.   Août 1.
en larg. Khevenhiller, t. III, à la page 747.

Henri III assassiné par Jacques Clément, à gauche ; sur
la droite, J. Clément est tué par deux gardes ; trois
autres sont derrière. En bas, six vers en trois colonnes : *Moyse suivāt le mandement de Dieu*, etc.
Estampe in-fol. en larg. *Très-rare*.

> Il y a une épreuve de cette estampe dans le Recueil formé
> par P. de l'Estoile, feuillet xv. (Voir à cette année, à la fin.)

Estampe représentant à droite l'assassinat de Henri III,
au fond, Jacques Clément se confessant et communiant ; à gauche sont les gardes qui accourent ; au
fond, les supplices de Jacques Clément et Saint-Clou.
Noms inscrits. En bas, à droite : *Si tibi Gallorum Fama
est incognita Regis*, etc. Au-dessous, vingt-quatre
vers allemands. Estampe petit in-fol. en larg. *Rare*.

Assassinat de Henri III par Jacques Clément, dans une
chambre à droite, où ils sont seuls ; au-dessous, des
gardes emmenant le moine ; au fond, le roi dans son
lit ; devant, à gauche, le cercueil du roi. Dans le
champ, lettres de renvoi. En bas, légende allemande
en deux lignes et la date. Estampe in-fol. en larg.
Très-rare.

L'assassinat de Henri III par Jacques Clément : ils sont
à gauche ; à droite, les gardes accourent ; au fond,
à gauche, le roi dans son lit ; à droite, le supplice de

J. Clément et Saint Claude. En bas, douze vers allemands et la date. Estampe in-fol. en larg.

L'assassinat de Henri III. A droite, J. Clément monte un escalier, il assassine le roi, et est renversé et blessé par les gardes. A gauche, au fond, l'exécution de J. Clément et : Pont d. S. Cloud. En bas, un titre et seize vers allemands. Estampe in-fol. en.larg.

L'assassinat de Henri III. A gauche, Jacques Clément donne au roi un coup de poignard; les gardes accourent. Au-dessus du roi : *Henri III roy de France.* A droite, le supplice du moine; au-dessous de lui : *Jaques Clément.* Estampe in-4 en larg., étroite. *Rare.*

L'assassinat de Henri III. A gauche, Jacques Clément donne au roi un coup de poignard, dans une salle. Sur le devant, le moine renversé et blessé par deux gardes. Au fond, à droite, le supplice de J. Clément. En haut, un titre, et en bas, un long récit en trois colonnes, en allemand. *Zu Nornberg bey Lucas Mair.* Estampe in-fol. en larg. grav. sur bois. *Rare.*

L'assassinat de Henri III. A gauche, Jacques Clément donne au roi un coup de poignard; au-dessous, le roi étendu par terre; à droite, le moine blessé par un garde; au fond, le roi nud couché sur une table. Estampe in-fol. en larg. grav. sur bois. Au-dessus, titre, et au-dessous, longue explication en allemand. *Zu Augspurg bey Bartholome Kappeler.* Feuille in-fol. en haut. *Rare.*

Assassinat de Henri III par Jacques Clément, à droite ;
au fond, J. Clément communiant; à gauche, des
gardes arrivant; au fond, le supplice du régicide.
Indications dans le champ, etc. *Si tibi Gallorum*, etc.
Estampe in-4 en larg.

Assassinat de Henri III par Jacques Clément. A gauche,
l'arrivée du moine à Saint-Cloud; à droite, l'assassinat; au fond, le supplice du régicide et le roi dans
son lit. Légendes dans le champ. En haut : Figure
de l'admirable et divine résolution de F. Jacques
Clément, etc. En bas, dix-huit vers : Qui ne s'admi-
rera, etc. A Paris, par Roland Guerard et Nicolas
Preuost. Estampe in-fol. en larg. grav. sur bois.

L'assassinat de Henri III par Jacques Clément. Le roi
est entre six personnages, et le moine lui porte le
coup de poignard. Estampe petit in-fol. en larg.
grav. sur bois. On lit en caractères imprimés, au-
dessus : Icy se voit cōme Hēry de Vallois a este mis
à mort, etc. En bas, des vers. Feuille in-fol. en larg.
Très-rare.

« L'histoire au vray de la victoire obtenue par frere
Jacques Clement, religieux de l'ordre sainct Dominique, lequel tua d'un coup de cousteau Henry de
Vallois, le premier iour d'aoust 1589, au bourg Saint-
Cloud, luy presentant une lettre, avec le desespoir
de d'Espernon sur la mort dudict Henry de Vallois
son bon maître. » Légende en caractères imprimés.
Au-dessous sont deux figures placées à côté l'une de
l'autre : celle à gauche représente à droite J. Clé-

ment frappant Henri III, et à gauche deux gardes
tuant ce moine. En bas, quatre vers : Un jacobin, etc. Pl. petit in-4 en larg. grav. sur bois. La
figure placée à droite représente à gauche J. Clément tuant Henri III; deux personnages derrière le
roi; à droite, Henri III dans son lit et le duc d'Espernon s'arrachant les cheveux. Pl. in-4 en larg.
grav. sur bois. Au-dessous des dix planches est une
explication en caractères imprimés, de dix lignes.
Feuille in-fol. en larg. *Très-rare.*

« L'histoire au vray de la victoire obtenue par frere
Jaques Clement, religieux de l'ordre Saint-Domi-
nique, lequel tua Henry de Valois le premier iour
d'aoust 1589. » Au-dessous de ce titre, figure représentant à droite J. Clément à genoux, assassinant
Henri III, et à gauche ce moine tué par dix gardes
du roi. Au-dessous on lit :

Un jacobin nommé frere JAQUES CLEMENT,
Considerant le mal qu'Henry faisait en France,
Luy porta une lettre et alors promptement
Luy donna d'un cousteau au travers de la panse.

Pl. petit in-4 en larg. grav. sur bois. Au-dessous un
récit imprimé. En bas : *A Paris, pour Anthoine du
Brueil.* Feuille in-fol. en haut. *Très-rare.*

Il y a une épreuve de cette estampe dans un recueil manuscrit formé par le marquis de Quincy de Saint-Maurice. (Voir
à cette année, à la fin.)

« La mort de Henry de Vallois auec le meurdre commis, envers le religieux, qui en dépécha le pais. »

Au-dessous de ce titre, planche représentant à gauche l'assassinat de Henri III par Jacques Clément;
à droite, ce moine est tué par deux gardes, et trois
autres sont derrière. Au fond, du même côté, on
brûle le corps de ce moine. Au fond, à gauche, le
duc d'Épernon et le roi dans son lit. Estampe grav.
sur bois. En bas, des vers imprimés en trois colonnes. Pl. in-fol. en larg. *Très-rare*.

1589.
Août 1.

> Il y a une épreuve de cette estampe dans le Recueil formé
> par P. de l'Estoile, feuillet xv. (Voir à cette année, à la fin.)

« L'execrable parricide commis en la personne du feu
roy Henry troisiesme de ce nom, par lequel Dieu
faict paroistre au monde l'esprit meurtrier, duquel
est menée toute la faction de la Ligue, a present
nommée la Saincte-Union, avec un sommaire, etc. »
Au-dessous de ce titre, planche divisée en deux compartiments : celui à gauche représente Jacques Clément assassinant Henri III; celui à droite représente le roi dans son lit, entouré de cinq personnages,
dont sur le devant le roy de Navarre. Pl. in-fol.
magno en larg. grav. sur bois. Au-dessous, très-
long récit imprimé en quatre colonnes. Très-grande
pièce in-fol. magno en haut. *Très-rare*.

L'assassinat de Henri III par Jacques Clément. Médaillon rond. Dans les quatre angles, la mort et l'exécution de l'assassin. *P. Tardieu sculp*. Pl. in-12 en
haut. Journal de Henri III, par P. de l'Estoile, édition de 1744, t. II, à la page 209.

« Veritable recit ou vraye histoire de la mort subite de

Henry de Valois, roy de France, troisiesme de ce nom,
aduenue le premier iour d'aougst, à Pont-Saint-Clou,
estât assiegee la ville de Paris. 1589, in-12 de six feuillets. *Très-rare*. Cet opuscule contient :

Le temps allant vers la gauche, avec légendes, gravé
en bois. Petite pièce en larg., 68   , 55.

Homme couché; au-dessus, un grand verre, avec légendes, gravé en bois. Mêmes dimensions.

Homme couché; au-dessus, un ange portant une figure
agenouillée. Gravé en bois. Mêmes dimensions.

> Il est possible que cet opuscule contienne d'autres pièces
> après les trois décrites ci-dessus, le seul exemplaire de cet
> ouvrage que j'ai vu paraissant incomplet.

Quatorze estampes représentant diverses scènes des
préliminaires de l'assassinat de Henri III et de cet
attentat, avec des légendes en français et en allemand, devant former partie de deux suites différentes. Pl. petit in-8 en larg. Bibliothèque impériale, estampes, Recueil Fontette.

Faits relatifs à l'assassinat de Henri III par Jacques Clément et au supplice de ce régicide. Quatorze estampes
in-12 en larg. Bibliothèque impériale, estampes,
Recueil Fontette.

> Les pièces de ces deux articles sont de date postérieure à
> ces événements; mais elles paraissent faites d'après des com-
> positions du temps.

Estampe représentant : à gauche, Jacques Clément se
présentant aux gardes; au fond, Paris, Saint-

Cloud, etc.; à droite, l'assassinat de Henri III; au
fond, le supplice de J. Clément et le roi dans son lit.
Pl. in-fol. en larg. grav. sur bois. On lit, en caractères imprimés, en haut : Figure de l'admirable et
divine résolution de F. Jacques Clément, etc.; en
bas, dix-huit vers à la louange du régicide, et au-
dessous : A Paris, par Roland Guerard et Nicolas
Preuost, rue Montorgueil, au bon Pasteur. Feuille
in-fol. magno en larg.

Le martyre de frere Jacques Clément, contenant au vray
toutes les particularitez plus remarquables de sa saincte
resolution et tres-heureuse entreprise à l'encontre de
Henry de Valois. Paris, R. Fizelier, 1589, in-8, fig.
Rare. Ce volume contient :

Estampe divisée en cinq parties; celle du milieu,
ovale, représente J. Clément assassinant Henri III;
les quatre autres parties représentent J. Clément
1° mis à mort par les gardes du roi, 2° traîné sur la
claie, 3° écartelé, 4° brûlé. Pl. in-12 en haut. grav.
sur bois, à la fin du volume.

—

Assassinat d'Henri III. Médaillon rond, entouré dans les
angles de quatre scènes de la mort et de l'exécution de
Jacques Clément. En bas : *Figure de Jaques Clement
telle qu'elle est représentée dans le livre de son martyre imprimé en* 1589. In-12 en haut. Journal de
Henry III, édition de 1720, t. I, 2ᵉ partie, à la p. 463.

Portrait de Jacques Clément à mi-corps, la tête tournée à gauche, les mains jointes. On lit au-dessus :

F. Jaques Clement; et en bas, quatre vers : Contemple icy (lecteur) frere Jaques Clement, etc. *A. du Brueil.* Pl. grav. sur bois. Petit in-4 en haut. Audessus, en bas et à droite, histoire de J. Clément et complainte en vers, par A. D. L. R., en caractères imprimés. Feuille grav. in-fol. en larg. *Très-rare.*

Il y a une épreuve de cette feuille dans le Recueil formé par P. de l'Estoile, feuille. xvi. (Voir à cette année, à la fin.)

Portrait du même à mi-corps, la tête tournée à gauche, les mains jointes. On lit au-dessus : F. Jaques Clement; et en bas, quatre vers : *Celui qui asseure par diuin mouuemeot,* etc. Pl. grav. sur bois, petit in-4 en haut. Au-dessous, histoire de Jacques Clément imprimée, feuille in-fol. en haut. *Très-rare.*

Il y a une épreuve de cette feuille dans le Recueil formé par P. de l'Estoile, feuillet xvi. (Voir à cette année, à la fin.)

Portrait du même à mi-corps, la tête tournée à gauche, les mains jointes. On lit au-dessus : F. Jaques Clement; et en bas, quatre lignes : *O tres heureux personnage,* etc. Petit in-4 carré. *Très-rare.*

Il y a une épreuve de cette estampe dans le Recueil formé par P. de l'Estoile, feuillet xvi. (Voir à cette année, à la fin.)

Portrait du même, à mi-corps, la tête tournée à droite, les mains jointes. En bas, légende en allemand : *Ware contrafaiung Brueder Jacob Clemens,* etc. Estampe petit in-4 en haut. *Très-rare.*

Canonisation de Jacques Clément; processions et sta-

tions dans la ville de Paris à ce sujet. *P. Brebiette*
in. ou fecit. Cinq estampes grand in-12 en haut.

> Quoique ces pièces soient d'environ trente ans postérieures
> à cet événement, je les indique, parce que l'on peut penser
> qu'elles ont été gravées d'après des dessins du temps.

Tombeau en marbre du cœur du roi Henri III, dans le
chœur de l'église de Saint-Cloud, élevé par Charles
Benoise, son secrétaire de cabinet, depuis maître des
comptes; et colonne relative, en marbre. Trois dessins in-fol. magno en haut. Bibliothèque impériale,
estampes, Recueil Fontette.

Colonne érigée à la mémoire de Henri III, et qui sup-
portait son cœur placé dans un vase, par Charles
Benoise, secrétaire de ce roi. Elle était en marbre
Campan Isabelle, sculptée par Barthélemy Prieur, et
placée dans l'église paroissiale de Saint-Cloud. Pl.
in-8 en haut. Al. Lenoir, Musée des monuments
français. t. III, pl. 114 bis, n° 456. = Pl. in-8 en
haut. A. Lenoir, histoire des arts en France, pl. 99.

Tombeau imaginaire de Henri III. Il y est représenté
couché, et au moment où Jacques Clément lui donne
un coup de poignard. De chaque côté, un guerrier
tenant l'écusson de France renversé. Sous le tombeau, six vers : *Charles roy de Francois s'aydant de
trois Henrys,* etc. Au-dessous, dix vers allemands.
Ersten Augusti An° 1589. Estampe in-fol. en haut.

Portrait en pied de Henri III. Tableau dans le cloître
des Feuillants de la rue Saint-Honoré à Paris. Minia-

ture in-fol. en haut. Gagnières, t. IX, 48. = Pl. in-
fol. en haut. Montfaucon, t. V, pl. 38.

Portrait du méme. Tableau du temps. Miniature in-fol.
en haut. Gaignières, t. IX, 49. == Partie d'une pl.
in-fol. en haut. Montfaucon, t. V, pl. 38.

Portrait du méme à genoux. Vitrail des Cordeliers de
Paris. Dessin colorié in-fol. en haut. Gaignières,
t. IX, 50 bis.

Portrait du méme en buste, d'après un dessin aux
crayons du temps, de la bibliothèque Sainte-Geneviève. Estampe in-fol. en hant., coloriée. Niel, Portraits des personnages français, etc., 1re partie.

Portrait de Henri III, roi de France et de Pologne, à
mi-corps, appuyé sur une table sur laquelle est son
casque, tourné à droite. En bas, quatorze vers :
Voyant en ce recueil ceste troupe diuine, *il me
semble*, THEVET, etc. PAR *Scevole de Sainte-Marthe*.
Estampe in-fol. en haut. Thevet, Pourtraits, etc.,
1584, avant la dédicace au roi.

Portrait de Henri III en buste, légèrement tourné à
droite. Bordure dans laquelle est le nom. Au haut,
une couronne. En bas, deux couronnes. Estampe
gravée par Jean Rabel, in-16 en haut., placée dans
le volume des poésies de Flaminien de Biraque.
(Voir à 1620?). Robert-Dumesnil, t. VIII, p. 133.

Portrait du méme à mi-corps, tourné à gauche. Bordure ovale; autour, le nom, 1580. Estampe gravée par Jean Rabel. In-16 en haut. Nobert-Dumesnil, t. VIII, p. 134.

Portrait du même en buste, tourné à droite. Autour : Henricus tertius — In te vere christus. En bas : *J. Rabel pinxit. Ta. de leu seuls.* Estampe in-16 en hauteur.

Portrait de Henri III en pied, cuirassé, tourné à droite. Sur une table est son casque, ses gantelets sont à terre, dans une bordure ornée de l'écusson et de trophées. En bas, dans un cartouche : Henry III du nom, roi de France et de Pologne. Estampe in-fol. magno en haut.

> Cette estampe, gravée par René Boivin, représentait le portrait de Henri II (voir à l'année 1559, juillet 10). C'est le premier état de cette planche.
>
> On a substitué depuis, au portrait de Henri II, celui de Henri III, ce qui a formé le second état de la planche ici mentionné.

Portrait de Henri III en buste, tourné à droite. Dans le champ, à droite : *Jeronimus W. fe (Wierix).* En bas, la légende suivante :

> *Peintre afin que ton art imite la nature*
> *Au tableau de ce roi dont l'hoñe touche aux cieus,*
> *Pein sur son chef Pallas, sur ses leures Mercure,*
> *Mars dessus son visage, et l'amour dans ses yeux.*

Estampe in-fol. en haut. *Très-rare en premières et anciennes épreuves.*

> Cette estampe est une des plus belles productions de la gra-

1589.
Août 2.

vure au burin, et l'un des plus admirables portraits gravés qui existent.

Les premières épreuves, en bon état de conservation, sont très-rares et d'un grand prix.

Par un hasard dont on trouve peu d'autres exemples, cette planche de cuivre a été conservée. Un peintre, qui vivait quelque temps après l'époque à laquelle J. Wierix l'a gravée, s'en est servi pour peindre à l'huile, au revers, une composition singulière.

On y voit une femme, Ève, appuyée contre un pommier, entourée de divers fruits, et mangeant une pomme. A ses pieds est un singe mangeant aussi une pomme. Au fond, sont deux sujets : la tentation dans le paradis terrestre, et la multiplication des pains. Ce tableau, peint avec talent, est fort curieux.

Le côté gravé de la planche est resté en bon état et peut encore donner des épreuves, faibles sans doute, mais sans retouches.

Il y a quelques années, j'ai fait en Allemagne la découverte de cette très-précieuse planche, et j'ai pu en faire l'acquisition.

C'est certainement un des plus remarquables restes des objets relatifs à l'art de la gravure au burin.

Portrait de Henri III en buste, tourné à droite. Médaillon ovale. Autour, le nom. En bas : *Hieronymus Wierix sculp.* Estampe in-16 en haut.

Portrait du même en buste, tourné à droite. A droite, son écusson. En haut : *Ware contrafeitung des aller christlichsten Henrici III*, etc., M.D.LXXIIII. Douze vers et une note en allemand. Estampe in-fol. magno en haut. grav. sur bois. *Très-rare.*

Response au roy sur la requeste presentée à Sa Majesté par Messieurs les cardinaux, princes, seigneurs, etc., associes et unis pour la deffense de la religion catholique. Paris, 1583. in-8, portrait. *Rare*. Cet opuscule contient :

Portrait de Henri III en buste, regardant à gauche, coiffé du bonnet. Estampe ovale de 70 millimètres de hauteur, gravée sur bois, sur le titre.

Portrait de Henri III en buste, tourné à gauche. Médaillon ovale. Autour : HENRICUS III D. G. FRANCO-RUM ET EONIÆ (POLONIÆ) REX MDLXXXVI. Portrait in-16 en haut., faisant partie d'une planche représentant cinq autres portraits de mêmes dimensions de Philippe II, roi d'Espagne ; Rodolphe II, empereur ; François Draeck, amiral anglais ; Alexandre Farnèse et Guillaume, prince d'Orange. Ces portraits étaient destinés à être séparés. Feuille in-fol. en larg.

Portrait du même, d'après les monuments du temps. Estampe ovale, in-12 en haut. grav. sur bois. Du Tillet, Recueil des roys de France, p. 249, dans le texte.

Portrait du même en buste, tourné à droite. Médaillon ovale, entouré d'ornements. Autour, le nom. En bas, quatre vers : PEINTRE *affin que ton art*, etc. Estampe petit in-8 en haut.

Portrait du même en buste, tourné à droite. En bas, quatre vers : *Peintre afin que ton art*, etc., 3. *Gourdelle excudit, Jacobus Granthomme fecit An°* 1588. Estampe in-8 en haut.

Portrait du même à mi-corps, cuirassé, tenant le

sceptre, tourné à droite. Médaillon ovale entouré d'ornements et de quatre figures. Au-dessus, en caractères imprimés : Henricus III rex Galliæ, etc. Estampe petit in-fol. en haut. grav. sur bois.

Portrait du même à mi-corps, tourné à gauche. En bas : *Henricus rex Poloniæ et Galliæ.* Estampe petit in-8 en haut.

Portrait du même, en buste, de face. Médaillon ovale. Autour, le nom en latin. En bas : *Henrick de III Coninck van Vrancryck ende van Polen.* Estampe in-8 en haut.

Portrait du même, en buste, taurné à gauche. Médaillon ovale entouré d'ornements. En bas : Viva ac vera imago Henrici regis jam electi Poloniæ. Anno Domini M . D . LXXIII. Estampe in-fol. en haut., grav. au trait. *Très-rare.*

Portrait du même, en buste, tourné à gauche, avec la main droite tenant le sceptre; à droite, l'écusson et 1574. En bas : Henrico III . Re . de Franc . e Poll⁰. Médaillon ovale en haut. Estampe in-fol. grav. sur bois. *Rare.*

Portrait du même, en buste, tourné à gauche. Médaillon ovale. Autour : Henri III D. G. Franc . et Polon . rex. Estampe in-16 en haut. Tiré au milieu d'une feuille représentant une couronne de fleurs et de fruits, grav. sur bois. Dessous le portrait, quatre vers imprimés : Voicy du Roy Henry troisiesme l'image, etc. Feuille in-4 en haut.

Portrait du même, en buste, tourné à gauche. Médaillon ovale, placé entre deux palmiers. Autour du médaillon, le nom. En haut, le triangle. Estampe in-fol. en haut.

Portrait du même, en buste, tourné à droite. Médaillon ovale, orné et surmonté de deux anges. En bas : HENRICO III REY DE FRANCIA. Estampe in-8 en haut.

Portrait du même, en buste, tourné à gauche. Médaillon ovale. Autour : HENRIC. D. G. FRANC. ET POL. REX MDLXXXI. Estampe in-8 en haut.

> Ce portrait paraît faire partie d'un ouvrage de . . . . Lacroix, publié par Abel Langelier, en 1584.

Portrait du même, en buste, tourné à droite. Médaillon ovale. Autour : HENRICUS III D. G. FRANCORUM ET POLONIÆ REX M. D. LXXXVI. Extampe in-16 en haut.

Portrait du même, en buste, tourné à gauche. Médaillon ovale. Autour, le nom. Dans le champ, à gauche : PM. Estampe in-16 en haut.

Portrait du même, en buste, tourné à droite. Médaillon ovale, dans un portique décoré d'armoiries, de figures et d'inscriptions. Autour du médaillon, le nom. En bas : *Dnco. Zenoni Orefice, f.* 1574. Estampe petit in-4 en haut.

Portrait du même, à cheval, allant à gauche. En haut, à droite, le nom. En bas, quatre vers : *Voicy le preux*

HENRY, etc. *Robert Boissard fecit Jean le Cler excudit.*
Estampe in-8 en haut.

> Cette pièce est dans l'ouvrage intitulé : Histoire des derniers
> troubles arrivés en France, etc., par Pierre Mathieu, Paris,
> Petit 1622. In-8.

Portrait du même, en pied, en habits royaux, tenant la
main de justice et le sceptre, la tête tournée à droite,
dans un portique. Au fond, paysage. Point de légendes. Estampe petit in-fol. en haut. *Rare.*

> Il y a deux états de cette planche. Le premier est celui
> décrit. Dans le second, on lit en bas, à droite : *Henricus Va-*
> *lesius . 3. Rex Franciæ et Poloniæ. Ordinis Michaelini tor :*
> *quis Eques supremus Fol.* 82.

Portrait du même, en buste, tourné à gauche. Médaillon rond. Autour, le nom. M . D . LXXV. En bas, distique prédisant la mort de Henri III, sept vers français et cinq vers allemands. Estampe grand in-4 en
haut. *Rare.*

La déclaration de la voulonté du roy faicte depuis son département de Paris. Paris, 1588. In-8, portrait. *Rare.*
Cet opuscule contient :

Portrait de Henri III, en buste, regardant à gauche,
coiffé du bonnet. Estampe ovale de 70 $^{\text{mill.}}$ de haut.,
grav. sur bois, sur le titre. *Rare.*

> Ce portrait se trouve aussi à une publication de 1583.

———

Portrait d'Henry III, Roy de Fran. et de Pologne. Médaillon sur un soubassement d'ornement. Au-dessous,

en caractères imprimés, un quatrain : *Deux fois
Roy*, etc. Estampe petit in-fol. en haut. Mézerai ;
Histoire de France, t. III, 4ᵉ feuillet, dans le texte.

Portrait du même, en buste, vu de face, la tête à gau-
che, dans un cartouche ovale en haut. On lit au bas :
Henry 3 *Roy de France et de Pol. Mariette excudit.*
Estampe in-12 en haut. Journal de Henri III par
P. de l'Estoile, édition de 1744, t. I, en tête du vo-
lume.

Portrait du même, en buste, vu presque de face, tourné
un peu à gauche, dans un médaillon rond. On lit
autour : Henricus III francorum gallorumq. rex
christianiss. auspicatus est regnum anno M. D. LXXV.
Estampe in-4.

Portrait du même, en buste, de face, tourné un peu à
gauche ; le nom en latin. Petite estampe ovale en
haut. (68ᵐᶦˡˡ· sur 53), grav. sur bois. *Rare.*

> Ce portrait est placé sur le titre de la pièce suivante : « La
> déclaration de la volonté du Roy faicte depuis son departement
> de Paris. » Ici le portrait. « Paris, sur la coppie imprimee à
> Chartres, 1588. » In-8, 16 pages.

Portrait du même, tourné à gauche, le nom en latin.
Au-dessous, on lit : « Ici est le portrait, la sem-
blance, etc. Estampe ovale in-16 en haut., grav, sur
bois. *Rare.*

> Ce portrait est placé au verso du titre de l'opuscule suivant :
> De la succession du droict et prerogative de premier prince
> du sang, deferée à M. le Cardinal de Bourbon, par la loy du

Royaume et le decez de François de Valois, Duc d'Anjou. »
Paris, 1588. In-16.

Le portrait du cardinal de Bourbon est aussi placé dans cet
opuscule. Voir à 1590, mai, 9.

Portrait du même, à mi-corps, tourné à droite. Médaillon rond, orné de feuillages. En haut, le nom. En
bas, quatre vers : *De Jupin, mars, phebus l'heur le
cueur, la prudence,* etc. *Leonardus Gaultier fecit.*
Estampe in-8 en haut. *Rare.*

Portrait du même. *Harrewyn fecit et sculpsit.* Estampe
in-12 en haut. Mémoires pour servir à l'histoire de
France, par P. de l'Estoile, édition de 1719, t. I, à
la p. 285. = Même pl. Journal — de Henri III, édition de 1720, t. I, 1ʳᵉ partie, en face du titre.

Portrait du même. *ABoizot del Filloeul sculp.* Estampe
in-8 en haut. Velly Villaret et Garnier ; Portraits,
t. III, p. 37.

Portrait du même, en buste, tourné à droite. Médaillon ovale. En bas : *Henricus der Dritte von Valois
Khonig aus Franckhreich, S.S.* Estampe in-8 en haut.

Portrait du même, en buste, tourné à droite. Médaillon
ovale. En bas, le nom. *B. Moncornet excudit.* Estampe in-8 en haut.

Buste du même, par Bʳ Prieur, en marbre, du Musée
du Louvre. Partie d'une pl. grav. in-4 en larg. De
Clarac ; Musée de sculpture, pl. 1118-1119.

Buste du même, en albâtre, par Germain Pilon. Musée du Louvre, sculptures modernes, n° 131.

Portrait du même. Tableau de l'école française du xvi⁰ siècle. Musée de Versailles, n° 3158.

Portrait du même. Tableau du xvi⁰ siècle. Musée de Versailles, n° 4003.

La vie et faits notables de Henry de Valois, Tout au long, sans rien requerir. Ou sont contenues les trahisons, perfidies, sacrileges, exactions, cruautez et hontes de cet hypocrite et apostat, ennemy de la Religion Catholique. Sans lieu ni nom d'imprimeur, 1589. In-8, fig. Ce volume contient :

Figure représentant Henri III, assis sur son trône. Petite pl. en larg., grav. sur bois. On lit, au-dessus, en caractères imprimés : *Representation de l'orgueil de Henry de Valois, envers la Noblesse de France, au commencemēt de son retour de Poulongne*, à la p. 34, dans le texte.

Figure représentant Henri III, à genoux, devant un autel, tenant un livre, sa couronne tombe de sa tête. Petite pl. en larg., grav. sur bois. On lit au-dessus, en caractères imprimés : *Pourtraict du couronnement de Henry de Valois, lorsque par sa petulence et orgueil la couronne luy coula deux fois de dessus la teste ; qui etait un mauuais presage à l'aduenir*, à la p. 40, dans le texte.

Figure représentant une croix double de Lorraine,

sur un coussin et une main, avec manche fleurdelisée. Petite pl. en larg., grav. sur bois. On lit au-
dessus, en caractères imprimés : *Pourtraict du sacrilege fait par Henry de Valois, en la saincte
chapelle à Paris*, à la p. 47, dans le texte.

Figure représentant un homme brisant les armoiries de
Henri III. Petite pl. grav. sur bois. On lit au-dessus,
en caractères imprimés : *Les armoiries de Henry de
Valois, traînées par les boües et brisées par un exe-
cuteur de justice, en plein marché, a Cracovie; pour
auoir par luy usé de perfidie envers les Poulonnois*,
à la p. 62, dans le texte.

Figure représentant une femme à genoux devant un autel
et une main, avec manche fleurdelisée, qui est derrière
sa tête. Petite pl. en larg., grav. sur bois. On lit au-
dessus, en caractères imprimés : *Figure de la vierge,
Religieuse, violée a Poissi, par Henry de Valois*, à
la p. 78, dans le texte.

Figure représentant une rivière, le long de laquelle
sont plusieurs cadavres. Petite pl. en larg., grav.
sur bois. On lit au-dessus, en caractères imprimés :
*Figure des cruautez que Henry de Valois a fait exe-
cuter enuers les gents de bien, qui ne trouuoyent bons
ses mauuais deportemens*, à la p. 84, dans le texte.

Figure représentant le duc de Guise, couché et percé
de poignards. A droite, une main tenant une épée.
Pl. in-8 en larg., grav. sur bois. On lit au-dessous, en
caractères imprimés : *Representation de la cruelle et*

barbure recompense pour tant de bons offices qu'ont
faict ce magnanime Duc et ses predecesseurs à la
couronne de France, par un Henry de Valois, à la
p, 137, dans le texte.

Figure représentant le cardinal de Guise, couché et
percé de poignards. Pl in-8 en larg., grav. sur bois.
On lit au-dessus, en caractères imprimés : *Représentation de la cruelle mort commise en l'innocence de
Monsieur le Cardinal de Guise, personne sacree et
dediee a Dieu : par Henry de Valois,* à la p. non
numérotée, entre 138 et 139, dans le texte.

> Cet ouvrage est un libelle des plus violents contre Henri III.
> Il a été attribué, sans preuves certaines, à Jean Boucher.
> Il eut le plus grand succès, et il en existe plusieurs éditions.
> La première, publiée par Didier Millot à Paris, 1589, a
> 141 pages. Une seconde, aussi de Didier Millot, a 79 pages.
> La troisième, sans nom de libraire, est de 64 pages.
> L'exemplaire qui vient d'être décrit paraît être une copie de
> la première édition.
> Ces éditions contiennent les mêmes planches.
> D'autres éditions, copies de celles-ci, ou subséquentes,
> offrent des différences dans les textes et le nombre des plan-
> ches.

La vie et faits notables de Henry de Valois, ou sont contenues les trahisons, perfidies, sacrileges, exactions. cruautez et hontes de cet hypocrite et apostat ennemy de la
religion catholique (par J. Boucher), S. l., 1589, petit
in-8, fig. Ce volume contient :

Six pl. satiriques contre Henri III. Petites, en larg.,
grav. sur bois, dans le texte.

1589.
Août 2·

Le duc de Guise mort. pl. In-8 en larg., grav. sur bois, à la fin.

Le cardinal de Guise. Idem. Ces deux dernières pièces, semblables à celles du même ouvrage des éditions de Didier Millot, de la même année.

Discours d'un polonois catholique sur la fuyte de Hẽry de valois troisiesme, hors du Royaume de Polongne. Paris, André le Coq, 1589. In-12 de huit feuillets, dont le dernier blanc, lettres rondes. Cet opuscule contient :

Portrait d'un roi à mi-corps, appuyé sur un écusso net tenant le sceptre terminé par une fleur de lis. Petite pl. grav. sur bois, sans bords, sur le titre.

Les hermaphrodites. L'Isle des hermaphrodites, nouvellement descouverte (par Arthus Thomas on Thomas Arthus, sieur d'Embry). Sans lieu ni nom d'imprimeur, ni date (vers 1605). In-12. Ce volume contient :

Figure représentant Henri III, debout, avec une fraise et une coiffure de femme ; au fond, un paysage. Audessus, une banderolle, sur laquelle on lit : A TOUS ACCORDS. En haut : LES HERMAPHRODITES. En bas, six vers : *Je ne suis masle ny femelle*, etc. Pl. in-12 en haut., en tête du volume, édition originale.

Cet ouvrage est une satire sur les désordres de la cour d'Henri III. Elle est attribuée à Arthus Thomas ou Thomas Arthus, sieur d'Embry. Cette édition est la première qui parut, vers 1605.

Description de l'Isle des hermaphrodites nouvellement decouverte, etc., pour servir de supplement au Journal

de Henri III. Cologne ; les héritiers de Herman De-
men, 1724. In-12. Ce volume contient :

Figure de Henri III, debout, avec une coiffure et une
fraise de femme ; au fond, un paysage. On lit en haut :
Patris est una patris, cætera matris habet, *Mar-*
tial. En bas : a tous accords. Au-dessous : *Je ne*
suis male ni Femelle, etc., pl. in-12 en haut., en
tête du volume.

Charmes et caracteres de Sorcellerie de Henri de Valois,
trouvez en la maison de Miron, son premier medecin, et
Conseiller ordinaire de son Conseil privé. Paris, Jean
Parrant, 1589. In-8. *Très-rare.* Cet opuscule contient :

Figure représentant des medaillons renfermant des
constellations et signes divers et des légendes. On lit
en haut : Pourtraict des charmes et caractères de
sorcellerie de Henry de Valois 3 . du nom. Estampe
in-fol. mag° en haut., grav. sur bois, à la fin du
volume.

Il y a une épreuve de cette estampe dans le Recueil formé
par P. de l'Estoile, feuillet xvii (Voir à cette année, à la fin).

Charmes et caracteres de Sorcellerie de Henri de Valois.
Trouuez en la maison de Miron, son premier Medecin,
et Conseiller ordinaire de son Conseil Privé. Paris, Jean
Parant, 1589. In-12 de dix feuillets. *Rare.* Cet opuscule
contient :

Figure représentant une galère et un autre vaisseau. On
lit sur une banderole : vogue la gallere. Petite estampe ovale en larg., grav. sur bois, sur le titre.

ix 26

Figures de deux satyres d'argent dorés entre lesquels
est une croix sur un coussin, que l'on prétendait
avoir été trouvée dans le bois de Vincennes, et devant lesquels on disait que Henri III faisait des
offrandes au diable et des sorcelleries, d'après la
copie imprimée chez Didier Millot, en 1589. *Harrewyn fecit.* Estampe in-8 en larg. Journal — de
Henry III, édition de 1720, t. I, 2ᵉ partie, à la p. 325.
= Même pl, Journal de Henri III, par P. de l'Estoile,
édition de 1744, t. III, à la p. 369.

Les sorceleries de Henry de Valois et les oblations qu'il faisoit au diable dans le bois de Vincennes. Auec la figure
des demons, d'argent doré, auxquels il faisoit offrandes ;
et lesquels se voyent encores en ceste ville (Paris). Didier Millot, 1589. Petit in-8 de huit feuillets, lettres
rondes, fig. Cet opuscule contient :

Figure représentant une harpie. Petite pl. en haut., sans
bords, grav. sur bois, sur le titre.

Figure représentant deux satyres ; entre eux un coussin
sur lequel est une croix. Estampe in-12 en larg.,
grav. sur bois, à la p. 11, dans le texte.

———

« La Sorcellerie de Jean d'Espernon, auec les laméta-
tions d'iceluy, et du Roy de Nauarre sur la mort de
Henry de Vallois. » Au-dessous de ce titre, planche
représentant Henri III mort dans son lit, Henri IV et
le duc d'Épernon, un autre personnage, des diables
et Jacques Clément mort à terre. En bas, des vers en

trois colonnes imprimées, grav. sur bois, in-fol. en
larg. *Très-rare.*

> Il y a une épreuve de cette estampe dans le Recueil formé
> par P. de l'Estoile, feuillet xv. (Voir à cette année, à la fin.)

« LES ARTICLES DU DERNIER TESTAMENT DE HENRY DE VA-
LOIS, etc. » Au-dessous de ce titre, planche représentant, à gauche, Henri III dans son lit, et à droite, le
diable l'emportant et un monstre, grav. sur bois,
in-4 en larg. Au-dessous et à droite, le testament en
sixains, imprimé, feuille in-fol. en larg. *Très-rare.*

> Il y a une épreuve de cette feuille dans le Recueil formé par
> P. de l'Estoile, feuillet xv. (Voir à cette année, à la fin.)

Liure des Regles, Statutz et charges d'officiers de la Con-
gregation du tressainct crucifix a Paris. Manuscrit sur
vélin de la fin du xvie siècle. In-4 veau brun. Bibliothèque de l'Arsenal, manuscrits français, jurisprudence,
n° 46. Ce volume contient :

Miniature représentant Jésus en croix ; au-dessus, un
voile noir tombant des deux côtés, soutenus par deux
pénitents à genoux. Pièce in-8 en larg., en tête du
texte.

> La reliure porte un Christ, qui est regardé comme l'écusson
> de la congrégation des pénitents fondée par Henri III.
> Cette miniature, de bon travail, est remarquable pour le
> vêtement des deux pénitents.
> La conservation est belle.

Discours veritable des derniers propos qu'a tenu Henry de
Valois à Jean d'Espernon. Auec les regrets et doleances
dudict d'Espernon, sur la mort et trepas de son maistre.

Paris, Anthoine du Breuil, 1589. In-12 de huit feuillets.
Cet opuscule contient :

Figure représentant le roi Henri III dans son lit, le duc d'Épernon s'arrachant les cheveux et deux autres personnages. Estampe petit in-12 en haut., grav. sur bois, à la p. 8, dans le texte.

« LADIOURNEMENT FAIT A HENRY DE VALOIS POUR ASSISTER AUX ESTATS TENUS AUX ENFERS. » Au-dessous de ce titre, figure représentant le roi Henri III, auquel le diable remet un papier, à droite, la porte de l'enfer, grav. sur bois. Pl. in-4 en larg. longue. Au-dessous, des vers en deux colonnes, imprimés .A Paris—1589. Feuille in-fol. en haut. *Très-rare.*

Il y a une épreuve de cette estampe dans le Recueil formé par P. de l'Estoile, feuillet xix. (Voir à cette année, à la fin.)

Estampe représentant le duc d'Épernon et un diable. Pl. in-4 en larg., étroite, grav. sur bois. On lit en caractères imprimés, au-dessus : L'adjournement fait à Henry de Valois pour assister aux estats tenus aux enfers. Au-dessous, des vers. En bas : A Paris, pour A. du Breuil, etc., 1589. Feuille in-fol. en haut. *Très-rare.*

Cette planche est la même que celle du placard intitulé : Les propos tenus à Loches, 1588.

Les mœurs, humeurs et comportemens de Henry de Valois, etc. (par André de Rossant) Paris, Anthoine le Riche, 1589. In-12. Ce volume contient :

Lettre initiale H, dans laquelle est figuré un chien assis

sur la barre du milieu. Petite pl. grav. sur bois, au commencement du texte.

Les mœurs, humeurs et comportemens de Henry de Valois, representez au vray depuis sa naissance, etc. (par André Rossant) Paris, Le Riche, 1589. In-8. Ce volume contient :

Une planche représentant l'hermitage préparé pour Henri de Valois.

> Cette planche ne se trouve pas dans tous les exemplaires de ce volume.

« L'HERMITAGE PREPARÉ POUR HENRY DE VALLOIS. » Au-dessous de ce titre, une figure représentant Henri III, conduit par deux ermites vers un monstre, la gueule ouverte, représentant l'entrée de l'enfer, grav. sur bois. Estampe in-4 en larg. Au-dessous, des vers en deux colonnes, imprimés. A Paris — 1589. Feuille in-fol. en haut. *Très-rare.*

> Il y a une épreuve de cette estampe dans le Recueil formé par P. de l'Estoile, feuillet xix. (Voir à cette année, à la fin.)

Compositions satyriques sur le roi Henri III. Six estampes in-32, en largeur grav. sur bois. Au-dessous, légendes relatives, en caractères imprimés. Bibliothèque impériale, estampes, Recueil Fontette.

Estampe représentant les portraits de Henri III et de Henri IV, en buste, dans deux médaillons ovales, en regard. Henri IV est coiffé d'un chapeau. Au-dessous, deux petits sujets, l'assassinat de Henri III et le même dans son lit. En haut : QUI DEDIT ANTE DUAS TERTIAM ILLI DABIT CORONAM., légendes diverses en latin et en français. En bas, douze vers allemands. Estampe in-4 en haut.

Composition pareille, avec la seule différence que Henri IV a la tête nue. Estampe idem.

Devise du roi Henri III, sur une tapisserie. Dessin colorié in-fol. en haut. Bibliothèque impériale, estampes, Recueil de tapisseries anciennes.

Armure du roi Henri III en fer gravé et doré, avec ornements. Les cuissards, jambières et les pièces de la main manquent. Au Louvre, musée des souverains, provenant du musée d'Artillerie, n° 54 (1839).

Généalogie de la maison de Valois. A droite, en haut, le portrait de Henri III, en buste, tourné à gauche. Médaillon ovale avec le nom autour et armes du roi, grav. sur bois. En bas, à droite, la figure de saint Louis en pied, grav. sur bois. Cette estampe est entièrement remplie par les noms des personnages dans des ronds et des inscriptions relatives. On lit en haut : Genealogie de la Royale maison de Valois. En bas, à droite, la dédicace à Henri III, en vers, signée : Jan Edouard du Monin, P. P. Très-grande pièce en haut., grav. sur bois, de quatre feuilles.

Sceau de Henri III et contre-sceau. Partie d'une pl. in-fol. en haut. Trésor de numismatique et de glypti-

que. Sceaux des rois et reines de France, pl. 17,
n° 1.

Médaille d'Henri III. Rev. Non cognoverunt lucem
præsentem. Petite pl. Luckius; Silloge numismatum, etc., dans le texte, p. 316.

Cinquante-huit médailles du même. Dix pl. petit in-
fol. en haut. Mézerai; Histoire de France, t. III,
p. 660-62-64-66-68-70-72-74-76-78, dans le texte.

Médaille du même, dont le revers représente une ruche
d'abeilles. Partie d'une pl. in-4 carrée. Chifflet; Lilium francorum veritate historica botanica et heral-
dica illustratum. p. 139, dans le texte.

Médaille du même. Rev. Multis hæc cunctis hæc. Partie
d'une pl. in-4 en haut. Thom. Pembrock, p. 4,
pl. 36.

Médaille du même. Rev. Talis Alexandri tigrin, supe-
rantis imago. Petite pl. en larg. Köhler, t. XIX,
p. 361, dans le texte.

Médaille du même, et au revers, Catherine de Médicis,
sa mère. Pl. in-12 en larg. Daniel, t. IX, p. 5, en
vignette.

Médaille du même. Rev. Catherine de Médicis. Partie
d'une pl. in-fol. en haut. Trésor de numismatique
et de glyptique. Médailles françaises, pl. 20, n. 4.

1589.
Août 2.

Médaille du même. Partie d'une pl. in-fol. en haut. Idem, 1re partie, pl. 21, n° 9.

Médaille et médaillon sans revers du même. Partie d'une pl. in-fol. en haut. Idem, pl. 22, n°s 11, 12.

Médaille du même. Partie d'une pl. en haut. Idem, pl. 23, n° 2.

Grand médaillon du même. Partie d'une pl. in-fol. en haut. Idem, pl. 24, n° 1.

Médaille du même, à l'occasion du dépôt de son cœur et de ses entrailles, dans l'église de Saint-Cloud, par un serviteur de ce roi nommé Charles Benoise. Partie d'une pl. in-fol. en haut. Idem, pl. 38, n° 1.

> Après la mort de Henri III, son cœur et ses entrailles furent portés dans l'église de Saint-Cloud par un serviteur de ce prince, nommé Charles Benoise. Cette médaille paraît avoir été faite par les soins de ce Charles Benoise, pour rappeler ce fait, en l'année 1627, quoique cette date soit postérieure de trente-huit ans à la mort de Henri III.

Treize monnaies de Henri III, dont quelques-unes ont des millésimes d'années de son règne. Pl. in-4 en haut. Le Blanc, pl. 336, à la p. 336.

Douze monnaies du même, dessins. Trois feuilles in-fol. Supplément à Le Blanc, manuscrit de la bibliothèque de l'Arsenal, f. 35, 36, 37.

Monnaie frappée en Provence sous le règne de Henri III, avec une légende singulière. Partie d'une pl. in-4

en haut. Saint-Vincens ; Monnaies des comtes de
Provence, pl. sans n° (après pl. 11).

Deux monnaies de Henri III. Pl. in-8 en haut., lithogr.
De Bastard ; Recherches sur Randan, pl. 20, à la
p. 189.

Quatre monnaies du même, dont deux sans l'année.
Partie d'une pl. in-fol. en haut. Trésor de numismatique et de glyptique. Histoire par les monuments
de l'art monétaire chez les modernes, pl. 11, n°s 13
à 16.

Monnaie du même. Partie d'une pl. in-4 en haut. Conbrouse, t. III, pl. 79 *bis*, n° 1.

> Le Catalogue à la fin du volume ne fait pas mention des
> pièces de cette planche.

Quatre monnaies du même, de l'année 1589, ou sans
année. Partie de deux pl. in-8 en haut. Berry ; Études, etc., pl. 58, n°s 3, 6 ; pl. 59, n°s 1, 2, t. II,
p. 456 à 465.

Deux monnaies frappées à Saint-Quentin par Henry
d'Orléans, duc de Longueville, gouverneur de Picardie pour Henry III, contre la Ligue. Partie d'une
pl. lithogr. grand in-8 en haut. Revue de la numismatique françoise, 1837. Desains, pl. 5, n°s 10-11,
p. 116.

Coulevrines du temps de Henri II, dont l'une porte la

date de 1589. Musée de l'Artillerie. De Saulcy,
n°ˢ 2825, 2826.

> Effigies regum Francorum omnium, etc. Cælatoribus Vir-
> gilis Solis Noriber : et Justo Amman Tigurino Noribergæ
> 1576. In officina Catharinæ Theodorici Gerlachii re-
> lictæ Viduæ, etc. In-4, fig. Ce volume contient :

Le titre orné d'une estampe représentant deux génies
tenant une couronne de laurier sur l'écusson des
armes de France, la marque de *Josse Aman*.

Soixante-deux estampes représentant chacune le portrait
d'un roi de France , depuis Pharamond jusqu'à
Henri III, dans un médaillon, au bas duquel est un
sujet mémorable de la vie de chaque roi, représenté
dans un cartouche. Vingt de ces estampes sont gravées par Virgile Solis, dont elles portent la marque ;
les autres sont de Josse Amman, qui n'y a pas toujours mis son chiffre. Adam Bartsch, v. IX, p. 294
et p. 357.

> La Biographie et prosopographie des Roys de France, ou
> leurs vies sont briefvement descrites et narrées en beaux,
> graves et elegans vers francois (par Ant. du Verdier).
> Paris, L. Cauellat, 1583. In-8, fig. *Rare.* Ce volume
> contient :

Figure représentant le pourtrait de la deuise du Roy
Charles neufiesme; deux femmes assises avec la légende : Pietate et justitia. Très-petite pl. grav. sur
bois, au feuillet du titre, verso.

Soixante-deux estampes représentant les portraits des

rois de France, depuis Pharamond jusqu'à Henri III,   1589.
en buste. Médaillons ovales in-12 en haut. Celui de   Août 2.
Henri III seul est carré, in-12 en haut. grav. sur
bois, dans le texte.

> Ces portraits ont été placés postérieurement dans l'ouvrage
> intitulé : « Abregé de l'histoire de France. Rouen, Jean Petit,
> 1611. » Celui de Charles IX seulement est différent. (Voir à
> l'année 1643.)

La généalogie et descente des roys de France, depuis
Pharamond Ier, roy des Francois, jusques à Henry III,
tres chrestien, à present regnant, avec leurs effigies, etc. Paris, par Jean le Clerc, 1583. Une feuille
de titre et texte, et treize planches représentant les
portraits en bustes des rois de France, depuis Pharamond, qui est seul figuré assis ; ces portraits sont
entourés de généalogies et d'inscriptions. In-fol. max°
en larg., grav. sur bois.

> Abregé de l'histoire des Francois, contenant la vie de cha-
> cun roi de France avec leurs visages et ressemblances, et
> les descriptions des batailles qu'ils ont données, par Ni-
> colas Hovel, parisien (1584.?) . . . . . Cet ouvrage con-
> tient :

Les portraits des rois de France, jusques et compris
Henri III. Le Long, t. II, n° 15747. — Autre édition
du même ouvrage. Idem, n° 15748.

> Cronique des Roys de France sommairement traictant la
> vie, gestes et faits illustres d'iceux. Avec l'effigie de cha-

1589.
Août 2.

cun Roy, représentée au plus près du naturel. Paris, 1585. In-8, fig. Ce volume contient :

Figures représentant les portraits des rois de France, depuis Pharamond jusques à Henri III, en buste. Médaillons ovales en hauteur ou ronds, in-12, grav. sur bois, dans le texte.

Cronica breve de i fatti illustri de re di Francia, con le loro effigie dal naturale, cominciando da Faramondo primo re di Francia. . . . . Sino a Henrico III, che regna hora del 1588, etc. In Venetia, appresso Bernardo Giunti, 1588. Petit in-fol., fig. *Très-rare.* Ce volume contient :

Soixante-trois planches représentant les portraits de soixante-deux rois de France, depuis Pharamond jusques à Henri III, et de Charles Martel, à mi-corps. En haut est le nom du roi et les dates, en français, puis le numéro de chaque planche, de 1 à 62. En bas est une légende italienne. Pl. petit in-4 en haut. Les soixante-deux rois sont numérotés 1 à 62 ; Charles Martel est sans n°.

———

Les portraits des rois de France, depuis Pharamond jusqu'à Henri III, représentés sur sept planches diverses, savoir :

1. Pharamond, assis et tenant le sceptre, et les rois suivants, en buste, jusqu'au vingt-deuxième. Pl. in-fol. en haut.

2. Pépin, debout, tenant le sceptre, et les rois suivants, en buste, jusqu'au trente-cinquième. Pl. in-fol. en haut.

3. Hugues Capet et les rois suivants, en buste, jusqu'au
   quarante-troisième. Pl. idem.

4. Louis IX et les rois suivants, en buste, jusqu'au qua-
   rante-neuvième. Pl. idem.

5. Philippe VI et les rois suivants, en buste, jusqu'au
   cinquante-troisième. Pl. idem.

6. Charles VII et les rois suivants, en buste, jusqu'au
   cinquante-septième. Pl. idem.

7. François Ier et les rois suivants, en buste, jusqu'au
   soixante-deuxième, Henri III, Pl. idem.

———

Médaille d'Henri de Bourbon, roi de Navarre (depuis
   Henri IV). Rev. GRÀTIA DEI SUM ID QUI SUM. Petite pl.
   Luckius; Silloge numismatum, etc., dans le texte,
   p. 317.

Quatre monnaies du même, dont deux avec la reine
   Marguerite de France. L'une de celles-ci porte par
   erreur 1670 (1679?). Partie d'une pl. in-4 en haut.
   Tobiesen Duby; Monnoies des barons, pl. 2, n°s 7
   à 10.

Deux monnaies du même. Partie d'une pl. in-4 en
   haut. Tobiesen Duby; Monnoies des barons, pl. 21,
   n°s 7, 10.

Monnaie du même. Partie d'une pl. in-4 en haut. Poey
   d'Avant, pl. 13, n° 12, p. 205.

FIN DU TOME NEUVIÈME.

TABLE DES MATIÈRES

CONTENUES

DANS LE TOME NEUVIÈME.

TROISIÈME RACE. (Suite.)

François II. . . . . .Page   1
Charles IX. 20
Henri III.. 193

FIN DE LA TABLE DU TOME NEUVIÈME

PARIS. — IMPRIMERIE DE CH. LAHURE

Rue de Fleurus, 9

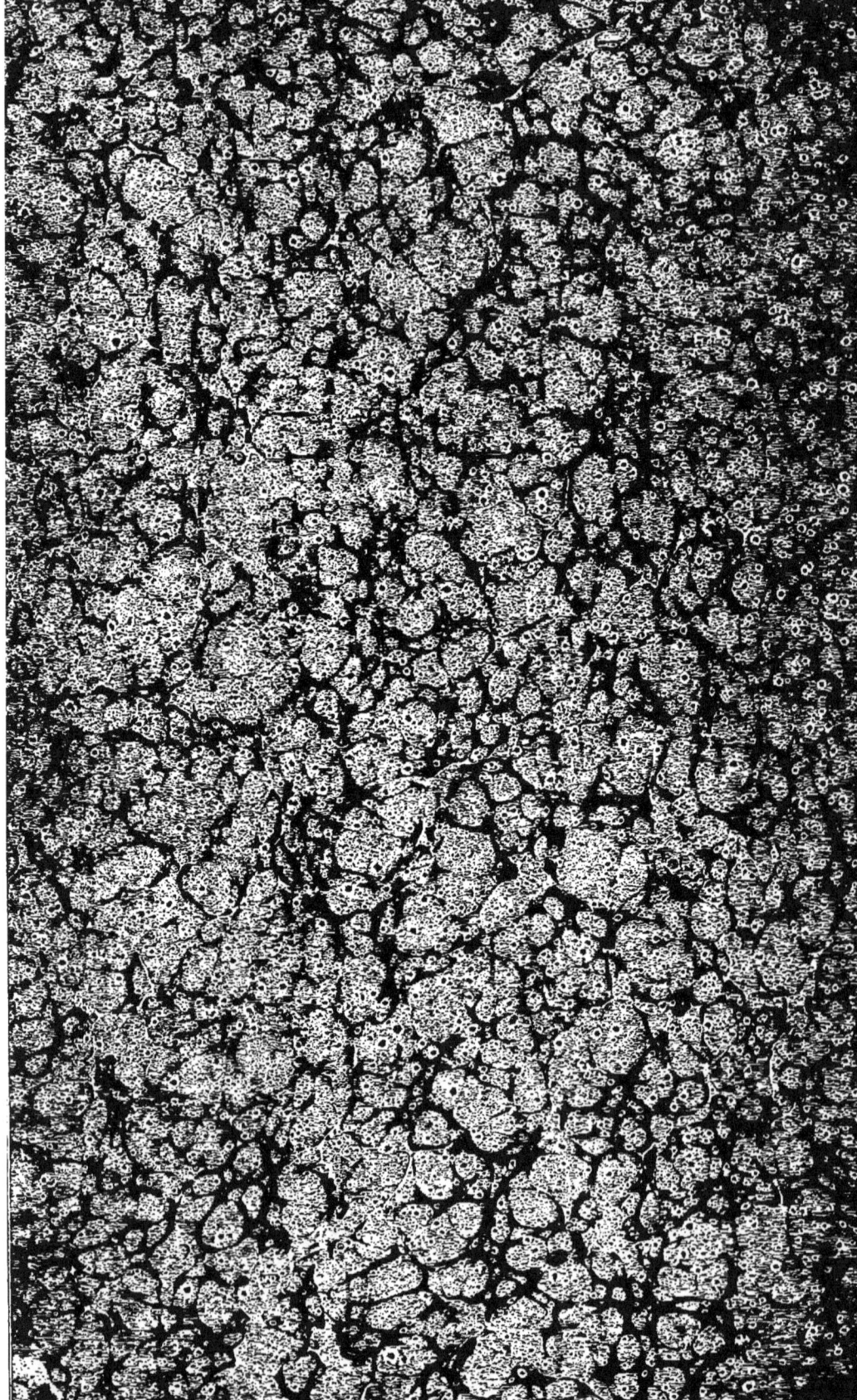

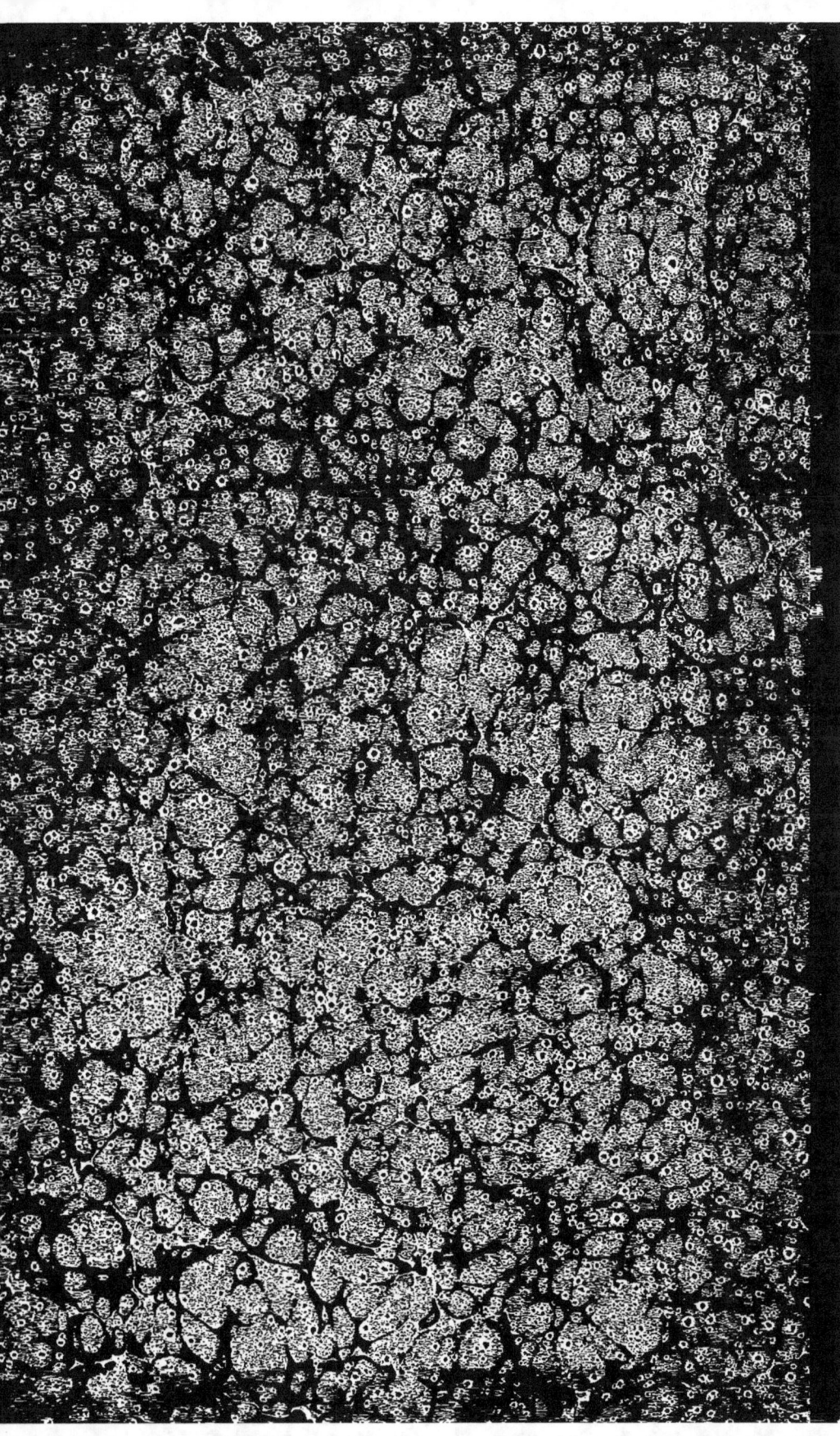

www.ingramcontent.com/pod-product-compliance
Lightning Source LLC
Chambersburg PA
CBHW051351220526
45469CB00001B/200